Chutando a escada

FUNDAÇÃO EDITORA DA UNESP

Presidente do Conselho Curador
Mário Sérgio Vasconcelos

Diretor-Presidente
Jézio Hernani Bomfim Gutierre

Superintendente Administrativo e Financeiro
William de Souza Agostinho

Conselho Editorial Acadêmico
Danilo Rothberg
Luis Fernando Ayerbe
Marcelo Takeshi Yamashita
Maria Cristina Pereira Lima
Milton Terumitsu Sogabe
Newton La Scala Júnior
Pedro Angelo Pagni
Renata Junqueira de Souza
Sandra Aparecida Ferreira
Valéria dos Santos Guimarães

Editores-Adjuntos
Anderson Nobara
Leandro Rodrigues

Ha-Joon Chang

Chutando a escada
A estratégia do desenvolvimento em perspectiva histórica

Tradução
Luiz Antônio Oliveira de Araújo

© 2002 Ha-Joon Chang

Título original em inglês: *Kicking Away the Ladder*

© 2003 da tradução brasileira:
Fundação Editora da UNESP (FEU)
Praça da Sé, 108
01001-900 – São Paulo – SP
Tel.: (0xx11) 3242-7171
Fax: (0xx11) 3242-7172
www.editoraunesp.com.br
www.livrariaunesp.com.br
atendimento.editora@unesp.br

Dados Internacionais de Catalogação na Publicação (CIP)
(Câmara Brasileira do Livro, SP, Brasil)

Chang, Ha-Joon
   Chutando a escada: a estratégia do desenvolvimento em perspectiva histórica / Ha-Joon Chang; tradução Luiz Antônio Oliveira de Araújo. – São Paulo: Editora UNESP, 2004.

   Título original: Kicking Away the Ladder: development strategy in historical perspective.

   Bibliografia.
   ISBN 85-7139-524-1

   1. Desenvolvimento econômico – Aspectos políticos 2. Desenvolvimento econômico – História 3. História econômica 4. Países em desenvolvimento – Política econômica 5. Países em desenvolvimento – Relações econômicas exteriores 6. Relações econômicas internacionais I. Título. II. Título: A estratégia do desenvolvimento em perspectiva histórica.

04-1786   CDD-338-9009

Índice para catálogo sistemático:

1. Desenvolvimento econômico: História   338.9009

Editora afiliada:

Asociación de Editoriales Universitarias
de América Latina y el Caribe

Associação Brasileira de
Editoras Universitárias

Agradecimento

Três nomes merecem ser mencionados como os principais catalisadores do nascimento deste livro. O primeiro é Erik Reinert que, com o seu extraordinário conhecimento de história da economia e do pensamento econômico, me deu acesso a inúmeras fontes de que eu nem tinha conhecimento. O segundo é James Putzel; o seu apoio ao meu projeto de história do desenvolvimento institucional, que constitui a base do Capítulo 3, imbuiu-me de energia crítica para levar este livro adiante. Por fim, mas nem por isso em último lugar, devo mencionar Charles Kindleberger, que, malgrado as nossas divergências, enriqueceu a primeira versão do manuscrito com comentários críticos excepcionalmente detalhados e inteligentes. Foi ele quem me chamou a atenção para a passagem de Friedrich List, da qual colhi a frase que serve de título a este trabalho.

Devo muito a Wolfgang Drechsler, Michael Ellman, Stanley Engerman, Peter Evans, Ben Fine, Ilene Grabel, William Milberg, Eyüp Özveren, Peter Nolan, Howard Stein, Lance Taylor e Larry Westphal, que leram atentamente as muitas versões iniciais do livro e fizeram comentários importantes sobre aquilo que acabei incorporando à versão definitiva. Van Anantha-Nageswaran, Ashwini Deshpande, Jacob Gulman, SunMok Ha, Irfan ul Haque, John Grieve Smith, Haider Khan, Tony Miller, Leon Montes, Gabriel Palma, John Sender, Jang-Sup Shin, Judith Tendler, John Toye e Tianbiao Zhu também fizeram muitas sugestões úteis. Jonathan Pincus contribuiu com comentários intelectualmente importantes e também me deu inúmeros conselhos editoriais. Duncan Green, Jonathan di John, Richard Kozul-Wright, Sandra Pepera, Bob Rowthorn, Peter Temin e Roger Wilson abrilhantaram com comentários pertinentes o *paper* que veio a constituir o Capítulo 3. O meu reconhecimento ao UK Government's Department for International Development pelo apoio financeiro à pesquisa em que se baseia esse capítulo.

A pesquisa para o livro teria sido impossível sem o auxílio de três assistentes extraordinariamente competentes e dedicados: Elaine Tan contribuiu de modo brilhante com a pesquisa do Capítulo 3 e com comentários de suma importância sobre várias partes do esboço inicial; Bente Molenaar deu criativa e cuidadosa assistência a todas as partes do livro, além de traduzir para mim as fontes escandinavas; Edna Armendariz localizou e traduziu as fontes em espanhol, português e francês. Agradeço ainda a Daniel Hahn, meu editor, responsável pelo maravilhoso trabalho em sua área.

Kamaljit Sood, Noel McPherson e sua equipe da Anthem Press me propiciaram uma experiência editorial que superou as expectativas no mundo indolente e impessoal das editoras atuais. Graças a Tom Penn, meu editor na Anthem, contei com valiosas orientações editoriais e com importantes contribuições em assuntos de grande importância, sobretudo a história do período Tudor.

O concentrado esforço que me exigiu a elaboração deste livro teria sido inviável sem uma vida familiar estável e amorosa. Meus pais e meus sogros sempre foram o esteio do nosso pequeno posto avançado na Inglaterra. Por fim, quero agradecer aos membros desse posto avançado, minha esposa, Hee-Jeong, minha filha Yuna e meu filho Jin-Gyu, pelo amor e afeição que me dedicam e particularmente por perdoarem o meu péssimo hábito de escrever em horários irregulares e o meu descuido com os compromissos familiares.

Sumário

1 Como os países ricos enriqueceram *de fato?* 11

1.1 Introdução 11

1.2 Algumas questões metodológicas: tirando lições da história 14

1.3 Os capítulos 24

1.4 Uma "advertência sadia" 27

2 Políticas de desenvolvimento econômico: perspectiva histórica das políticas industrial, comercial e tecnológica 29

2.1 Introdução 29

2.2 As estratégias de *catch-up* 38

2.3 A estratégia para passar à frente do líder e a reação dos países em *catching-up* – a Grã-Bretanha e seus seguidores 94

2.4 Políticas de desenvolvimento industrial: alguns mitos e lições históricos 106

3 Instituições e desenvolvimento econômico: a "boa governança" na perspectiva histórica 123
3.1 Introdução 123
3.2 A história do desenvolvimento institucional nos países desenvolvidos 127
3.3 O progresso institucional nos países em desenvolvimento: outrora e hoje 188

4 Lições para o presente 207
4.1 Introdução 207
4.2 Repensando políticas econômicas para o desenvolvimento 208
4.3 Repensando o desenvolvimento institucional 215
4.4 Possíveis objeções 224
4.5 Observações finais 229

Referências bibliográficas 233
Índice remissivo 255

1
Como os países ricos
enriqueceram de fato?

1.1 Introdução

Atualmente, os países em desenvolvimento estão sofrendo uma enorme pressão, por parte das nações desenvolvidas e das políticas internacionais de desenvolvimento controladas pelo *establishment*, para adotar uma série de "boas políticas" e "boas instituições" destinadas a promover o desenvolvimento econô mico.[1] Segundo essa agenda, "boas" são as políticas prescritas pelo chamado Consenso de Washington em geral. Entre elas figuram políticas macroeconômicas restritivas, a liberalização do comércio internacional e dos investimentos, a privatização e a desregulamentaçao.[2] "Instituições boas" são, essencialmente,

---

1 De modo que, além das "condicionalidades econômicas" convencionais, ligadas à ajuda financeira multilateral e bilateral aos países em desenvolvimento, agora temos "condicionalidades ligadas à governança" (cf. Kapur & Webber, 2000).

2 Williamson (1990) é a afirmação clássica disso. Sobre algumas críticas recentes, ver Stiglitz, (2001a) e Ocampo (2001).

as existentes nos países desenvolvidos, sobretudo nos anglo--saxônicos. Entre as instituições-chave, incluem-se a democracia, a burocracia "boa", o Judiciário independente, a forte proteção aos direitos de propriedade privada (inclusive a intelectual) e uma governança empresarial, transparente e orientada para o mercado, assim como instituições financeiras (inclusive um banco central politicamente independente).

Como veremos adiante, discute-se muito se as políticas e instituições recomendadas são deveras convenientes para os atuais países em desenvolvimento. Mas o curioso é que numerosos críticos, que questionam a aplicabilidade de tais recomendações, dão como ponto pacífico que essas políticas e instituições "boas" foram efetivamente adotadas pelos países desenvolvidos quando estes ainda estavam em processo de desenvolvimento.

Por exemplo, aceita-se amplamente que a Grã-Bretanha veio a ser a primeira superpotência mundial graças à política de *laissez--faire*, ao passo que a França ficou relegada ao atraso em razão de uma política intervencionista. Do mesmo modo, é comum admitir-se que os Estados Unidos abandonaram o livre-comércio em favor da protecionista tarifa Smoot-Hawley e que o início da Grande Depressão (1930) foi, como disse Bhagwati (1985, p.22, n.10), o famoso economista partidário do livre-comércio, "a lei mais notória e expressiva da estupidez anticomércio". Outro exemplo da certeza de que os países desenvolvidos chegaram a esse *status* econômico graças às políticas e instituições "boas" encontra-se na frequente divulgação de que, sem a Lei de Patentes e os demais direitos de propriedade intelectual, eles não teriam gerado as tecnologias que os levaram à prosperidade. O National Law Center for Inter-American Free Trade (1997, p.1), com sede nos Estados Unidos, proclama que "[o] registro histórico nos países industrializados que outrora estavam em desenvolvimento demonstra que a proteção à propriedade intelectual foi um dos mais poderosos instrumentos do desenvolvimento econômico, do aumento das exportações e da difusão de novas tecnologias, da arte e da cultura". E assim por diante.

Será, no entanto, verdade que as políticas e instituições tão recomendadas aos países em desenvolvimento foram adotadas pelos desenvolvidos quando se achavam em processo de desenvolvimento? Mesmo em termos superficiais, não faltam indícios e evidências históricas fragmentárias sugerindo o contrário. É possível que alguns saibam que, contrariamente à sua natureza nos séculos XVIII ou XX, o Estado francês do século XIX foi essencialmente conservador e não intervencionista. Também é provável que estejam informados sobre as elevadas tarifas praticadas pelos Estados Unidos, pelo menos a partir do fim da Guerra de Secessão. Uns poucos terão ouvido dizer que o banco central norte-americano, o Federal Reserve Board, foi criado bastante tardiamente, nada menos que em 1913. E é possível que uma ou duas pessoas saibam até que, no século XIX, a Suíça se alçou à categoria de líder mundial em tecnologia sem contar com uma só Lei de Patentes.

À luz dessas provas contrárias à visão ortodoxa da história do capitalismo, cabe indagar até que ponto os países desenvolvidos não estão procurando esconder o "segredo de seu sucesso". Este livro reúne vários elementos de informação histórica que contradizem a visão ortodoxa da história do capitalismo e oferecem um quadro abrangente, embora conciso, das políticas e instituições de que os países desenvolvidos se serviram quando estavam em processo de desenvolvimento. Em outras palavras, o que este livro pergunta é: como os países ricos enriqueceram *de fato*?

A resposta mais sucinta é que eles não seriam o que são hoje se tivessem adotado as políticas e as instituições que agora recomendam às nações em desenvolvimento. Muitos recorreram ativamente a políticas comerciais e industriais "ruins", como a de proteção à indústria nascente e a de subsídios à exportação – práticas hoje condenadas ou mesmo proscritas pela Organização

Mundial do Comércio (OMC). Antes de se tornarem completamente desenvolvidos (ou seja, antes do fim do século XIX e do início do XX), eles possuíam pouquíssimas dessas instituições agora consideradas tão essenciais aos países em desenvolvimento, inclusive as mais "básicas" como os bancos centrais e a responsabilidade limitada.

Se for esse o caso, as nações desenvolvidas não estarão se valendo do pretexto de recomendar políticas e instituições "boas" unicamente para dificultar o acesso dos países em desenvolvimento às políticas e instituições que elas implementaram no passado a fim de alcançar o desenvolvimento econômico? Eis a questão que nos propomos a discutir.

1.2 Algumas questões metodológicas: tirando lições da história

O economista alemão do século XIX Friedrich List (1789-1846) geralmente é considerado o pai do argumento da indústria nascente, ou seja, que, em face dos países desenvolvidos, os mais atrasados não conseguem desenvolver novas indústrias sem a intervenção do Estado, principalmente por meio de tarifas protecionistas. Sua obra principal, *The National System of Political Economy* [*O sistema nacional de economia política*], foi publicado pela primeira vez em 1841.[3] List inicia o livro com uma longa discussão histórica. Aliás, dedica as primeiras 115 das 435 páginas do texto ao exame das políticas comercial e industrial dos países mais

---

3 O livro foi traduzido nos Estados Unidos já em 1856 (Henderson, 1983, p.214), refletindo a grande afinidade de então entre os Estados Unidos e a Alemanha como os dois centros de economia "nacionalista" (cf. também Dorfman, 1955; Balabkins, 1988; Hodgson, 2001). Entretanto, a tradução britânica, versão utilizada neste livro, só viria a ser publicada em 1885, o que reflete o domínio da doutrina do livre-comércio na Grã-Bretanha da metade do século XIX.

importantes do mundo ocidental da época. Seu levantamento engloba a experiência de Veneza (e de outros Estados italianos), das cidades da Liga Hanseática (lideradas por Hamburgo e Lubeck), da Holanda, da Inglaterra, de Portugal e Espanha, da França, da Alemanha e dos Estados Unidos.

Grande parte da exposição se opõe frontalmente ao que a maioria de nós sabe (ou julga saber) da história econômica desses países.[4] Para o leitor contemporâneo, é particularmente interessante a análise que ela faz da Grã-Bretanha e dos Estados Unidos – os supostos berços do liberalismo. List argumenta que a Grã-Bretanha foi, sem dúvida alguma, o primeiro país a aperfeiçoar a arte de promover a indústria nascente, arte essa que, a seu ver, é o princípio em que se escora a maior parte dos países que lograram prosperar. Chega a afirmar que "nós [que não estamos convencidos do argumento da indústria nascente] devemos primeiro estudar a história da indústria inglesa" (List, 1885, p.39). Vale a pena citar na íntegra a síntese que ele faz da trajetória de sucesso desse país.

> [T]endo atingido certo grau de desenvolvimento por meio do livre-comércio, os grandes monarcas (da Grã-Bretanha) perceberam que não se podia obter um alto grau de civilização, poder e riqueza sem uma combinação de manufatura, comércio e agricultura. Deram-se conta de que a recém-criada indústria nacional não teria chance de sucesso em livre concorrência com as estrangeiras, estabelecidas havia muito mais tempo (as italianas, as hanseáticas, as belgas e as holandesas) ... Portanto, mediante um sistema de restrições, privilégios e incentivos, trataram de transplantar para

---

4   Ela também é interessante pelo grau assombroso de sofisticação na compreensão do papel da política e das instituições públicas no desenvolvimento econômico. Por exemplo, List (1885, p.107) afirma: "Por industriosos, parcimoniosos, inventivos e inteligentes que sejam, os cidadãos individuais não podem compensar a falta de instituições livres. A história também ensina que os indivíduos derivam grande parte de sua energia produtiva das instituições sociais e das condições que lhes são dadas".

o solo nacional a riqueza, o talento e o espírito empreendedor dos estrangeiros.[5]

Eis uma caracterização do desenvolvimento industrial inglês fundamentalmente oposta à imagem predominante da Grã-Bretanha, a de uma destemida economia de comércio e mercado livres em luta com os países *dirigistas* do continente, que finalmente demonstrou a superioridade de sua política com um sucesso industrial sem precedentes na história humana.

List prossegue alegando que o livre-comércio é benéfico entre países de nível semelhante de desenvolvimento industrial (motivo pelo qual ele defendia veementemente a união alfandegária dos Estados alemães – a *Zollverein*), mas não entre os que têm diferentes níveis de desenvolvimento. Como muitos contemporâneos de nações que estavam tentando alcançar a Grã-Bretanha, ele argumenta que o livre-comércio favorece este país, mas não as economias menos desenvolvidas. Afirma que o livre-comércio certamente beneficia os exportadores de produtos agrícolas dessas economias, se bem que, a longo prazo, em detrimento da manufatura local e da prosperidade da economia nacional. De modo que, na sua opinião, o panegírico do livre-comércio, feito pelos políticos e economistas britânicos da época, tinha propósitos nacionalistas, por mais que se servisse da linguagem generalista que ele denominava "doutrina cosmopolita". Convém citá-lo neste ponto:

> É um expediente muito comum e inteligente de quem chegou ao topo da magnitude *chutar a escada* pela qual subiu a fim de impedir os outros de fazerem o mesmo. Não é outro o segredo da doutrina

---

5 Então ele prossegue, argumentando: "Essa política foi implementada com sucesso maior ou menor, mais acelerado ou mais lento, na exata proporção em que as medidas adotadas foram mais ou menos judiciosamente adaptadas à meta visada e aplicada ou implementada com mais ou menos energia e perseverança" (p.111).

cosmopolita de Adam Smith e das tendências cosmopolitas de seu grande contemporâneo William Pitt, assim como de todos os seus sucessores no governo britânico.

Qualquer nação que, valendo-se de taxas protecionistas e restrições à navegação, tiver levado sua capacidade industrial e sua navegação a um grau de desenvolvimento que impeça as outras de concorrerem livremente com ela não pode fazer coisa mais sábia do que *chutar a escada* pela qual ascendeu à grandeza, pregar os benefícios do livre-comércio e declarar, em tom penitente, que até recentemente vinha trilhando o caminho errado, mas acaba de descobrir a grande verdade. (List, 1885, p.295-6 – grifos meus).

No tocante aos Estados Unidos, List (1885, p.99) assinala que o país foi erroneamente julgado pelos grandes teóricos da economia Adam Smith e Jean Baptiste Say, que os consideravam "uma Polônia", isto é, uma nação fadada a depender da agricultura. De fato, em *A riqueza das nações*, Adam Smith (1937, p.347-8) aconselha seriamente os norte-americanos a não caírem na tentação de promover sua indústria incipiente:

> Se os americanos, seja mediante boicote, seja por meio de qualquer outro tipo de violência, suspenderem a importação das manufaturas europeias e, assim, concederem um monopólio aos seus compatriotas capazes de fabricar os mesmos bens, desviando uma parcela considerável do capital para esse fim, estarão retardando o futuro crescimento do valor de seu produto anual, em vez de acelerá-lo, e estarão obstruindo o progresso do país rumo à riqueza e à grandeza verdadeiras, em vez de promovê-lo.

Duas gerações depois, enquanto List escrevia o seu livro, muitos europeus continuavam concordando com a visão de Smith. Afortunadamente, argumenta List (1885, p.99-100), os norte-americanos rejeitaram essa análise com firmeza e, preferindo o "bom-senso" e a "intuição do que era necessário ao país", passaram a proteger suas indústrias incipientes com grande sucesso a partir de 1816.

A observação de List ficou plenamente confirmada quando, no século que se seguiu à publicação desses trechos, os Estados Unidos não só se tornaram o mais ardente praticante – e o berço intelectual – do protecionismo, como, no fim do período, passaram a ser o líder mundial da indústria (ver seção 2.2.2 do Capítulo 2). Os fatos históricos ulteriores deram razão a List também no tocante ao "chutar a escada". Depois da Segunda Guerra Mundial, quando sua supremacia industrial ficou ab solutamente patente, os Estados Unidos fizeram exatamente a mesma coisa que a Grã-Bretanha do século XIX, preconizando o livre-comércio, muito embora tivessem obtido essa supremacia mediante o uso nacionalista e de um vigoroso protecionismo.

Esses importantes fatos históricos serão objeto de um exame mais detalhado no próximo capítulo. Por ora, eu queria chamar a atenção do leitor para a metodologia de List, ou seja, para a sua análise histórica da economia.

Essa análise, quando feita adequadamente, não se restringe a compilar e catalogar fatos históricos na esperança de que isso venha a gerar naturalmente um modelo. Pelo contrário, exige uma busca persistente de modelos históricos, a construção de teorias que os expliquem e a aplicação dessas teorias a problemas contemporâneos, ainda que sem deixar de levar em conta as circunstanciais alterações tecnológicas, institucionais e políticas.

Tal abordagem, que é concreta e indutiva, contrasta muito com o atualmente prevalecente enfoque neoclássico fundamentado em métodos abstratos e dedutivos. Aliás, esse tipo de metodologia serviu de base à escola histórica alemã, corrente econômica dominante em muitos países europeus continentais até a Segunda Guerra Mundial, e se encontra nos trabalhos de autores ingleses como Polanyi (1957) e Shonfield (1965).[6] Entre os expoentes dessa escola, figuraram Wilhelm

---

6 Ela também se encontra, em certos filamentos, no marxismo – por exemplo, na teoria da história de Marx, mais que em sua teoria do valor do trabalho.

Roscher, Bruno Hildebrand, Karl Knies, Adolph Wagner (da famosa lei de Wagner),[7] Gustav Schmoller, Werner Sombart e (discutivelmente) Max Weber. Embora hoje equivocadamente considerado apenas sociólogo, sabe-se que Weber foi professor de economia nas universidades de Friburgo e Heidelberg (ver Balabkins, 1988, cap.6; Tribe, 1995; Hodgson, 2001).

Atualmente, poucos admitem que, antes da Segunda Guerra Mundial, a Europa Continental se tenha deixado influenciar pela escola histórica alemã. Todavia, essa tendência marcou fortemente um dos fundadores da economia neoclássica, Alfred Marshall, que observou que ela, "mais do que qualquer outra, serviu para ampliar as nossas ideias, aumentar o nosso conhecimento de nós mesmos, ajudando-nos a compreender o planejamento central quase como o governo divino do mundo" (*Principles of Economics* apud Hutchison, 1988, p.529).

No fim do século XIX e no início do XX, muitos destacados economistas norte-americanos sofreram a influência direta ou indireta dessa escola (Balabkins, 1988, cap.6; Hodgson, 2001; Dorfman, 1955).[8] Conquanto tenha se afastado de tal tendência, John Bates Clark, o santo padroeiro dos economistas neoclássicos dos Estados Unidos, que hoje empresta o nome ao prêmio mais cobiçado pelos jovens economistas do país, esteve na Alemanha em 1873, onde estudou sob orientação de Roscher e Knies (Balabkins, 1988, p.95; Conkin, 1980, p.311). Richard Ely, um dos principais economistas norte-americanos da época, também foi aluno de Knies. Posteriormente, influenciou a American Institutionalist School por intermédio de seu aluno John Commons (Balabkins, 1988, p.95; Cochran & Miller, 1942, p.260; Conkin, 1980, p.311; Garraty & Carnes, 2000, p.562). Ely foi um dos

---

7   A lei de Wagner afirma que há uma tendência natural ao aumento do tamanho relativo do governo com o desenvolvimento da sociedade humana.

8   Balabkins (1988, p.95) cita uma pesquisa feita em 1906, mostrando que a metade dos norte-americanos que estudaram ciências sociais na Europa fizeram-no na Alemanha.

fundadores da American Economic Association (AEA); atualmente, a conferência anual mais importante dessa associação é ministrada em seu nome, embora poucos membros da AEA saibam quem foi ele.

Com o fim da Segunda Guerra Mundial, quando o desenvolvimento dos países pós-coloniais passou a ser um tema importante, a abordagem histórica prosperou muito entre os criadores da "economia do desenvolvimento".[9] Estudiosos como Arthur Lewis, Walt Rostow e Simon Kuznets formularam suas teorias dos "estágios" de desenvolvimento econômico com base num conhecimento profundo da história da industrialização nos países desenvolvidos.[10] Igualmente prestigiosa foi a tese do "desenvolvimento tardio" do historiador econômico russo-americano Alexander Gerschenkron, que, com base na experiência da industrialização europeia, argumentava que o ritmo continuamente crescente do desenvolvimento tecnológico impunha aos países que estavam empreendendo a industrialização a criação de veículos institucionais mais eficazes para mobilizar o financiamento industrial. O trabalho de Gerschenkron (1962) ergueu um importante pano de fundo para a obra pioneira de Hirschman (1958) sobre economia do desenvolvimento. O texto clássico de Kindleberger (1958) acerca do mesmo tema reporta-se exaustivamente às experiências históricas dos países desenvolvidos, sempre com inúmeras referências a Gerschenkron.

Na década de 1960, que marcou o auge da economia do desenvolvimento, organizaram-se coletâneas de ensaios explicitamente destinadas a transmitir aos países em desenvolvimento as lições extraídas da experiência histórica das nações desenvolvidas (cf. Supple, 1963; Falkus, 1968). Mais tarde, em 1969,

---

9 Para uma seleção de obras-chave anteriores na área, ver Agarwala & Singh (1958).

10 Sobre o desenvolvimento dessas teorias, ver Lewis (1955); Rostow (1960); Kuznets (1965, 1973).

Gustav Ranis, um dos principais economistas do desenvolvimento neoclássicos (embora de uma safra anterior e mais moderada), publicou no veículo mais importante da tendência prevalecente, a *American Economic Review*, um artigo intitulado "Economic Development in Historical Perspective" ["Perspectiva histórica do desenvolvimento econômico"] (Fei & Rankis, 1969).

Infelizmente, nas últimas décadas, mesmo a economia do desenvolvimento e a história econômica – dois subcampos da economia que dão grande relevância à abordagem histórica – foram abafadas pela predominância da economia neoclássica, que rejeita categoricamente esse tipo de raciocínio indutivo. A consequência funesta disso foi tornar particularmente aistóricas as discussões contemporâneas sobre a política de desenvolvimento econômico.

Sem dúvida, a literatura do desenvolvimento está repleta de proposições teoricamente fundamentadas (por exemplo, o livre-comércio beneficia todos os países) e também pode se arrimar confortavelmente nas experiências contemporâneas (por exemplo, a literatura acerca do "Estado desenvolvimentista" no Extremo Oriente). Não obstante, são raras as discussões fundamentadas na experiência histórica dos países atualmente desenvolvidos (doravante denominados PADs). É certo que se fazem referências históricas esparsas, mas estas sempre se esteiam em caracterizações altamente estilizadas e, além disso, tendem a referir-se exclusivamente à Grã-Bretanha e aos Estados Unidos. A suposta história de livre-comércio e mercado livre dessas nações é apresentada como exemplo aos países em desenvolvimento. No entanto, tais discussões sobre a experiência britânica e norte-americana são extremamente seletivas e, portanto, ilusórias, coisa que mais adiante teremos oportunidade de verificar.

O lamentável resultado é que, nas últimas décadas, com raras e honrosas exceções, poucos estudos sérios aplicaram a perspectiva histórica à análise do desenvolvimento econômico

(Senghaas, 1985; Bairoch, 1993; Weiss & Hobson, 1995; Amsden, 2001).[11] Por esse motivo, um dos objetivos do presente trabalho é reafirmar a utilidade de tal abordagem, empregando-a para criticar o atualmente divulgadíssimo discurso em prol das "boas políticas" e da "boa governança". Mas isso pode dar ao leitor a falsa impressão de que a nossa principal meta seria provar a validade de um enfoque, tomando como matéria-prima uma questão política. Não é esse o objetivo primordial deste livro. É, isto sim, discutir um problema contemporâneo com o auxílio da história. Eu ainda acrescentaria que, ante a polêmica sobre as políticas e instituições "boas", tal visão é particularmente relevante no momento atual.

Naturalmente, o livro focaliza o século XIX e o início do XX, mais especificamente o período entre o fim das guerras napoleônicas (1815) e o início da Primeira Guerra Mundial (1914), durante o qual a maioria dos países hoje desenvolvidos estava passando pela Revolução Industrial. Todavia, em certos casos, dilatamos o período em estudo. Por exemplo, a Grã-Bretanha merece atenção já a partir do século XV, dado o seu papel pioneiro em inúmeras áreas da política econômica e do desenvolvimento institucional. A Prússia do século XVIII é outro caso especial, digno de atenção, em razão das reformas burocráticas e do desenvolvimento de novos métodos de fomento à indústria promovido pelo Estado. Outras exceções a serem destacadas são

---

11 No entanto, os primeiros três desses estudos não são abrangentes como este livro. Bairoch (1993), conquanto abarque um amplo espectro de países, concentra-se principalmente na política comercial. Senghaas (1985) se ocupa de um grupo de nações ainda mais amplo, mas sua discussão sobre elas é breve, a não ser no tocante aos países escandinavos. Weiss & Hobson (1995) abarcam um amplo espectro de políticas – industrial, comercial e fiscal –, mas ficam em um número relativamente limitado de nações – Grã-Bretanha, França, Prússia, Japão, Rússia e Estados Unidos. O estudo de Amsden (2001) oferece muitas referências localizadas às experiências históricas dos países desenvolvidos, mas, na verdade, concentra-se sobretudo na experiência histórica dos países em desenvolvimento.

as experiências posteriores à Segunda Guerra Mundial de países como o Japão e a França, que se mostraram aptos a empreender um expressivo crescimento econômico graças à radical transformação institucional que se seguiu ao conflito.

Empenhamo-nos em estudar o maior número de nações possível. Embora reforce as nossas principais convicções, essa tentativa de abranger uma faixa mais ampla suscita necessariamente a crítica dos especialistas na história econômica desses países. Já contávamos com isso e acolhemos tal crítica de bom grado. Não só porque esperamos estimular os economistas do desenvolvimento a reexaminarem suas teorias em bases históricas, mas também porque gostaríamos de ver os historiadores econômicos tomarem mais consciência das implicações teóricas de seu trabalho. Se conseguir estimular o debate a partir das generalidades e particularidades discutidas nas páginas que se seguem, este livro terá atingido o seu objetivo principal.

Outro esforço especial foi incorporar ao trabalho exemplos que vão além do grupo das nações mais "importantes" e, portanto, mais conhecidos (isto é, a Grã-Bretanha, os Estados Unidos, a França e o Japão), com o intuito de esboçar lições mais gerais. Entretanto, a abordagem dos outros países é necessariamente menos abrangente pela escassez de estudos sobre eles em língua inglesa. Tentei superar parte desse problema com a ajuda de assistentes de pesquisa que falam outros idiomas, mas os limites desse método são evidentes. Ademais, convém assinalar que continua sendo importantíssimo examinar as experiências dos países supostamente mais conhecidos, sobretudo porque não faltam mitos e concepções errôneas de sua história.

A distinção entre políticas e instituições adotada no livro é inevitavelmente arbitrária. Em relação a senso comum, poder-se-ia dizer que as instituições são dispositivos mais permanentes, ao passo que as políticas são mais facilmente cambiáveis. Por exemplo, o aumento de tarifas para certas indústrias pode constituir uma "política", enquanto a tarifa em si há de ser considerada uma "instituição". Mas essa distinção simplista arrisca perder facilmente a eficácia. Por exemplo, conquanto se possa considerar a Lei de Patentes uma "instituição", um país tem a possibilidade de adotar uma "política" de não reconhecimento de patentes – como a Suíça e a Holanda fizeram efetivamente até o começo do século XX. Do mesmo modo, ao examinar a Lei da Concorrência, nós o faremos no contexto das instituições incorporadas ao governo, mas também como parte de uma política industrial.

1.3 Os capítulos

O Capítulo 2 trata principalmente das hoje denominadas políticas industrial, comercial e tecnológica (ou políticas ICT, para simplificar). Na minha ótica, isso se deve ao fato de que são justamente as diferenças entre tais políticas que separam dos outros os países mais bem-sucedidos na geração do crescimento e da mudança estrutural. Há algumas centenas de anos que as políticas ICT ocupam o centro das polêmicas sobre a teoria do desenvolvimento econômico. É claro que isso não implica que as outras políticas não tenham importância para o desenvolvimento,[12] tampouco que a única coisa importante seja o crescimento econômico (e muito menos o industrial), por mais que eu acredite que o crescimento é a chave do desenvolvimento econômico mais amplamente definido.

Ao contrário dos capítulos seguintes, dedicados às instituições, o Capítulo 2 se concentra em um número menor de países.

---

12 Por exemplo, pouca gente nega que chegar à estabilidade macroeconômica por meio das políticas orçamentárias e monetárias adequadas é um pré--requisito do desenvolvimento, muito embora eu não concorde em definir isso, de modo tão estreito, como a simples manutenção de baixos índices inflacionários (digamos, abaixo de 5%), como reza a ortodoxia corrente (ver também Stiglitz, 2001a, p.23-5).

Isso ocorre sobretudo porque as políticas, por serem mais variáveis, como já observamos, são muito mais difíceis de caracterizar do que as instituições. Por exemplo, podemos datar facilmente a legislação formal que regula a responsabilidade limitada ou os bancos centrais (embora não seja tão fácil determinar o momento preciso em que a instituição em questão passou a ser amplamente reconhecida e efetiva), porém é muito mais difícil determinar, por exemplo, se a França teve uma política de livre-comércio no fim do século XIX. Pela dificuldade de identificar claramente a existência e a intensidade de cada política, pareceu-me necessário um número maior de análises baseadas em países, o que, por sua vez, me impossibilitou de examinar tantas nações, tanto no capítulo sobre política quanto no que trata das instituições (Capítulo 3).

O Capítulo 3 é mais abrangente geográfica e conceitualmente. Estuda um número relativamente elevado de instituições, em parte pela complexidade institucional das sociedades modernas, mas também porque é limitada a nossa compreensão de quais são as instituições verdadeiramente decisivas para o desenvolvimento econômico. Entre elas, encontram-se a democracia, a burocracia, o Judiciário, os direitos de propriedade (particularmente os de propriedade intelectual), as instituições de governança empresarial (responsabilidade limitada, Lei de Falência, exigências de auditoria/*disclosure*, Lei da Concorrência), as instituições financeiras (bancos, banco central, regulamentação dos seguros, instituições públicas de crédito), as instituições sociais e trabalhistas (leis do trabalho infantil, instituições de regulamentação da jornada e das condições do trabalho adulto). Tanto quanto me é dado saber, este livro é o único que oferece informações em um espectro tão amplo de instituições, passando por um grande número de países.

O quarto e último capítulo retoma a questão central: os países desenvolvidos estão tentando "chutar a escada" pela qual subiram ao topo, impedindo as nações em desenvolvimento de adotarem as políticas e instituições que eles próprios adotaram?

Argumento que a atual política ortodoxa faz o possível para "chutar a escada". O fomento à indústria nascente (mas, convém ressaltar, não exclusivamente via proteção tarifária) foi a chave do desenvolvimento da maioria das nações, ficando as exceções limitadas aos pequenos países da fronteira tecnológica do mundo ou muito próximos dela, como a Holanda e a Suíça. Impedir que as nações em desenvolvimento adotem essas políticas constitui uma grave limitação à sua capacidade de gerar desenvolvimento econômico.

No caso das instituições, a situação é ainda mais complexa. Minha principal conclusão é que, na verdade, muitas instituições atualmente consideradas tão imprescindíveis ao desenvolvimento são mais a consequência do que a causa do desenvolvimento econômico das atuais nações desenvolvidas. Isso *não* quer dizer que os países em desenvolvimento não devam adotar as instituições hoje predominantes nos desenvolvidos (embora não devam adotar as políticas industrial e comercial neles implementadas atualmente). Algumas dessas instituições podem ser até benéficas para a maioria das nações em desenvolvimento, se bem que não necessariamente para todas, embora o formato exato a ser adotado seja matéria controversa. Por exemplo, o banco central é necessário à administração dos riscos financeiros sistêmicos, mas é discutível se ele deve gozar de independência política quase absoluta, concentrando-se exclusivamente no controle da inflação, como quer a ortodoxia em voga. Aliás, tendo em vista que muitas instituições potencialmente benéficas se desenvolveram à custa de dolorosas lições econômicas e lutas políticas, seria um despropósito os países em desenvolvimento abrirem mão da vantagem de ser retardatários, a qual resulta na possibilidade de um "*catch-up* institucional".

Convém, no entanto, não exagerar os benefícios do *catch--up* institucional, já que nem todas as instituições de "padrão global" são proveitosas ou necessárias para a totalidade dos países em desenvolvimento. Do mesmo modo, talvez não haja tanta necessidade assim de algumas outras instituições, como a regulamentação antitruste, o que significa que as consequências de sua adoção podem ser até mesmo nefastas, uma vez que sua implantação e manutenção exigem recursos, sobretudo os geralmente escassos recursos humanos qualificados. Também cabe indagar se a introdução de instituições "avançadas" em países ainda despreparados para recebê-las não implica que elas talvez não funcionem tão bem quanto se pretende. Além disso, não se pode perder de vista que, na realidade, os atuais países em desenvolvimento contam com um grau mais elevado de desenvolvimento institucional em comparação com os PADs quando se encontravam em estágios equivalentes (ver seção 3.3.3 do Capítulo 3). Sendo esse o caso, é possível que, a curto prazo, haja relativamente pouco espaço para um aprimoramento institucional efetivo em tais nações.

A partir dessa perspectiva, também se pode dizer que o preponderante discurso do desenvolvimento com base no *upgrading* institucional traz em seu bojo um elemento da atitude de "chutar a escada" à medida que muitas instituições impostas aos países em desenvolvimento, além de custosas, são irrelevantes ou mesmo prejudiciais, tendo em vista o estágio em que eles se encontram.

1.4 Uma "advertência sadia"

Sem dúvida, o que este livro tem a dizer há de incomodar muitos leitores, tanto intelectual quanto moralmente. Questionará boa parte dos mitos que eles dão como ponto pacífico ou nos quais acreditam fervorosamente, do mesmo modo como as minhas hipóteses foram questionadas no processo de pesquisa. Algumas conclusões talvez sejam moralmente desconfortáveis para certas pessoas. É claro que não pretendo atribuir superioridade moral à argumentação que se segue. No entanto, espero esclarecer parte da complexidade que cerca essas questões durante tanto tempo obnubiladas por alegações aistóricas e muitas vezes moralistas.

2
Políticas de desenvolvimento econômico: perspectiva histórica das políticas industrial, comercial e tecnológica

2.1 Introdução

No capítulo anterior, sublinhei o fato surpreendente de serem pouquíssimas as tentativas de aproveitar as lições oferecidas pela experiência histórica dos países desenvolvidos para solucionar os problemas contemporâneos do desenvolvimento. Ademais, como exporei adiante, as escassas referências a tais experiências tendem a eivar-se de mitos que corroboram a versão ortodoxa da história da política econômica dos PADs, dando muita ênfase aos benefícios do livre-comércio e da política industrial do *laissez-faire*. A lenda, que realça virtualmente todas as recomendações da política típica do Consenso de Washington, é mais ou menos a seguinte.[1]

---

1 Sachs & Warner (1995) é uma das versões mais equilibradas e informadas, ainda que bastante deficiente. Bhagwati (1985, 1998) oferece uma versão menos equilibrada, mas provavelmente mais representativa. Artigos de estrategistas políticos internacionais adeptos dessa visão podem ser encon-

A partir do século XVIII, o sucesso industrial do *laissez-faire* britânico comprovou a superioridade das políticas de mercado livre e de livre-comércio. Mediante essas práticas que lhe desataram a energia empreendedora, a Grã-Bretanha superou a França intervencionista, sua principal rival na época, elevando--se à categoria de maior potência econômica do planeta. E teve condições de assumir o papel de arquiteto hegemônico da nova ordem econômica "liberal" mundial, sobretudo a partir de 1846, quando abandonou o deplorável protecionismo agrícola (as Corn Laws) e outras medidas remanescentes do antigo protecionismo mercantilista.

Na busca dessa ordem liberal mundial, a principal arma da Grã-Bretanha foi seu sucesso econômico fundado no sistema mercado livre/livre-comércio; isso levou outros países a perceberem as limitações da política mercantilista e a adotarem o comércio livre (ou pelo menos um pouco mais livre) a partir da década de 1860. No entanto, o projeto da Grã-Bretanha também contou com a valiosa ajuda da obra de seus economistas clássicos, como Adam Smith e David Ricardo, que provaram teoricamente a superioridade da política do *laissez-faire*, sobretudo no tocante ao livre-comércio. De acordo com Willy de Clerq (1998, p.196), o comissário europeu para relações econômicas externas no início da Rodada do Uruguai (1985-1989),

> O livre-comércio só pôde florescer [no fim do século XIX] graças à legitimação teórica, oposta ao mercantilismo generalizado, produzida por David Ricardo, John Stuart Mill, David Hume, Adam Smith e outros beneméritos do iluminismo escocês, e em consequência da relativa estabilidade oferecida pelo Reino Unido,

---

trados em Bhagwati & Hirsch (1998), uma coletânea de ensaios organizada em homenagem a Arthur Dunkel, que dirigiu a Rodada do Uruguai (1986-1993) na qualidade de diretor-geral do General Agreement on Tariffs and Trade (Gatt). Os trabalhos de Clercq e Ruggiero, citados a seguir, são dessa coletânea.

a única superpotência ou hegemonia relativamente benévola da segunda metade do século XIX.

Essa ordem liberal mundial, aperfeiçoada por volta de 1870, apoiava-se em: políticas industriais do *laissez-faire* internamente; poucas barreiras aos fluxos internacionais de bens, capital e trabalho; e estabilidade macroeconômica nacional e internacional, a qual era garantida pelo padrão-ouro e pelo princípio do equilíbrio orçamentário. Seguiu-se um período de prosperidade sem precedentes.

Infelizmente, segundo essa lenda, as coisas começaram a andar mal com a irrupção da Primeira Guerra Mundial. Reagindo à consequente instabilidade do sistema político e econômico mundial, os países voltaram a erguer barreiras comerciais. Em 1930, os Estados Unidos abandonaram o livre-comércio, instituindo a famigerada tarifa Smoot-Hawley. Segundo De Clerq (1988, p.201-2), essa tarifa "teve consequências desastrosas para o comércio internacional e, passado algum tempo ..., para o crescimento econômico e o emprego norte-americanos. Atualmente, ainda há economistas convencidos de que a Grande Depressão foi provocada principalmente por essas tarifas". Outros países, como a Alemanha e o Japão, erigiram elevadas barreiras comerciais e também passaram a criar poderosos cartéis, os quais se ligaram estreitamente ao fascismo e às agressões externas por eles perpetrados nas décadas seguintes.[2] O sistema mundial de livre--comércio finalmente sucumbiu em 1932, quando a Grã-Bretanha, até então sua ferrenha defensora, cedeu à tentação de reintroduzir tarifas alfandegárias. A resultante contração e a instabilidade da

---

2 Conforme essa versão da história, o nexo infeliz entre intervencionismo estatal e autocracia foi desfeito posteriormente, com o fim da Segunda Guerra Mundial, quando as autoridades norte-americanas de ocupação nesses países, percebendo que os cartéis eram a causa fundamental do fascismo, trataram de dispersá-los.

economia e, a seguir, o conflito de 1939-1945 liquidaram o pouco que restava da primeira ordem liberal mundial.

Depois da Segunda Guerra Mundial, prossegue a lenda, fizeram-se alguns progressos significativos, no que se refere à liberalização do comércio, com o início das negociações do General Agreement on Trade and Tariffs (Gatt).[3] Não obstante, a visão *dirigista* da economia seguiu dominando o cenário político do mundo desenvolvido até a década de 1970 e o dos países em desenvolvimento até o início da de 1980 (bem como o do mundo comunista até o colapso final de 1989). Segundo Sachs & Warner (1995, p.11-21), uma série de fatores contribuiu com a persistência do protecionismo e do intervencionismo nos países em desenvolvimento. Prevaleceram teorias "equivocadas", como o argumento da indústria nascente, a teoria do *big push* de Rosensetin-Rodan (1943) e o estruturalismo latino-americano, sem falar nas motivadas por exigências políticas, tais como a necessidade de construção nacional e a de "agradar" certos grupos de interesses. Não faltaram heranças do controle do tempo de guerra que perduraram no período de paz.

Afortunadamente, segundo se sustenta, grande parte das políticas intervencionistas vem sendo abandonada em todo o mundo desde a ascensão do neoliberalismo, nos anos 80, que enfatiza as virtudes do Estado mínimo, das políticas do *laissez-faire* e da abertura internacional. No fim da década de 1970, o crescimento econômico começou a claudicar na maioria dos países em desenvolvimento, com exceção dos do leste e do sudeste asiáticos, que já vinham implementando políticas "boas". Essa falta de crescimento, que se manifestou muitas vezes nas crises econômicas do início do decênio de 1980, evidenciou as limitações do intervencionismo e do protecionismo antiquados.

Consequentemente, a maioria dos países em desenvolvimento acabou adotando políticas de reforma neoliberal. Se-

---

3 Acordo Geral sobre Tarifas e Comércio. (N. T.)

gundo Bhagwati (1998, p.37), as mudanças mais simbólicas foram: a implantação da doutrina neoliberal no Brasil durante o governo de Fernando Henrique Cardoso, um dos expoentes da teoria da dependência até os anos 80; o ingresso do México, tradicionalmente antiamericano, no North American Free Trade Agreement (Nafta); e o deslocamento da Índia, antigo baluarte do protecionismo e da regulamentação, para uma economia aberta e liberal. Essa tendência à liberalização e à abertura coroou-se de glória com a derrocada do comunismo em 1989, que finalmente acabou com a "anomalia histórica" do sistema fechado de comércio mundial que prevaleceu nos primeiros anos do pós-guerra.[4]

Combinada com a instauração de novas instituições de governança global, representadas pela OMC, tais alterações políticas em âmbito nacional criaram um novo sistema econômico global que, em seu potencial de prosperidade, só é comparável com a primeira "Idade de Ouro" do liberalismo (1870-1914).[5] Renato Ruggiero (1998, p.131), o primeiro diretor-geral da OMC, alega que, graças a essa nova ordem mundial, temos hoje "o potencial de erradicar a pobreza global já na primeira metade do próximo século [o XXI] – uma ideia utópica há algumas décadas, mas uma possibilidade real hoje em dia".

Como veremos adiante, essa lenda pinta um quadro vigoroso, mas basicamente falaz. Com efeito, deve-se admitir que, em certo sentido, o fim do século XIX pode realmente ser descrito como a era do *laissez-faire*.

Para começar, como se vê na Tabela 2.1, no fim do século XIX houve um período, embora fugaz, em que prevaleceram regimes liberais de comércio em grande parte da economia mundial. Iniciando-se em 1846, com a revogação das Corn Laws, a Grã-

---

4   A expressão foi extraída de Sachs & Warner (1995, p.3).

5   Sachs & Warner (1995) situam essa "Idade de Ouro" no período 1850-1914.

-Bretanha deu uma guinada decisiva para o regime unilateral de livre-comércio (que se concluiu na década de 1860), muito embora essa guinada se baseasse em sua incontestável superioridade econômica na época e estivesse inextricavelmente ligada à sua política imperial. Entre 1860 e 1880, muitos países europeus aboliram substancialmente a proteção tarifária. Ao mesmo tempo, a maior parte do resto do mundo foi obrigada a praticar o livre-comércio pelo colonialismo (ver a seção 2.3.1) e, no caso de algumas nações nominalmente "independentes" (como as latino-americanas, a China, a Tailândia (Sião na época), o Irã (Pérsia) e a Turquia (Império Otomano)), mediante tratados desiguais (ver seção 2.3.2). Naturalmente, a exceção óbvia foram os Estados Unidos, que, mesmo nesse período, conservaram uma elevadíssima barreira tarifária. Entretanto, como o país ainda representava uma parcela relativamente pequena da economia mundial, não há de ser de todo insensato afirmar que esse foi o regime mais próximo do livre-comércio que o mundo já teve ou (provavelmente) terá.

Mais importante ainda: até a Primeira Guerra Mundial (e talvez inclusive até a Segunda), a extensão do intervencionismo estatal era bastante restrita para os padrões modernos. Por exemplo, até os anos 30, tanto a doutrina hegemônica do equilíbrio orçamentário quanto o limitado alcance do tributável (já que a maioria dos países carecia, entre outras coisas, de imposto de renda de pessoa física e jurídica) estreitavam muito o espectro da política orçamentária. A limitada arrecadação restringia o orçamento governamental e dificultava os grandes desembolsos fiscais para o desenvolvimento, por mais que o Estado estivesse empenhado em fazê-los – sendo as ferrovias uma notória exceção em certos países. Na maioria deles, não havia bancos centrais maduros até o começo do século XX, de modo que o campo de ação da política monetária era igualmente exíguo. Em geral, os bancos eram particulares e pouco regulamentados pelo Estado, o que reduzia extremamente o espaço de implantação dos "programas de crédito dirigido" que, no pós-guerra, foram aplicados tão ampla e exitosamente em países como o Japão, a Coreia, Taiwan e a França. Antes da Segunda Guerra Mundial, medidas como a nacionalização da indústria e o planejamento indicativo de investimentos – práticas adotadas por muitos países europeus nos primeiros anos do pós-guerra, principalmente pela França, a Áustria e a Noruega – eram consideradas impensáveis, a não ser em tempo de guerra. Uma consequência um tanto paradoxal de todas essas limitações foi a proteção tarifária ter sido um instrumento político muito mais importante no século XIX do que em nossa época.

Apesar dessas restrições, como já apontei no Capítulo 1 e vou mostrar com mais detalhes neste, virtualmente todos os PADs usaram ativamente políticas industrial, comercial e tecnológica (ICT) intervencionistas para promover a indústria nascente durante o período de *catch-up*.[6] Como veremos adiante, houve algumas aparentes exceções, como a Suíça e a Holanda, mas esses países já haviam chegado ou estavam muito perto de chegar à fronteira tecnológica, de modo que, por definição, não tinham tanta necessidade de promover a indústria nascente. Alguns outros se valeram ativamente de políticas ICT mesmo depois de haver concluído o *catch-up* com sucesso (a Grã-Bretanha no começo do século XIX, os Estados Unidos no limiar do XX). É óbvio que a proteção tarifária foi um instrumento importantíssimo no pacote de políticas ICT implementadas pelos PADs, mas, como demonstraremos a seguir, não foi o único recurso usado nem necessariamente o mais importante.

Na frente comercial, os subsídios e os reembolsos aduaneiros aos insumos eram usados com frequência para estimular a exportação. O Estado tanto subsidiava a indústria quanto recorria a diversos programas de investimento público, sobretudo em

---

6   Sobre a clássica discussão acerca do *catching-up*, ver Abramowitz (1986, 1989).

Tabela 2.1 – Taxa tarifária média dos produtos manufaturados em países desenvolvidos selecionados nos primeiros estágios de desenvolvimento (peso médio; em porcentagem de valor)[1]

	1820[2]	1875[3]	1913	1925	1931	1950
Áustria[3]	R	15-20	18	16	24	18
Bélgica[4]	6-8	9-10	9	15	14	11
Dinamarca	25-35	15-20	14	10	n.d.	3
França	R	12-15	20	21	30	18
Alemanha[5]	8-12	4-6	13	20	21	26
Itália	n.d.	8-10	18	22	46	25
Japão[6]	R	5	30	n.d.	n.d.	n.d.
Holanda[4]	6-8	3-5	4	6	n.d.	11
Rússia	R	15-20	84	R	R	R
Espanha	R	15-20	41	41	63	n.d.
Suécia	R	3-5	20	16	21	9
Suíça	8-12	4-6	9	14	19	n.d.
Reino Unido	45-55	0	0	5	n.a	23
EUA	35-45	40-50	44	37	48	14

Fonte: Bairoch (1993, p.40, Tabela 3.3).

Notas:

R = Eram muitas e importantes as restrições à importação de bens manufaturados, de modo que o índice médio de tarifas não é significativo.

[1] O Banco Mundial (World Bank, 1991, p.97, Tabela 5.2) fornece uma tabela parecida, parcialmente extraída dos estudos de Bairoch, que são a base da Tabela 2.1. Entretanto, as cifras do Banco Mundial, embora semelhantes às de Bairoch na maioria dos casos, são médias *não ponderadas*, o que obviamente é menos preferível do que as médias *ponderadas* oferecidas por Bairoch.

[2] Essas são taxas muito aproximadas e dão o alcance da média, não das taxas extremas.

[3] Império Austro-Húngaro até 1925.

[4] Em 1820, a Bélgica e a Holanda foram unidas.

[5] As cifras de 1820 valem exclusivamente para a Prússia.

[6] Até 1911, o Japão foi obrigado a manter as baixas taxas tarifárias (até 5%) em razão de uma série de "tratados desiguais" com os países europeus e os Estados Unidos. A tabela do Banco Mundial citada na nota 1 apresenta as taxas tarifárias médias *não ponderadas* do Japão para *todos os bens* (não só para os manufaturados) nos anos de 1925, 1930, 1950 como sendo de 13%, 19%, 4%, respectivamente.

infraestrutura, mas também na manufatura. Financiava a aquisição de tecnologia estrangeira, às vezes por meios legais, como o financiamento de viagens de estudo e treinamento, outras por meios ilegais, entre os quais figuravam o apoio à espionagem industrial, o contrabando de maquinário e o não reconhecimento de patentes estrangeiras. Incentivava-se o desenvolvimento da capacidade tecnológica interna mediante o apoio financeiro à pesquisa e desenvolvimento, à educação e treinamento. Também se tomaram medidas para aumentar o conhecimento das tecnologias avançadas (por exemplo, a criação de fábricas-modelo, a organização de exposições, a concessão de livre importação de maquinaria a empresas do setor privado). Ademais, alguns governos criaram mecanismos institucionais para facilitar a parceria público-privada (por exemplo, *joint ventures* público-privadas e associações industriais intimamente ligadas ao Estado). É importante ressaltar que muitas dessas políticas são seriamente condenadas hoje em dia, ainda que os acordos bilaterais ou multilaterais não as tenham declarado explicitamente ilegais.

Uma vez atingida a fronteira tecnológica, os PADs recorreram a uma série de medidas para ficar à frente dos competidores reais ou potenciais. Dada a duração do período em que manteve a posição de "economia de fronteira", a Grã-Bretanha é o caso mais notório nesse aspecto, porém outros países também lançaram mão dos mesmos recursos sempre que possível. A Grã-Bretanha tomou providências para impedir a transferência de tecnologia para os concorrentes potenciais (por exemplo, o controle da migração da mão de obra especializada ou da exportação de maquinaria) e pressionou os países menos desenvolvidos para que abrissem seus mercados, inclusive empregando a força quando necessário. Não obstante, as economias em *catch-up* que, formal ou informalmente, não eram colônias não aceitaram passivamente essas medidas restritivas. Trataram de recorrer a uma variedade de estratégias para superar os obstáculos impostos pelas restrições, incluindo meios "ilegais", como a cooptação da mão de obra e o contrabando de máquinas.[7]

2.2 As estratégias de *catch-up*

Nesta seção, examino as experiências de um grupo de PADs – Grã-Bretanha, Estados Unidos, Alemanha, França, Suécia, Bélgica, Holanda, Suíça, Japão, Coreia e Taiwan – e avalio o tipo de política industrial, comercial e tecnológica (ICT) implementado quando eram países em desenvolvimento. Demonstro que a maioria deles aplicou políticas quase opostas ao que a ortodoxia atual diz que eles aplicaram "e recomenda aos atuais países em desenvolvimento".

2.2.1 A Grã-Bretanha

Sendo a fonte intelectual das doutrinas modernas do *laissez-faire* e o único país que se pode gabar de ter praticado um livre-comércio total em determinada etapa de sua história, a Grã-Bretanha geralmente é considerada uma nação que se desenvolveu sem intervenção significativa do Estado. No entanto, isso está muito longe da verdade.

Ao ingressar no período pós-feudal (séculos XIII e XIV), a Grã-Bretanha era uma economia relativamente atrasada. Até 1600, importou tecnologia do Continente (Kindleberger, 1996, p.109). Sua exportação limitava-se à lã bruta e, em menor escala, ao tecido de lã com pouco valor agregado (hoje conhecido como *short cloth*) e se destinava aos bem mais adiantados Países Baixos, principalmente às cidades de Bruges, Ghen e Ypres, em Flandres,

---

7 Escrevo a palavra "ilegais" entre aspas porque, no caso, "legalidade" era nos termos da legislação britânica, cuja legitimidade podia não ser (e, na prática, certamente não foi) aceita pelos outros países.

hoje parte da Bélgica (Ramsay, 1982, p.59; Davies, 1999, p.348). Os monarcas britânicos da época gravavam esses produtos sobretudo por motivos de renda, mas o fato de o pano ser mais levemente tributado do que a lã bruta incentivou a substituição da importação de tecido de lã e favoreceu algum sucesso na exportação (Ramsay, 1982, p.59). Acredita-se que Eduardo III (1327-77) foi o primeiro monarca a procurar, deliberadamente, desenvolver a manufatura local de tecido de lã. Dando o exemplo para o resto do país, ele só usava roupa de pano inglês,[8] atraiu tecelões de Flandres, centralizou o comércio de lã bruta e proibiu a importação do tecido de lã (Davies, 1966, p.281; 1999, p.349).

Os soberanos da dinastia Tudor deram novo ímpeto ao desenvolvimento da indústria com uma política que só pode ser descrita como de deliberado fomento à indústria nascente. Daniel Defoe, o famoso comerciante, político e escritor do século XVIII, descreve essa política em seu hoje quase esquecido livro *A Plan of the English Commerce* [*Um plano do comércio inglês*] (1728).[9] Nele, narra minuciosamente como os Tudor, especialmente Henrique VII (1485-1509) e Elizabete I (1558-1603), transformaram a Inglaterra, uma nação muito dependente da exportação de lã bruta para os Países Baixos, numa das maiores fabricantes de lã do mundo (Defoe, 1728, p.81-101).

Segundo Defoe, antes de ser coroado, em 1485, Henrique VII foi uma espécie de refugiado na corte de sua tia, a duquesa de *Borgonha* [em itálico no original].[10] Profundamente impressionado com a prosperidade dos Países Baixos, que se apoiavam na manufatura de lã, a partir de 1489, ele tratou de pôr em prática

---

8 Isso lembra as políticas adotadas pelo Japão e pela Coreia, no período do pós-guerra, de controle do "consumo de luxo", principalmente de bens de luxo importados. Sobre isso, ver Chang (1997).

9 Agradeço a Erik Reinert por ter me chamado a atenção para esse livro, tanto por sua obra (por exemplo, Reinert, 1996) quanto pessoalmente.

10 No entanto, aqui Defoe se equivoca quanto aos fatos. Antes de ser coroado em 1485, Henrique VII passou anos exilado na Bretanha e na França, não

o plano de fomentar tal manufatura na Inglaterra. As medidas adotadas incluíram o envio de missões reais para identificar os lugares adequados à instalação das manufaturas,[11] a contratação de mão de obra especializada dos Países Baixos,[12] o aumento das tarifas e até mesmo a proibição temporária da exportação de lã bruta. Ramsay também documenta a legislação de 1489, 1512, 1513 e 1536, que vetava a exportação de tecido inacabado, com exceção dos panos ordinários, abaixo de certo valor de mercado. Segundo ele observa, isso reflete "a influente visão contemporânea, segundo a qual, se é preferível exportar pano em vez de lã bruta, também há de ser preferível que aquele esteja perfeitamente acabado e tingido em vez de semimanufaturado, 'sem abaetar nem cisalhar'" (Ramsay, 1982, p.61).

Como sublinha Defoe, tendo em vista a defasagem tecnológica da Grã-Bretanha ante os Países Baixos e sabendo que essa transformação seria demorada, Henrique VII adotou um enfoque gradualista.[13] Por esse motivo, só elevou os impostos sobre a exportação de lã bruta quando a indústria ficou mais consolidada.

---

na Borgonha (Gunn, 1995, p.9). Dado que a Borgonha tinha uma antiga aliança com os partidários dos York (Elton, 1997, p.5-6), era impossível que o jovem Henrique, um lancastriano perseguido pelo regime dos York, se refugiasse na Borgonha. Obviamente, o erro factual de Defoe não altera a circunstância de o esforço britânico pelo *catch-up*, no reinado de Henrique VII, ter se concentrado nos Países Baixos, inclusive na Borgonha. Agradeço a Tom Penn por ter levantado essa importante questão.

11 Segundo Defoe (1728, p.95), Henrique VII "ergueu a manufatura de lã em diversas partes do país, como *Wakefield, Leeds* e *Hallifax*, e no West Riding of *Yorkshire*, região escolhida em virtude da sua situação especial, adaptada ao trabalho, com inúmeras nascentes, minas de carvão e outras coisas adequadas a semelhante empreendimento".

12 Segundo Defoe (1728, p.96), Henrique VII "recrutou secretamente um grande número de estrangeiros, que eram perfeitamente hábeis em manufatura, para que viessem para cá instruir o seu povo no começo".

13 Henrique VII percebeu "que os *flamengos* eram antigos no ramo, tinham muita experiência e se empenhavam em novos tipos de bens que, na época, os *ingleses* não tinham como conhecer nem eram capazes de imitar; e que, portanto, ele devia proceder gradualmente" (Defoe, 1728, p.96).

Tão logo se evidenciou que a Grã-Bretanha não tinha condições de processar toda a sua produção de lã, ele voltou a suspender os impostos e liberou a exportação.[14] Segundo Defoe (1728, p.97-8), foi só no reinado de Elizabete I (1587), quase cem anos depois de Henrique VII ter inaugurado sua política de substituição de importações (1489), que a Grã-Bretanha ganhou suficiente confiança na competitividade internacional da sua indústria para proibir definitivamente a exportação de lã bruta. Isso acabou por levar os fabricantes dos Países Baixos à ruína.

Conforme a análise de Defoe, além dessa política de substituição de importações, outros fatores favoreceram o triunfo britânico na indústria de lã no reinado de Elizabete I. Alguns deles foram fortuitos, como a migração dos tecelões protestantes de Flandres depois da guerra de independência contra a Espanha, em 1567. No entanto, outros elementos foram criados deliberadamente pelo Estado. Para abrir novos mercados, Elizabete I enviou emissários comerciais ao papa e aos imperadores da Rússia, da Mongólia e da Pérsia. O investimento maciço da Grã-Bretanha na obtenção da supremacia naval possibilitou a entrada em novos mercados, os quais muitas vezes foram colonizados e mantidos cativos (ibidem, p.97-101).

Não é fácil determinar a importância relativa dos fatores já citados para explicar o sucesso britânico na manufatura de lã. Mas parece claro que, sem esse equivalente, no século XVI, da estratégia moderna de fomento à indústria nascente, tal como o concebeu Henrique VII e foi mantido por seus sucessores, teria sido difícil ou mesmo impossível à Grã-Bretanha o sucesso

---

14 Henrique VII "não proibiu imediatamente a exportação de lã para os *flamengos*, tampouco gravou essas exportações com tarifas adicionais, a não ser alguns anos depois" (Defoe, 1728, p.96). Quanto à proibição da exportação de lã bruta, Defoe (1728, p.96) diz que Henrique VII estava "tão longe ... de realizar o seu desígnio que nunca logrou impor a proibição total da exportação de lã para aquele reino".

inicial na industrialização: sem o apoio dessa indústria-chave, que chegou a representar pelo menos a metade da renda da exportação no século XVIII, a Revolução Industrial britânica seria, no mínimo, dificílima.[15]

A reforma da legislação mercantil de 1721, promovida por Robert Walpole, o primeiro premiê britânico, no reinado de Jorge I (1724-1727), significou uma extraordinária mudança de foco nas políticas industrial e comercial do país.

Antes disso, a política governamental britânica geralmente visava conquistar o comércio (sobretudo pela colonização e pelos Navigation Acts, que exigiam que o comércio com a Grã-Bretanha fosse feito em navios britânicos)[16] e gerar renda para o Estado. A exceção mais importante foi o incentivo à manufatura de lã, como se discutiu anteriormente, porém mesmo este foi parcialmente motivado pelo desejo de gerar renda para o governo. Em compensação, as políticas introduzidas a partir de 1721 destinavam-se inequivocamente a promover a indústria manufatureira. Ao apresentar a nova lei, Walpole declarou mediante a fala do trono ao Parlamento: "é evidente que nada contribui mais para promover o bem-estar público do que a exportação de bens manufaturados e a importação de matéria-prima estrangeira".[17]

A legislação de 1721 e as subsequentes alterações políticas suplementares incluíram as seguintes medidas:[18] em primeiro lugar, reduziram-se ou até se aboliram as tarifas alfandegárias

---

15 A exportação de tecidos (principalmente de lã) representava cerca de 70% da exportação inglesa em 1700 e continuou acima dos 50% do total das exportações até a década de 1770 (Musson, 1978, p.85).

16 Sobre a evolução dos primeiros *Navigation Acts*, ver Wilson (1984, p.164-5).

17 Como é citado em List (1885, p.40). Na opinião de List (1885, p.40), esse "foi, durante séculos, o princípio dominante da política comercial inglesa, assim como anteriormente havia sido o da política comercial da República de Veneza".

18 Para mais detalhes, ver Brisco (1907, p.131-3, 148-55, 169-71); McCusker (1996, p.358); Davis (1966, p.313-4); Wilson (1984, p.267).

das matérias-primas importadas pela manufatura;[19] em segundo, elevou-se o reembolso aduaneiro para as matérias-primas importadas pelas manufaturas de exportação – política já bem implantada no país desde o tempo de Guilherme e Maria.[20] Por exemplo, reduziu-se o imposto da pele de castor e, em caso de exportação, permitiu-se o reembolso da metade da tarifa paga (Brisco, 1907, p.132); em terceiro, aboliu-se o imposto de exportação da maior parte dos manufaturados;[21] quarto, elevou-se significativamente a tarifa aduaneira dos bens manufaturados; quinto, estenderam-se os subsídios à exportação ("subvenções") a novos itens, como os produtos de seda (1722) e a pólvora (1731), e aumentaram os já existentes subsídios à exportação do pano de vela e do açúcar refinado (em 1731 e 1733, respectivamente);[22] e, por fim, introduziram-se regulamentações para controlar a qualidade dos produtos manufaturados, principalmente a dos têxteis, a fim de evitar que os produtores inescrupulosos prejudicassem a imagem dos produtos britânicos no mercado externo.[23]

---

19 O interessante é que, no caso dos produtos para a tintura, aboliram-se as tarifas de importação a fim de auxiliar as indústrias de tingimento, ao passo que se introduziram impostos de exportação "para impedir que a exportação beneficiasse as manufaturas estrangeiras" (Brisco, 1907, p.139).

20 Brisco (1907, p.153) assinala que o primeiro reembolso de tarifas foi concedido por Guilherme e Maria à exportação de cerveja, *ale*, *mum*, cidra e mosto de pera. Essa política ficou famosa por sua aplicação bem-sucedida nos países do Extremo Oriente após a Segunda Guerra Mundial (ver seção 2.2.7).

21 Até o fim do século XVII, a maior parte das exportações, assim como das importações, pagava uma tarifa de 5%. Guilherme III elevou a de importação para 15%-25%, porém manteve a de exportação em 5% na maioria dos produtos (Davis, 1966, p.310-1). As exceções, na subsequente abolição do imposto de exportação, no governo Walpole, foram o alume, o chumbo, o minério de chumbo, o estanho, o couro curtido, o carvão, o tecido de lã cru e as peles (para mais detalhes, ver Brisco, 1907, p.131, n.1).

22 Brisco (1907, p.152) observa que o governo Walpole não concedeu subsídios à indústria nascente, e sim às já estabelecidas.

23 Nas palavras de Brisco (1907, p.185), "Walpole compreendeu que, para vender com sucesso num mercado extremamente competitivo, eram necessá-

Brisco (1907, p.129) sintetiza nos seguintes termos os princípios embutidos na nova legislação: "internamente, [as manufaturas] tinham de ser protegidas contra a concorrência dos produtos acabados estrangeiros; devia-se garantir a livre exportação de artigos acabados; e, sempre que possível, deviam--se oferecer incentivos na forma de isenções e subvenções". Aqui é interessante notar o quanto as políticas introduzidas pela Reforma de 1721, assim como os princípios a elas subjacentes, se parecem, como veremos na seção 2.2.7, com as aplicadas por países como Japão, Coreia e Taiwan no pós-guerra.

Com a Revolução Industrial, na segunda metade do século XVIII, a Grã-Bretanha começou a ampliar a sua liderança tecnológica sobre os outros países. Mas nem por isso renunciou à política de fomento à indústria até o meado do século XIX, quando sua supremacia tecnológica já era incontestável.[24]

O primeiro e mais importante componente dessa política era, evidentemente, a proteção tarifária. Como se depreende da Tabela 2.1, a Grã-Bretanha aplicou tarifas muito elevadas sobre os produtos manufaturados até o fim da década de 1820, cerca de duas gerações após a Revolução Industrial. Em 1699, o Wood Act proibiu as exportações de produtos de lã provenientes das colônias, destruindo totalmente a indústria de lã irlandesa, na

---

rios bens de alto padrão. Sendo demasiado gananciosos para vender a preços mais baixos que os do rival, os fabricantes piorariam a qualidade de suas mercadorias, coisa que enfim se refletiria em outros bens produzidos na Inglaterra. Só havia um meio de garantir bens de alto padrão, que consistia em regular a manufatura mediante a supervisão governamental". Tornamos a encontrar a versão moderna de tal política em países como o Japão e a Coreia no período do pós-guerra, quando as agências comerciais do Estado agiram não só como fontes de informação e canais de *marketing*, mas também como um controlador da qualidade dos produtos de exportação.

24 Davis (1966) argumenta que o período entre 1763 e 1776 presenciou uma grande proliferação de meditas protecionistas, as quais, em sua opinião, influenciaram a formação da visão de Adam Smith do mercantilismo em *A riqueza das nações*, publicado em 1776.

Chutando a escada

época superior (ver seção 2.3). Em 1700, impôs-se uma barreira à importação dos produtos de algodão da Índia (o morim), também de qualidade superior, debilitando aquele que, na época, era considerado o setor manufatureiro de algodão mais eficaz do mundo. Subsequentemente, em 1813, a indústria indiana de algodão acabou sendo destruída, com o fim do monopólio comercial da Companhia das Índias Orientais, quando a Grã-Bretanha passou a ser uma produtora mais eficiente do que a Índia (ver seção 2.3). Duas gerações depois, em 1873, já se estimava que 40%-45% da exportação têxtil de algodão da Grã-Bretanha se destinava a esse país.[25]

Sem embargo, com o fim das Guerras Napoleônicas em 1815, os manufatores, cada vez mais confiantes, intensificaram a pressão pelo livre-comércio na Grã-Bretanha. Nessa época, eles já estavam firmemente estabelecidos como os mais eficientes do mundo na maior parte dos segmentos industriais, a não ser em umas poucas e limitadas áreas, nas quais países como a Bélgica e a Suíça eram tecnologicamente mais fortes (ver seção 2.26). Muito embora a nova Corn Law de 1815 (a Grã-Bretanha tivera numerosas Corn Laws que remontavam a 1463) haja aumentado o protecionismo agrícola, a pressão por um comércio mais livre não cessou de se intensificar.[26]

Conquanto tenha havido uma rodada de redução tarifária em 1833, a grande mudança ocorreu em 1846, quando a Corn Law

---

25 A exportação britânica de produtos têxteis de algodão para as Índias Orientais, a maior parte da qual se destinava à Índia, cresceu de 6% do total da exportação de produtos têxteis de algodão, depois das guerras napoleônicas (*ca.* 1815), para 22% em 1840 e algo acima de 60% a partir de 1873 (ver Hobsbawm, 1999, p.125).

26 Naturalmente, na maior parte dos casos, o apoio dos fabricantes ao livre-comércio era autocentrado e pouco tinha a ver com sua conversão intelectual ao elevado princípio do livre-comércio – embora apoiando a revogação da Corn Law, os fabricantes de algodão continuaram se opondo à livre exportação de maquinaria de algodão praticamente até o fim da proibição (imposto pela primeira vez em 1774) em 1842 (Musson, 1978, p.101; ver seção 2.3.3).

foi revogada e se aboliram as tarifas de muitos produtos manufaturados (Bairoch, 1993, p.20-1). A revogação da Corn Law é atualmente interpretada como a vitória final da doutrina econômica clássica liberal sobre o desatinado mercantilismo. Embora não se deva subestimar a influência da teoria econômica nessa mudança de política, muitos historiadores mais familiarizados com o período ressaltam que o fato pode ser interpretado como um ato do "imperialismo do livre-comércio",[27] perpetrado com o intuito de "conter a industrialização do Continente mediante a ampliação do mercado de produtos agrícolas e matérias-primas" (Kindleberger, 1978, p.196).[28]

Aliás, muitos expoentes da campanha pela revogação da Corn Law, como os políticos Richard Cobden e John Bowring, do Board of Trade [Comitê de Comércio], encaravam sua cruzada precisamente nesses termos (Kindleberger, 1975; Reinert, 1998).[29] A visão de Cobden se desnuda na seguinte passagem:

> É bem provável que o sistema fabril não se tivesse instalado na América do Norte nem na Alemanha. É quase certo que não teria conseguido florescer como floresceu nesses países, assim como na França, na Bélgica e na Suíça, sem os incentivos que o alto preço da alimentação do artesão britânico ofereceu aos fabricantes desses países, que pagam menos para comer.[30]

Por simbólica que tenha sido a revogação da Corn Law, a verdadeira guinada para o livre-comércio só se verificou na década de 1850, particularmente em 1860, em conjunção com o

---

27 A expressão procede de Gallagher & Robinson (1953).

28 Ver em Semmel (1970) um estudo clássico do papel da teoria econômica no desenvolvimento da política comercial britânica entre 1750 e 1850.

29 Em 1840, Browning aconselhou os Estados-membros da *Zollverein* alemã a plantar e vender trigo para comprar bens manufaturados britânicos (Landes, 1998, p.521).

30 *The Political Writings of Richard Cobden*, 1868, William Ridgeway, London, v. 1, p.150 apud Reinert, 1998, p.292.

acordo anglo-francês de livre-comércio (conhecido como o Tratado Cobden-Chevalier), firmado nesse ano, que aboliu a maior parte das tarifas. A passagem seguinte descreve sucintamente a magnitude da liberação do comércio ocorrida na Grã-Bretanha na década de 1850. "Em 1848, a Grã-Bretanha tinha 1.146 produtos tributáveis; em 1860, não mais que 48, dos quais doze eram tarifas sobre bens de luxo ou supérfluos. Tendo sido a mais complexa da Europa, agora a tarifação britânica cabia em meia página do *Whitaker's Almanack*" (Fielden, 1969, p.82).

É importante notar que a supremacia tecnológica britânica, que viabilizou essa guinada para o regime de livre-comércio, foi conquistada sob a égide de "elevadas e duradouras barreiras tarifárias" (Bairoch, 1993, p.46). É igualmente importante observar que a generalizada liberalização da economia britânica, ocorrida na metade do século XIX, e da qual a liberalização do comércio não era mais do que uma parte, foi altamente controlada e supervisionada pelo Estado, não resultou de uma atitude *laissez-faire* (ver Polanyi, 1957, cap.12 e 13).[31] Convém ressaltar ainda que a "adesão da Grã-Bretanha ao livre-comércio foi lenta e penosa: decorreram 84 anos entre a publicação de *A riqueza das nações* e o

---

31 Polanyi (1957, p.139) alega que "o *laissez-faire* nada tinha de natural; os mercados livres nunca teriam surgido do mero permitir que as coisas seguissem o seu curso. Assim como as manufaturas de algodão – a principal indústria de livre-comércio – foram criadas com a ajuda de tarifas protetoras, estímulos à exportação e subsídios indiretos ao salário, o próprio *laissez-faire* foi imposto pelo Estado. Os anos 30 e 40 viram não só uma irrupção de leis que repeliam as regulamentações restritivas, como também um enorme crescimento das funções administrativas do Estado, que agora estava equipado com uma burocracia centralizada capaz de executar as tarefas impostas pelos adeptos do liberalismo. Para o utilitário típico ... o *laissez-faire* não era um método de fazer uma coisa, era a coisa a ser feita". Ver também Perelman (2000) sobre como os economistas clássicos endossavam a intervenção estatal, que era considerada necessária ao estabelecimento do sistema de mercado, especialmente à criação de mão de obra assalariada mediante a destruição da produção rural em pequena escala.

orçamento Gladstone de 1860; 31 anos entre Waterloo e a vitória ritual de 1846" (Fielden, 1969, p.82).

Além disso, o regime de livre-comércio não durou muito. Na década de 1880, alguns fabricantes britânicos em dificuldade puseram-se a reivindicar proteção. No começo do século XX, a retomada do protecionismo foi um dos temas mais polêmicos da política britânica, quando as manufaturas do país começaram a perder vantagem rapidamente para as norte-americanas e as alemãs: a prova disso está na influência exercida pela Tariff Reform League [Liga pela Reforma Tarifária], criada em 1903 sob a carismática liderança do político Joseph Chamberlain.[32] A era do livre-comércio chegou ao fim quando a Grã-Bretanha finalmente reconheceu que tinha perdido a primazia manufatureira e reinstituiu tarifas em larga escala em 1932 (Bairoch, 1993, p.27-8).

2.2.2 Os Estados Unidos

Como assinalou List (ver Capítulo 1), a Grã-Bretanha foi o primeiro país a lançar com sucesso uma estratégia de fomento à indústria nascente. Mas é bem provável que o seu mais ardente usuário tenham sido os EUA – o eminente historiador econômico Paul Bairoch (1993, p.30) certa vez os definiu como "a pátria-mãe e o baluarte do protecionismo moderno".

Não obstante, a literatura moderna – sobretudo a proveniente da América do Norte – raramente admite esse fato, e mesmo as pessoas mais informadas parecem não saber disso. Até um historiador econômico do porte de Clive Trebilcock (1981, p.83), uma autoridade em Revolução Industrial europeia, ao comentar a adoção de tarifas pela Alemanha em 1879, afirmou que as tarifas

---

32 Ver Clarke (1999) sobre a ascensão e a queda da Tariff Reform League e o papel de Chamberlain nela.

estavam grassando em todo o mundo, "até mesmo na sempre liberal América".

Mesmo aqueles que reconhecem a existência de elevadas tarifas se empenham em minimizar-lhe a importância. Por exemplo, em sua análise da história econômica dos Estados Unidos, até recentemente considerada uma referência-padrão, North (1965) não menciona senão uma vez a questão das tarifas e, assim mesmo, só para reduzi-la a um fator insignificante na explicação do desenvolvimento industrial do país. Sem se dar ao incômodo de fundamentar a questão e limitando-se a citar uma fonte secundária e altamente tendenciosa (o estudo clássico de F. Taussing, 1892), alega que "embora as tarifas se hajam tornado cada vez mais protecionistas a partir da Guerra de Secessão, é questionável afirmar que tenham influenciado a ponto de favorecer seriamente a expansão da manufatura" (North, 1965, p.649).

Não obstante, uma leitura mais cuidadosa e menos tendenciosa da história revela que é impossível subestimar a importância da proteção à indústria nascente no desenvolvimento do país. Desde os primórdios da colonização daquilo que viria a ser os Estados Unidos da América, a proteção à indústria interna foi uma questão política controversa. Para começar, a Grã-Bretanha estava longe de querer industrializar as colônias e se encarregou de implementar políticas que o impedissem (mais detalhes na seção 2.3). Na época da independência, os interesses do Sul agrário se opunham ao protecionismo, ao passo que os do Norte manufatureiro – representados, entre outros, por Alexander Hamilton, o primeiro secretário do Tesouro dos Estados Unidos (1789-1795) – o queriam.[33]

---

33 É claro que não há uma correlação direta entre a situação "material" e a posição intelectual de uma pessoa. Mesmo sendo um senhor de escravos sulista, Jefferson era decididamente favorável à proteção à indústria nascente. Em contraste, embora natural da parte nortista e manufatureira do país, Benjamin Franklin não era partidário da proteção à indústria nascente.

Com efeito, muitos assinalam que foi Alexander Hamilton, nos *Reports of the Secretary of the Treasury on the Subject of Manufactures* [*Relatórios do secretário do Tesouro sobre a questão das manufaturas*] (1791), e não Friedrich List, como normalmente se acredita, o primeiro a elaborar sistematicamente o argumento da indústria nascente (Corden, 1974, cap.8; Freeman, 1989; Reinert, 1996).[34] Aliás, como ressaltam Henderson (1983) e Reinert (1998), List só se converteu ao argumento da indústria nascente e passou a advogar o livre-comércio depois de um período de exílio nos Estados Unidos (1825-1830). Lá entrou em contado com as obras de Alexander Hamilton e Daniel Raymond, na época, o principal economista norte-americano e um grande defensor da proteção à indústria nascente.[35]

Nos *Reports*, Hamilton argumentava que a concorrência estrangeira e "a força do hábito" impediriam as novas indústrias, que em breve poderiam ser competitivas internacionalmente (as "indústrias nascentes"),[36] de se desenvolverem nos Estados

---

Mesmo assim, apoiou a proteção à atividade manufatureira norte-americana porque, na sua opinião, esta nunca teria condições de concorrer com a europeia, que podia pagar salários de subsistência, coisa impossível nos Estados Unidos, por causa da abundância de terras e da escassez de mão de obra. Ver Kaplan (1931, p.17-27).

34 Naturalmente houve pensadores anteriores a Hamilton que tinham elementos do argumento da indústria nascente em seus escritos. Sobre isso, ver Reinert (1995). Segundo Bairoch (1993, p.17), entre os *Reports* de Hamilton e o *National System of Political Economy* de List, houve outros trabalhos preconizando uma proteção à indústria nascente de autores como o alemão Adam Muller e os franceses Jean-Antoine Chaptal e Charles Dupin.

35 Para outros detalhes sobre a vida e a obra de List, ver Henderson (1983). O argumento completo de List foi publicado em *The National System of Political Economy*, em 1841. Entretanto, segundo Spiegel (1971, p.362-3), a primeira versão do seu argumento a favor do desenvolvimento do "poder produtivo" nacional apareceu em um livro que ele escreveu para os protecionistas da Pensilvânia em 1872, *Outlines of American Political Economy*.

36 Beiroch (1993, p.17) credita a Hamilton a criação da expressão "indústria nascente".

Unidos, a menos que a ajuda governamental compensasse os prejuízos iniciais. Essa ajuda, dizia ele, podia tomar a forma de tarifas de importação ou, em casos mais raros, de proibição da importação (Dorfman & Tugwell, 1960, p.31-2; Conkin, 1980, p.176-7). É interessante observar a grande semelhança entre essa visão e a adotada por Walpole (ver seção 2.2.1) – coisa que não escapou aos norte-americanos da época, particularmente aos adversários políticos de Hamilton.[37] Também é digno de nota que tanto a visão walpoliana quanto a hamiltoniana são notavelmente parecidas com a que inspirou a política industrial do Leste Asiático no pós-guerra (ver seção 2.2.7).

Inicialmente, os Estados Unidos não tinham um sistema tarifário federal, e, em 1781, fracassou a tentativa de conferir ao Congresso o poder de fixar tarifas (Garraty & Carnes, 2000, p.139-40). Quando obteve o poder de tributar, este aprovou uma lei tarifária liberal (1789), fixando uma alíquota única de 5% para todos os bens importados, à parte algumas exceções como o cânhamo, o vidro e o prego. Muitas tarifas sofreram aumento em 1792, ainda que continuassem bem aquém das recomendações de Hamilton, que preconizava um sistema abrangente de proteção e subsídio à indústria nascente. Até a guerra de 1812 com a Grã-Bretanha, o nível médio das tarifas ficou em torno dos 12,5%; a partir de então todas elas dobraram, se bem que para enfrentar as crescentes despesas de guerra (Garraty & Carnes, 2000, p.153-5, 210; Bairoch, 1993, p.33).

A política sofreu uma mudança significativa em 1816, quando, como observa List (Capítulo 1), uma nova lei determinou a manutenção do nível das tarifas próximo do aplicado em tempo

---

37 Segundo Elkins & McKitrick (1993, p.19), "[à] medida que se revelava o progresso hamiltoniano – uma dívida amplamente financiada, um forte banco nacional, impostos, manufaturas nacionalmente subsidiadas e, enfim, até um exército permanente – a argumentação walpoliana tornou-se óbvia demais para passar em brancas nuvens. Foi em oposição a isso e a tudo que isso parecia implicar que se erigiu a 'persuasão jeffersoniana'".

de guerra, consequência da considerável influência política das indústrias nascentes, que haviam crescido graças à proteção "natural" propiciada pela guerra com a Grã-Bretanha. Isso ocorreu a despeito do fato de essa receita já não ser necessária – receberam proteção especial o algodão, a lã e os produtos de ferro (Garraty & Carnes, 2000, p.210; Cochran & Miller, 1942, p.15-6). Pela lei tarifária de 1816, quase todos os bens manufaturados ficaram sujeitos a tarifas de cerca de 35% (Bairoch, 1993, p.33). A Tabela 2.1 mostra que o nível tarifário médio dos bens manufaturados, nos Estados Unidos, estava próximo dos 40% em 1820. De início, essa medida foi bem acolhida por todos, inclusive pelos Estados do Sul, que esperavam que ela favorecesse o desenvolvimento da indústria em seu território. Mas esses mesmos Estados não tardaram a se voltar contra a medida, pois estavam interessados em importar bens manufaturados da Grã-Bretanha, que eram de melhor qualidade, e porque não se implantaram indústrias em seu território (Garraty & Carnes, 2000, p.139-40).

Graças à ajuda dos armadores da Nova Inglaterra (principalmente dos de Nova York), os interesses agrários do Sul conseguiram derrubar as leis que pediam tarifas mais elevadas em 1820, 1821 e 1823 (Cochran & Milles, 1942, p.16). No entanto, em 1824, fixou-se uma nova tarifa ainda mais alta. Em 1828, a chamada Tariff of Abominations dividiu o país, pois, na época, os agricultores do Norte e do Oeste estavam gravando muito as matérias-primas e os bens manufaturados de pouco valor agregado que produziam (por exemplo, a lã, o cânhamo, o linho, as peles e as bebidas alcoólicas), gerando tensão com os Estados manufatureiros da Nova Inglaterra (Garraty & Carnes, 2000, p.210).

Mesmo assim, em 1832, aprovou-se uma nova lei tarifária, fixando uma tarifa média de 40% para os bens manufaturados – redução muito abaixo das expectativas sulistas – e beneficiando especificamente o ferro e os têxteis com um protecionismo mais intenso (por exemplo, 40%-45% para os bens manufaturados de lã e 50% para as roupas). Isso desencadeou a chamada Nullification Crisis, provocada pela recusa da Carolina do Sul de acatar a lei. Em 1833, foi aprovado um projeto de lei conciliador que, embora oferecesse poucas reduções imediatas, previa uma redução paulatina, nos dez anos seguintes, para aproximadamente 25% no caso dos bens manufaturados e 20% nos demais. Entretanto, assim que esse período de dez anos de reduções expirou em 1842, aprovou-se uma nova lei, elevando as tarifas aos níveis praticados em 1832 (Bairoch, 1993, p.34; Garraty & Carnes, 2000, p.262-3, 328; Cochran & Miller, 1942, p.18).

A lei de 1846 trouxe uma redução do protecionismo, conquanto o imposto médio *ad valorem* sobre as 51 categorias mais importantes de bens importados continuasse sendo de 27%. Houve mais uma redução em 1857, dessa vez viabilizada pela aliança dos democratas com os fabricantes de roupas, que queriam incluir a lã crua na "lista livre", e com os interesses da ferrovia, que queria o ferro importado isento de tarifas. Bairoch descreve o período de 1846 a 1861 como de "protecionismo moderado" (Garraty & Carnes, p.335; Bairoch, 1993, p.34-5; Luthin, 1994, p.611). Mas esse protecionismo é "moderado" apenas nos padrões históricos dos Estados Unidos (ver a Tabela 2.1). Também cabe assinalar que, dado o alto custo do transporte na época, que prevaleceu pelo menos até o decênio de 1870, as tarifas norte-americanas teriam sido, para o comércio internacional, uma barreira muito maior do que as europeias, mesmo que ambas se mantivessem no mesmo nível.[38]

Sem embargo, a tensão entre o Norte e o Sul, envolvendo tanto a questão tarifária quanto a do trabalho servil, persistiu e acabou desembocando na Guerra de Secessão (1861-1865). Posto que seja comum atribuir esse conflito armado exclusivamente à questão da escravidão, a verdade é que as tarifas foram uma causa

---

38 Posto que se tenha inaugurado um serviço transatlântico a vapor em 1838, só na década de 1870 os vapores vieram a substituir os veleiros como principal meio de transporte marítimo (O'Rourke & Williamson, 1999, p.33-4).

importantíssima. Garraty & Carnes (2000, p.405) afirmam que "[uma] guerra abolicionista não teria contado com o apoio da maioria dos nortistas. A escravidão pode ter sido a raiz da secessão, mas não foi a do empenho do Norte em resistir à secessão, que resultava do compromisso do povo com a União". Levando em conta que o Sul via nas tarifas a principal responsabilidade da União, enquanto a abolição da escravatura não passava de uma possibilidade teórica, é impossível subestimar a relevância da questão tarifária como causa da secessão.

A vitória de Lincoln, nas eleições presidenciais de 1860, teria sido muito difícil ou até mesmo impossível se os Estados campeões do protecionismo, como a Pensilvânia e Nova Jersey, não tivessem virado bandeira, passando a apoiar o Partido Republicano, que, na campanha eleitoral, prometia manter o forte protecionismo (Luthin, 1944, p.614-24).[39] Tal promessa (o 12º item da plataforma) foi redigida com deliberada ambiguidade a fim de tranquilizar os livre-cambistas do partido.[40] Ao mesmo tempo, o programa não deixava de ser aceitável para os Estados protecionistas, uma vez que Lincoln era tido como um "verdadeiro protecionista azul" que, quando eleito, reacenderia o espírito da promessa (Luthin, 1944, p.617-8; Borit, 1966, p.302, 309-31).[41]

---

39 Convém recordar que, sendo uma coligação dos *whigs* protecionistas e os democratas ocidentais, que preconizavam a distribuição livre de terras públicas, mas, de modo geral, favoreciam o livre-comércio, o Partido Republicano dos primeiros dias *não* era abertamente protecionista.

40 O tópico dizia "[q]ue, embora os impostos de importação gerem renda para o sustento do governo geral, a política correta exige um ajuste dessa importação de modo a estimular o desenvolvimento dos interesses industriais do país; e recomendamos tal política de intercâmbios nacionais, que garante salários liberais aos trabalhadores, preços remunerativos à agricultura, uma recompensa adequada aos mecânicos e aos manufatureiros por sua habilidade, seu trabalho e seu empreendimento, e prosperidade comercial e independência à nação" (citado em Borit, 1966, p.309).

41 Uma testemunha ocular relata: "As delegações da Pensilvânia e de Nova Jersey foram terríveis em seu aplauso à resolução tarifária, e sua contagiante

No início da carreira política, Lincoln foi um dos principais protecionistas linhas-duras do partido *whig* e um seguidor entusiasta do carismático Henry Clay. Este advogava o "sistema americano", que consistia na proteção à indústria nascente ("proteção às industrias nacionais") e no investimento em infraestrutura ("aperfeiçoamento interno"), visão a que Lincoln aderiu plenamente, em oposição frontal ao "sistema britânico" de livre-comércio (Luthin, 1944, p.610-1; Frayssé, 1986, p.99-100).[42] Embora tenha sido obrigado a omitir a maioria dos assuntos controversos, inclusive a questão das tarifas, para manter unido um partido jovem e diversificado durante a campanha,[43] ele não deixou de dar mostras inequívocas de fé no protecionismo sempre que se fez necessário (Luthin, 1944, p.624-5; Borit, 1966, p.310-12).

Embora fosse incontestavelmente antiescravista, nunca advogou a abolição com firmeza; considerava os negros uma raça inferior e se opunha a que se lhes outorgasse o direito de voto. Diante disso, com a sua eleição, o Sul tinha mais a temer

---

hilaridade afetou toda a numerosa plateia". Outra escreveu: "Esta noite, a cena que se seguiu à leitura do item 'Proteção à Indústria Nacional' da plataforma foi inusitada. Mil bocas a gritarem, dez mil chapéus, bonés e lenços a acenarem com o mais entusiástico fervor. Júbilo frenético". Ambas as citações provêm de Luthin (1944, p.617).

42 Um dos assessores econômicos de Lincoln era o famoso economista protecionista Henry Carey (ver adiante). O presidente chegou a nomear uma pessoa muito ligada a Carey para um cargo no Tesouro incumbido das tarifas, embora se saiba que o economista ficou frustrado com a pouca disposição de Lincoln de levar as coisas tão longe quanto ele queria (Luthin, 1944, p.627-9). Conta-se que Carey disse: "A proteção levou o sr. Lincoln à Presidência. A proteção lhe proporcionou todo o sucesso que lhe coube, no entanto, pelo que posso recordar, ele nunca lhe dirigiu uma palavra de gratidão. Quando um e outro se separarem, será a ruína dele" (carta a Noah Swayne, cópia anexada a Swayne a Carey, 4 de fevereiro de 1865, *Carey Papers*, Caixa 78; citado em Luthin, 1944, p.629).

43 O Partido Republicano só se formou em 1856, a partir da aliança entre os interesses manufatureiros do Norte e os pequenos agricultores do Oeste.

no tocante à frente das tarifas do que no referente à questão da escravidão. Aliás, no início da Guerra de Secessão, Lincoln sinalizou claramente a sua disposição a tolerar o trabalho servil nos Estados do Sul em nome da unidade nacional. No outono de 1862, decretou a abolição da escravatura mais como uma estratégia para ganhar a guerra do que por convicção moral (Garraty & Carnes, 2000, p.391-2, 414-5; Foner, 1998, p.92).[44]

Em 1862, adotou-se uma nova lei tarifária que veio disfarçada de "compensação" ao aumento do imposto de consumo e do imposto de renda emergencial cobrado durante a Guerra de Secessão, de modo a manter a margem de proteção anterior. Isso elevou as alíquotas "ao seu nível mais alto em trinta anos" (Cochran & Miller, 1942, p.106). Em 1864, aumentaram-se uma vez mais as tarifas para atender às despesas de guerra; e continuaram nesse patamar mesmo com o fim do conflito, muito embora outros impostos tenham sido abolidos.[45] Nesse sentido, a vitória do Norte, na Guerra de Secessão, permitiu aos Estados Unidos continuarem sendo os mais obstinados adeptos da proteção à indústria nascente até a Primeira Guerra Mundial – e mesmo até a Segunda – com a notável exceção da Rússia no início do século XX (ver Tabela 2.1).[46]

---

44 Em resposta ao editorial de um jornal, que exigia a abolição imediata da escravatura, Lincoln escreveu: "Se eu pudesse salvar a União sem libertar um só escravo, eu o faria; e se eu pudesse salvá-la libertando todos os escravos, também o faria; e se me fosse possível salvá-la libertando alguns e deixando outros, eu também o faria" (Garraty & Carnes, 2000, p.405).

45 Não obstante, o aumento foi considerado tão excessivamente elevado que, segundo se conta, até mesmo o congressista Justin Morrill, um dos arquitetos do Tariff Act de 1862, comentou, em 1870, que "[é] um erro dos amigos da tarifa sadia insistir nas taxas extremas impostas durante a guerra" (citado originalmente em Taussig (1892), Putnam (1903); tal como citado em Cochran & Miller, 1942, p.106).

46 E, pelo menos no período inicial, não se pode subestimar a proteção natural oferecida aos produtores de manufaturas norte-americanos pela mera distância da Europa, dado o elevado custo do transporte (Bairoch, 1993, p.35).

Em 1913, em decorrência da vitória eleitoral dos democratas, aprovou-se o projeto de lei instituindo a Tarifa Underwood, que levou a "um grande aumento das categorias de bens com entrada livre e a uma queda substancial da média dos impostos de importação" (Bairoch, 1993, p.37); isso reduziu a tarifa média dos bens manufaturados de 44% para 25%. Mas a irrupção da Primeira Guerra Mundial tornou essa lei ineficaz, de modo que se recorreu a uma nova legislação tarifária emergencial, em 1922, em virtude do retorno dos republicanos ao poder em 1921. Com a lei de 1922, embora as tarifas não tenham voltado aos elevados índices de 1861-1913, a porcentagem efetivamente paga sobre os produtos manufaturados importados subiu para 30% (ibidem, p.37-8).

Em 1930, com o início da Grande Depressão, institui-se a tarifa Smoot-Hawley – "a lei mais notória e expressiva da estupidez anticomércio", segundo Bhagwati" (Bhagwati, 1985, p.22, n.10). Mas essa caracterização é bastante enganosa. Por mais que, pela péssima falta de *timing*, a tarifa Smoot-Hawley tenha produzido um imposto de guerra internacional – sobretudo tendo em vista o novo *status* de maior nação credora do mundo dos Estados Unidos depois da Primeira Guerra Mundial –, isso não constitui um desvio radical da postura tradicional do país em termos de política comercial (Kindleberguer, 1990a, p.136-7).

Aliás, a tarifa Smoot-Hawley aumentou apenas marginalmente o grau de protecionismo da economia norte-americana. Como se pode ver na Tabela 2.1, a alíquota média dos bens manufaturados resultante dessa lei era de 48%, ou seja, inferior à praticada no país a partir da Guerra de Secessão, ainda que próxima do índice mais elevado dessa faixa. Só em relação com o breve interlúdio "liberal" de 1913-1929 é que a lei tarifária de 1930 pode ser interpretada como de protecionismo crescente, embora nem tanto. A Tabela 2.1 mostra que, em 1925, a taxação média dos manufaturados era de 37% e subiu para 48% em 1931.

Só depois da Segunda Guerra Mundial, os Estados Unidos – com a sua incontestável supremacia industrial – finalmente liberaram o comércio e passaram a pregar o livre-comércio. Entretanto, cabe observar que nunca praticaram o livre-comércio no mesmo grau que a Grã-Bretanha em seu período livre-cambista (de 1860 a 1932). Nunca tiveram um regime de tarifa zero, como o Reino Unido, e eram muito mais agressivos no uso de medidas de protecionismo "oculto". Estas incluem os controles voluntários de exportação (CVEs), a imposição de cotas sobre têxteis e vestuário (por meio do Multi-Fibre Agreement), a proteção e os subsídios à agricultura (compare-se com revogação das Corn Laws na Grã--Bretanha) e sanções comerciais unilaterais (principalmente por meio tarifas *antidumping*).[47]

Em contraste com a atitude da geração anterior, representada pelo já mencionado trabalho do Norte, atualmente, os historiadores econômicos norte-americanos, sempre muito reticentes em dizer coisas positivas sobre o assunto, tendem cada vez mais a reconhecer a importância do protecionismo. Pelo menos, parece haver consenso quanto a que a proteção tarifária é crucial para o desenvolvimento de certas indústrias-chave, tal como a têxtil no início do século XIX e a do ferro e do aço na segunda metade do mesmo século (Lipsey, 2000, p.726-7). Embora alguns comentaristas duvidem de que o efeito do protecionismo tenha sido positivo para a prosperidade geral da nação, o crescimento recorde dos Estados Unidos no período do protecionismo faz que esse ceticismo pareça demasiado cauteloso, se não descaradamente tendencioso.

Bairoch (1993, p.51-2) salienta que, durante todo o século XIX e até a década de 1920, a economia dos Estados Unidos foi a que mais rapidamente cresceu no mundo, conquanto tenha sido a mais protecionista em quase todo o período. No entanto, não há evidência de que a significativa redução do protecionismo da

---

47 Quero agradecer a Irfan ul Haque por ter levantado esse ponto.

economia norte-americana, entre 1846 e 1861, tenha causado um impacto visivelmente positivo no desenvolvimento do país. Curiosamente, os dois melhores vinte anos de *performance* do crescimento do PIB *per capita*, no período 1830-1910, foram 1870-1890 (2,1%) e 1890-1910 (2%) – ambos de protecionismo particularmente intenso (Bairoch, 1993, p.52-3).[48] É difícil acreditar que essa associação entre o grau de protecionismo e o crescimento generalizado tenha sido puramente acidental. Aliás, O'Rourke (2000) apresenta algumas evidências estatísticas colhidas em dez PADs (inclusive nos Estados Unidos) na "Idade de Ouro do liberalismo", ou seja entre 1875 e 1914, de que o efeito do protecionismo (avaliado pela média dos índices tarifários) esteve positivamente relacionado com o crescimento.[49]

Evidentemente, como muitos ressaltam, a proteção tarifária a certas indústrias extrapola as necessidades. Por exemplo, apesar do contínuo debate sobre o assunto,[50] está amplamente convencionado que os produtores norte-americanos de têxteis de algodão,

---

48 Segundo Bairoch (1993), o terceiro período de vinte anos de crescimento mais acelerado foi o de 1850-1870 (1,8%). Entretanto, o registro desse período é mais difícil de avaliar do que o dos outros dois. Em primeiro lugar, 1850-1861 foi uma etapa de protecionismo relativamente baixo, ao passo que 1862-1870 presenciou um aumento acentuado da proteção. Além disso, esse período contém a Guerra de Secessão (1861-1865) e a reconstrução do pós-guerra, de modo que não pode ser tratado do mesmo modo que os outros.

49 Os dez países são: Áustria, Canadá, Dinamarca, França, Alemanha, Itália, Noruega, Suécia, Reino Unido e Estados Unidos.

50 O papel das tarifas no desenvolvimento dos têxteis de algodão gerou um vivo debate. Taussig (1892, p.136) foi o primeiro a argumentar que "[p]rovavelmente já em 1824 e quase certamente em 1832, a indústria havia chegado a uma posição firme, que lhe permitia enfrentar a concorrência estrangeira em termos de igualdade". Bils (1984, p.1045) se opôs a isso e concluiu o seu estudo afirmando que "[o] cancelamento da tarifa ... teria reduzido o valor agregado dos têxteis em pelo menos três quartos. A implicação seria a bancarrota de cerca da metade do setor industrial da Nova Inglaterra". Irwin & Temin (2000) concordam com Taussig, alegando que os produtores americanos de têxteis de algodão teriam sobrevivido à abolição da tarifa porque eram especializados em produtos diferentes dos britânicos. No entanto, a

na década de 1830, não precisavam de proteção, sobretudo certos segmentos do mercado de baixo valor agregado (Engerman & Sokoloff, 2000, p.400; Lipsey, 2000, p.726).[51] Sabe-se igualmente que, mesmo quando necessárias, algumas tarifas são fixadas em patamares muito elevados por causa da pressão exercida pelos grupos interessados e das intrincadas barganhas que caracterizam a prática política do país. Apesar dos condicionantes, é difícil negar que, sem a proteção à indústria nascente, a economia dos Estados Unidos não teria se industrializado e desenvolvido tão depressa quanto ocorreu no seu período de *catching-up*.

Por importante que tenha sido, a proteção tarifária não foi a única política de que o governo americano lançou mão para promover o desenvolvimento da economia na fase de *catch-up*. Desde a Lei Morrill de 1862 e provavelmente já desde a década de 1830, o Estado patrocinou um amplo espectro de pesquisas agrícolas. As medidas adotadas incluíram a concessão de terras do governo para a instalação de faculdades agrícolas e a criação de institutos de pesquisa oficiais, como o Departamento de Indústria Animal e o de Química Agrícola. Na segunda metade do século XIX, expandiram-se os investimentos em educação pública – em 1840 menos da metade do total investido na educação era público, ao passo que em 1900 o índice já era de quase 80% –,

---

diferença entre eles e Bils não é tão grande quanto parece à primeira vista. Irwin & Temin (2000) não discordam da visão de Bils, segundo a qual os produtores norte-americanos não podiam concorrer com os britânicos nos segmentos do mercado de alto valor agregado. Simplesmente afirmam que a maioria dos produtores norte-americanos *não* estava realmente nesses segmentos.

51 Presumivelmente, é por isso que, às vésperas da Guerra de Secessão, a indústria têxtil de lã da Nova Inglaterra estava, em geral, bastante satisfeita com a proteção moderada oferecida pelo Tariff Act de 1857, já que a tarifa sobre a matéria-prima permanecia baixa. Em contraste, Estados como a Pensilvânia, Nova Jersey, partes de Maryland e a Virgínia Ocidental (com seus interesses mineiros), onde a nova geração da indústria pesada crescia em torno ao eixo ferro-carvão, eram fortemente protecionistas (ver Luthin, 1944, p.615-20).

literalmente um crescimento proporcional de 94% até 1900. O papel do Estado norte-americano na promoção do desenvolvimento da infraestrutura de transporte, principalmente mediante a concessão de terras e de subsídios às empresas ferroviárias, também foi decisivo na plasmação do projeto de desenvolvimento nacional (Kozul-Wright, 1995, p.100-2, esp. p.101, n.37).

É importante reconhecer que o papel exercido pelo governo federal no desenvolvimento da indústria foi substancial mesmo no período do pós-guerra, graças à grande quantidade de aquisições ligadas à defesa e às despesas com P&D, que tiveram um enorme efeito disseminador (Shapiro & Taylor, 1990, p.866; Owen, 1966, cap.9; Mowery & Rosenberg, 1993). A cota do Estado no total de gastos em P&D, que em 1930 representava apenas 16% (Owen, 1966, p.149-50), passou para algo em torno da metade ou de dois terços nos anos do pós-guerra (Mowery & Rosenberg, 1993, quadro 2.3). Indústrias como a de computadores, a aeroespacial e a da *internet*, nas quais os Estados Unidos ainda se mantêm na vanguarda internacional, a despeito do declínio de sua liderança tecnológica como um todo, nunca teriam sido possíveis sem a P&D militar financiada pelo governo federal.[52] Também vale mencionar a importância crucial dos National Institutes of Health (NIH) [Institutos Nacionais de Saúde], governamentais, no financiamento da P&D da indústria farmacêutica e de biotecnologia, que assegurou a liderança do país nesses setores. Mesmo as informações fornecidas pela associação norte-americana da indústria farmacêutica dão conta que apenas 43% da P&D do setor é financiada pela própria indústria, ao passo que a participação do NIH se eleva a 29%.[53]

No século XIX, os Estados Unidos foram não só os mais fortes defensores das políticas protecionistas, como também a

---

52 Shapiro & Taylor (1990, p.866) o sintetizam assim: "a Boeing não seria a Boeing; nem a IBM, a IBM, em empreendimentos tanto militares quanto comerciais, sem os contratos do Pentágono e o apoio civil à pesquisa".

53 Ver http://www.phrma.org/publications.

sede intelectual desse pensamento. Na época, os intelectuais norte-americanos tinham a convicção de que "um país novo exigia uma economia nova, baseada em políticas institucionais e em condições econômicas diferentes das do Velho Mundo" (Spiegel, 1971, p.364). Alguns foram mais além, argumentando que, mesmo sendo internacionalmente competitiva, a indústria nacional precisava de proteção tarifária pela possibilidade de as grandes empresas europeias exercerem um *dumping* predatório e, tendo dizimado as norte-americanas, passarem a praticar preços monopolistas (Conkin, 1980, p.188).[54]

Já no último quartel do século XIX, a maioria dos economistas norte-americanos mais originais do período se mostravam ferrenhos defensores da proteção à industria nascente. Os conhecidos advogados do fomento à indústria nascente, Daniel Raymond (que influenciou Friedrich List) e Mathew Carey foram os dois principais economistas do início do século XIX, ao passo que, na segunda metade do mesmo século, a economia norte-americana foi dominada pelo filho de Carey, Henry. Descrito por Marx e Engels como "o único economista americano importante", no começo da década de 1850,[55] Henry Carey foi um dos assessores econômicos de Lincoln (embora um pouco frustrado).[56] Hoje, infelizmente, a maioria desses economistas foi removida da história do pensamento econômico norte-americano, porém, muito mais do que os economistas americanos clássicos (na época, considerados de segunda classe pelos padrões britânicos), eles foram os intelectuais mais importantes da época.

---

54 O melhor exemplo de um protecionismo tão extremo foi Willard Philips, que, juntamente com Calvino Colton, foi um dos mais famosos defensores da proteção à indústria nascente do começo do século XIX. Philips publicou um dos dois ou três mais antigos manuais de economia norte-americanos, *A Manual of Political Economy* (Conkin, 1980, p.178).

55 Ver acima; ver também Kaplan (1931), sobre a vida e a obra de Carey.

56 Carta a Weydemeyer, 5 de março de 1852, in K. Marx e F. Engels, *Letters to Americans, 1848-1895: A Selection* (New York: International Publishers, 1953, apud Frayssé, 1994, p.224, n.46).

É particularmente interessante notar que muitos intelectuais e políticos norte-americanos, no período de *catch-up* do país, compreenderam claramente a inconveniência da teoria do livre-comércio advogada pelos economistas clássicos britânicos. Reinert (1996, p.5) conta que, por causa dessa preocupação, Thomas Jefferson tentou (em vão) impedir a publicação de *Principles* [*Princípios*] de Ricardo nos Estados Unidos. Reinert (1998, p.296) também cita uma passagem de List que registra o comentário de um congressista norte-americano, contemporâneo do alemão, segundo o qual a teoria comercial inglesa, "assim como a maior parte dos bens manufaturados ingleses, destina-se à exportação, não ao consumo interno".[57]

Como mencionei anteriormente, Henry Clay, o político protecionista mais proeminente do início do século XIX e antigo mentor de Abraham Lincoln, denominou sua plataforma de política econômica "Sistema Americano" em oposição explícita ao chamado "Sistema Britânico" de livre-comércio. Um pouco mais tarde, Henry Carey chegou até a argumentar que o livre-comércio fazia parte do sistema imperialista britânico, que reservava para os Estados Unidos o papel de exportador de produtos primários (Conkin, 1980, p.287-8). Também se relata que, durante a campanha eleitoral de 1860, na qual Carey teve um papel intelectual importantíssimo, os republicanos de certos Estados protecionistas depreciavam os democratas, qualificando-os de partido da "desunião-sulista-*britânica*-antitarifária" [grifo meu] (Luthin, 1944, p.616).

2.2.3 A Alemanha

Hoje, a Alemanha é geralmente conhecida como o berço da proteção à indústria nascente, em aspectos tanto intelectuais

---

57 A fonte original é F. List, *Gesammelte Werke*, v.V, p.338.

quanto políticos. No entanto, falando historicamente, a verdade é que a proteção tarifária teve, no desenvolvimento econômico alemão, um papel bem menos importante do que no britânico ou no norte-americano.

Na Prússia, a proteção tarifária à indústria foi moderada até 1834, quando da criação da união aduaneira (*Zollverein*), sob a sua liderança, que depois se estendeu à indústria alemã em geral. Trebilcock (1981, p.41), uma autoridade na industrialização alemã do período, afirma categoricamente que "as tarifas da *Zollverein* não bastavam para dar uma proteção efetiva à 'indústria nascente'; mesmo os fabricantes de ferro ficaram sem tarifas alfandegárias até 1844 e continuaram carecendo de proteção eficaz até muito depois disso".[58] O Estado prussiano resistia constantemente à pressão política dos outros Estados--membros da *Zollverein*, que reivindicavam tarifas mais elevadas. Mesmo o aumento de 1844 (do ferro) e o 1846 (do fio de algodão) foram relativamente pequenos. Depois disso, com o acordo bilateral de livre-comércio com a França, em 1862, e com uma redução da alíquota do aço, em 1870, a tarifa da *Zollverein* apresentou uma tendência geral à queda até o fim da década de 1870 (Kindleberger, 1978, p.196; Fielden, 1969, p.88-90).

Em 1879, porém, o chanceler Otto von Bismarck aumentou muito as tarifas a fim de cimentar a aliança entre os *Junkers* (a aristocracia rural) e o empresariado da indústria pesada: foi o "casamento do ferro com o centeio".[59] Todavia, mesmo depois disso, não houve proteção adicional considerável senão à agricultura e a alguns setores-chave da indústria pesada, principalmente o do

---

58 Ver também Blackbourn (1997, p.117). No entanto, Tilly (1991, p.191) cita a tese de Ph.D. escrita em alemão por T. Ohnishi, na Universidade de Göttingen, demonstrando o que ele denomina "efeitos protetores surpreendentemente significativos (e crescentes)" da tarifa da União Comercial da Prússia, que formou a base da tarifa da *Zollverein*.

59 Taylor (1955) é um texto clássico sobre a política de Bismarck.

ferro e aço, permanecendo escassa a proteção à indústria em geral (Blackbourn, 1997, p.320). Como mostra a Tabela 2.1, no século XIX e na primeira metade do XX, o nível de proteção à manufatura alemã foi um dos mais *baixos* entre os países comparáveis.

A relativamente pouca proteção tarifária não significa que o Estado alemão tenha adotado a visão do *laissez-faire* do desenvolvimento econômico. No reinado de Frederico Guilherme I (1713-1740) e de Frederico, o Grande (1740-1786), o Estado prussiano, que enfim unificou a Alemanha, lançou mão de diversas políticas para fomentar novas indústrias. Por certo se empregaram as medidas convencionais, como a proteção tarifária (que, como já frisei, não era tão significativa), a concessão de monopólios e o fornecimento de produtos baratos pelas fábricas reais, contudo o mais importante foi a intervenção direta do Estado nas indústrias-chave (Trebilcock, 1981, p.26).

Quando Frederico, o Grande, chegou ao poder, a Prússia era, essencialmente, uma exportadora de produtos primários, seu único item manufaturado de exportação era o vestuário de lã e de linho. Dando prosseguimento à política mercantilista do pai, Frederico promoveu um número grande de indústrias – especialmente a têxtil (sobretudo de linho), a de metais, a de armamento, a de porcelana, a de seda e a de refinação do açúcar –, outorgando-lhes, entre outras coisas, o direito de monopólio, a proteção ao comércio, subsídios de exportação, investimento de capital e recrutamento de mão de obra especializada no exterior (Henderson, 1963, p.136-52). Também contratou algumas casas de negócio para atuar como o que hoje denominaríamos "consultores empresariais" e impulsionar o desenvolvimento de novas indústrias, sobretudo a de cutelaria, a de refinação do açúcar, a de metais e a de munições. Ocorre que essas "fábricas--modelo" eram verdadeiras plantas de estufa e não teriam suportado a exposição total à concorrência do mercado, no entanto foram importantes na introdução de novas tecnologias e na geração de "efeitos de demonstração" (Trebilcock, 1981, p.26-7).

Ambicionando transformar o país numa potência militar, Frederico também anexou a província industrial da Silésia e se empenhou em desenvolvê-la. Promoveu principalmente as indústrias de aço e linho, instalando na província o primeiro alto-forno da Alemanha e recrutando tecelões estrangeiros que receberam, cada um, um tear gratuito. Depois da morte de Frederico, o desenvolvimento da Silésia como o "arsenal da Alemanha" continuou sendo incentivado por alguns empresários-burocratas dinâmicos (Henderson, 1963; Trebilcock, 1981, p.27-9).

É provável que o mais importante deles tenha sido Graf von Reden, que, entre o fim do século XVIII e começo do XIX, conseguiu introduzir tecnologias avançadas dos países mais desenvolvidos, especialmente da Grã-Bretanha (onde obteve a tecnologia da siderurgia, o forno a coque e o motor a vapor), mediante uma combinação da espionagem industrial patrocinada pelo Estado com a cooptação de operários especializados. Outra figura de destaque foi Peter Beuth, que em 1816 assumiu o comando do departamento de comércio e indústria do Ministério da Fazenda. Em 1820, criou o famoso *Gewerbeinstitut* (Instituto de Artes e Ofício), para treinar operários especializados, subsidiou viagens ao exterior a fim de colher informações sobre novas tecnologias, adquiriu máquinas estrangeiras para serem copiadas (dando as originais a empresas privadas) e estimulou novos empreendimentos, particularmente as indústrias de maquinário, de motores a vapor e de locomotivas (Trebilcock, 1981, p.27-8; Kindleberger, 1978, p.192; 1996, p.153).[60]

---

60 Particularmente bem-sucedido foi o apoio à produção de locomotivas. Em 1841, quando August Borsig instalou sua fábrica de locomotivas com a ajuda de Beuth, as vinte locomotivas em atividade na Alemanha eram importadas. Borsig produziu 67 das 69 locomotivas compradas no país e exportou seis para a Polônia e quatro para a Dinamarca – "um exemplo clássico de

Em 1842, a Silésia era tecnologicamente quase tão adiantada quanto a Grã-Bretanha e, certamente, a região mais desenvolvida do Continente. Conforme o planejado, seu sucesso se deveu à concentração de esforços em um reduzido segmento de indústrias ligadas ao setor militar, assim como ao fato de ele não se ter expandido facilmente a outras regiões. Sem embargo, isso mostra claramente como o Estado pode compensar a escassez de talento empresarial no processo de *catch-up* econômico (Trebilcock, 1981, p.28-9, 76).[61]

No início do século XIX, a Prússia inaugurou uma forma menos direta e mais sofisticada de intervencionismo do que a usada na Silésia. Um exemplo importante é o financiamento estatal das rodovias no Ruhr (Milward & Saul, 1979, p.417). Outro não menos representativo é a reforma educacional, que envolveu não só a construção de novas escolas e universidades, mas também a reorientação da instrução teológica rumo à ciência e à tecnologia – isso numa época em que ciência e tecnologia não eram ministradas nem em Oxford nem em Cambridge. A prova da qualidade da educação superior alemã está no fato de nove mil norte-americanos terem estudado na Alemanha entre 1820 e 1920 (Kindleberger, 1978, p.191; Balabkins, 1988, p.93).[62]

Na primeira metade do século XIX, a intervenção do governo prussiano teve alguns efeitos que retardaram o crescimento,

---

efetiva substituição de importação que levou à exportação" (Kindleberger, 1996, p.153).

61 Convém observar que a escassez de tal talento também foi uma das coisas que motivaram o estabelecimento de empresas estatais em muitos países em desenvolvimento no período do imediato pós-guerra (ver em Chang & Singh (1993) a discussão sobre esse ponto).

62 A reorientação do ensino é semelhante ao que aconteceu na Coreia da década de 1960. Nessa época, o governo coreano aumentou o número de vagas nos cursos de ciência e tecnologia, nas universidades, em comparação com os de humanidades e ciências sociais. Consequentemente, a razão entre esses dois grupos passou de 0,6, no começo da década de 1960, para cerca de um no começo da de 1980. Ver mais detalhes em You & Chang (1993).

como a oposição ao desenvolvimento do sistema bancário (Kindleberger, 1978, p.199-200). Entretanto, no conjunto, não podemos senão concordar com a opinião de Milward & Saul (1979, p.418), segundo a qual "[para] os países de industrialização tardia, a atitude do governo alemão, no início do século XIX, parece muito mais conveniente à sua realidade econômica do que o modelo idealizado e frequentemente simplificado do que teria ocorrido na Grã-Bretanha e na França que os economistas insistem em lhes apresentar".

A partir de 1840, com o crescimento do setor privado, diminuiu a interferência do Estado alemão no desenvolvimento industrial. Mas isso não significou um recuo, e sim a transição de um papel diretivo para um mais orientador – os exemplos de políticas dessa época incluem as bolsas de estudo para os talentos promissores, os subsídios aos empresários competentes e a organização de exposições de máquinas e processos industriais novos (Trebilcock, 1981, p.77-8).

No Segundo *Reich* (1870-1914), o desenvolvimento do setor privado e o fortalecimento do elemento *Junker* na burocracia, que se opunha ao incremento do desenvolvimento industrial, provocaram a erosão da autonomia e da capacidade do Estado.[63] Trebilcock (1981, p.79-80) argumenta que, quanto ao desenvolvimento industrial, o papel do Estado alemão desse período se restringiu sobretudo à administração das tarifas e, informalmente a partir do fim da década de 1890 e mais formalmente a partir da de 1920, à supervisão dos cartéis (para mais detalhes sobre os cartéis na Alemanha, ver seção 3.2.4 D do Capítulo 3).

Malgrado o relativo declínio da capacidade do Estado e de seu papel no desenvolvimento industrial nesse período, não se deve subestimar a importância da política tarifária e de cartelização no desenvolvimento da indústria pesada. Tilly (1996,

---

63 Sobre o papel dos *Junkers* na burocracia prussiana, ver Dorwart (1953); Feuchtwanger (1970); Gothelf (2000).

p.116) mostra que as tarifas viabilizaram a formação de cartéis da indústria pesada, permitindo às empresas investirem e inovarem mais agressivamente. Ademais, nesse período, a Alemanha implementou a sua moderna política social, que contribuiu para a manutenção da paz – e, assim, para a promoção de investimentos – em um país recentemente unificado, política, religiosa e regionalmente muito dividido (as instituições de bem-estar social serão discutidas a seguir, no Capítulo 3, seção 3.2.6 A).

2.2.4 A França

Tal como no caso da Alemanha, também se perpetua o mito da política econômica francesa. Nessa perspectiva, divulgada sobretudo pela opinião liberal da Grã-Bretanha, a economia da França sempre foi dirigida pelo Estado – uma espécie de antítese do *laissez-faire* britânico. Tal caracterização pode se aplicar ao período pré-revolucionário e ao que se seguiu à Segunda Guerra Mundial, mas não ao restante da história do país. Sem dúvida, a política econômica francesa no período pré-revolucionário – conhecida como *colbertismo*, por causa de Jean-Baptiste Colbert (1619-1683), o famoso ministro da Fazenda de Luís XIV – era altamente intervencionista. Por exemplo, dado o relativo atraso tecnológico diante da Grã-Bretanha no começo do século XVIII, o Estado francês tratou de recrutar um grande contingente de operários especializados ingleses.[64] Além disso, tal como os outros governos europeus da época, o da França, no período que desembocou na Revolução, estimulou a espionagem industrial, recompensando quem obtivesse determinadas tecnologias e

---

64 Não obstante, essa tentativa, organizada pelo legendário financista escocês John Law, da Mississippi Company Fame, malogrou e levou o governo britânico a proibir, em 1719, a emigração de mão de obra qualificada e especialmente a tentativa de recrutá-la para empregos no estrangeiro ("aliciamento") (ver mais detalhes na seção 2.3.3).

chegando a criar um cargo público com o título eufemístico de inspetor-geral das Manufaturas Estrangeiras, cuja principal função era organizar a espionagem industrial (ver seção 2.3.3). Em parte, foi graças a esse esforço governamental que a França superou a defasagem tecnológica com a Grã-Bretanha, tanto que já se havia industrializado na época da Revolução (ver Milward & Saul, 1979, p.270, 284; Fohlen, 1973, p.68-9).

Esta veio alterar significativamente o processo. Milward & Saul (1979, p.284) afirmam que houve uma guinada marcante na política econômica francesa, pois, "na mente dos revolucionários, a destruição do absolutismo parecia implicar a adoção de um sistema mais *laissez-faire*". Nos anos imediatamente posteriores à Revolução, vários governos, particularmente o de Napoleão, esforçaram-se para promover o desenvolvimento industrial e sobretudo o tecnológico. Isso se deveu a projetos como a organização de exposições industriais, a instituição de concursos públicos de invenção de máquinas específicas e a criação de associações empresariais que facilitassem as consultas com o governo (Milward & Saul, 1979, p.284-5).

Com a queda de Napoleão, estabeleceu-se firmemente o regime de política *laissez-faire*, que perdurou até a Segunda Guerra Mundial. Muitos historiadores consideram as limitações desse regime a causa principal da relativa estagnação industrial no século XIX (ver, por exemplo, Trebilcock, 1981; Kuisel, 1981).

Isso fica mais bem ilustrado no referente à política industrial. Desafiando o senso comum, que opõe a Grã-Bretanha livre-cambista à França protecionista no século XIX, Nye (1991, p.25) examina minuciosamente as evidências empíricas e conclui que, na maior parte do período, o regime comercial "francês" foi mais liberal do que o da Grã-Bretanha, mesmo entre 1840 e 1860 [supostamente o início da etapa de pleno amadurecimento do livre-cambismo na Inglaterra]". A Tabela 2.2, extraída de Nye, mostra que, avaliada pela renda alfandegária como uma porcentagem dos valores líquidos da importação (uma medida-padrão do grau de

Tabela 2.2 – Protecionismo na Grã-Bretanha e na França, 1821-1913 (medido pela renda alfandegária líquida como porcentagem dos valores líquidos de importação)

Anos	Grã-Bretanha	França
1821-1825	53,1	20,3
1826-1830	47,2	22,6
1831-1835	40,5	21,5
1836-1840	30,9	18,0
1841-1845	32,2	17,9
1846-1850	25,3	17,2
1851-1855	19,5	13,2
1856-1860	15,0	10,0
1861-1865	11,5	5,9
1866-1870	8,9	3,8
1871-1875	6,7	5,3
1876-1880	6,1	6,6
1881-1885	5,9	7,5
1886-1890	6,1	8,3
1891-1895	5,5	10,6
1896-1900	5,3	10,2
1901-1905	7,0	8,8
1906-1910	5,9	8,0
1911-1913	5,4	8,8

Fonte: Nye (1991, p.26, Tabela I).

protecionismo, sobretudo para os historiadores), entre 1821 e 1875 e particularmente até o começo dos anos 60, a França sempre foi menos protecionista do que a Grã-Bretanha.[65] Como se depreende da tabela, o contraste entre os níveis do protecionismo praticado pelos dois países foi muito maior nos períodos

---

65 Em aparente contradição com a Tabela 2.1, a Tabela 2.2 mostra que ainda restava alguma proteção na economia britânica. Isso se deve a que o comér-

iniciais, mas continuou sendo significativo nas décadas que se seguiram à guinada livre-cambista britânica de 1846, com a revogação das Corn Laws.[66]

É interessante notar que a exceção relativa nesses 150 anos de liberalismo na França, reconhecidamente a do governo de Napoleão III (1848-1870), também foi o único intervalo no período em que se verificou dinamismo econômico no país. Com Napoleão III, o Estado incentivou ativamente o desenvolvimento infraestrutural e criou diversas instituições de pesquisa e ensino. Também contribuiu para a modernização do setor financeiro do país, concedendo responsabilidade limitada, investindo e supervisionando instituições financeiras modernas e de ampla escala, como o *Crédit Mobilier*, o *Crédit Foncier* (o Banco da Terra) e o *Crédit Lyonnais* (Trebilcock, 1981, p.184; Bury, 1964, cap.4).[67]

No *front* da política comercial, Napoleão III celebrou o famoso tratado comercial anglo-francês (Cobden-Chevalier) de 1860, que reduziu substancialmente as tarifas francesas e anunciou um período de liberalismo comercial, no Continente, que se prolongaria pelo menos até 1879.[68] Mas, como vemos na

---

cio totalmente livre prevaleceu apenas no caso dos produtos manufaturados (como mostra a Tabela 2.1), de modo que ainda se conservavam certas "tarifas de renda" de artigos de luxo (que se refletem na Tabela 2.2). Para mais detalhes, ver a primeira citação de Fielden (1969) no fim da seção 2.2.1.

66 Irwin (1993) contesta a conclusão de Nye por vários motivos. Sua crítica mais importante é que a maioria das tarifas britânicas remanescentes depois de 1840 eram "tarifas de renda" impostas aos artigos de luxo e, por conseguinte, tiveram pouco impacto sobre os incentivos industriais. No entanto, em sua resposta, Nye (1993), indica que mesmo as tarifas de renda podem ter tido um impacto significativo sobre a estrutura industrial e que só na década de 1860 as tarifas britânicas passaram a ser principalmente tarifas de renda, o que torna a sua afirmação válida pelo menos até 1860.

67 Cameron (1963, p.462) descreve o *Crédit Foncier* como "virtualmente uma agência do governo".

68 Para mais detalhes da elaboração do tratado, ver Kindleberger (1975).

Tabela 2.2, o grau de protecionismo francês já era muito baixo às vésperas do acordo (menor do que o britânico na época), de modo que a redução do protecionismo resultante desse tratado foi relativamente insignificante.

O tratado expirou em 1892, e, subsequentemente, muitos índices tarifários se elevaram, sobretudo os dos produtos manufaturados. No entanto, isso teve alguns efeitos positivos, tal como os vividos por países como a Suécia no mesmo período (ver seção 2.2.5, mais adiante), pois não havia uma estratégia coerente de *upgrading* industrial por trás desse aumento de tarifas. A verdade, aliás, é que o novo regime tarifário se opunha a tal esquema – seu autor, o político Jules Méline, era explicitamente contrário à industrialização em grande escala, pois estava convencido de que a França devia continuar sendo um país de agricultores e pequenos comerciantes independentes (Kuisel, 1981, p.18).

Em matéria de economia, a postura do governo francês era quase tão liberal quanto a do liberalíssimo governo britânico, sobretudo na Terceira República. Em razão da instabilidade e dos conflitos políticos, a França era governada basicamente pela burocracia permanente, sob o comando do conservador e tecnocrático Ministério da Fazenda. O orçamento governamental se destinava sobretudo ao atendimento das despesas de administração geral, segurança, educação e transporte, enfim, às áreas clássicas de envolvimento do "Estado mínimo". O papel regulador do Estado também se conservou mínimo (ibidem, p.9-10, 12-3).

O Ministério da Indústria e Comércio, potencialmente o centro da política industrial, só foi criado em 1886 em moldes modernos; mesmo assim, não controlava senão uma pequena parte do orçamento, como qualquer outro ministério. Boa parte de suas atividades se concentrava na promoção das exportações, na fixação de tarifas e no fomento à indústria, que consistia "bem menos nas raras concessões de subsídios do que na organização de exposições, no monitoramento das câmaras de comércio, na elaboração de estatísticas econômicas e na distribuição de condecorações a empresários" (p.14). Mesmo restrito a tão limitadas áreas, o seu desempenho não era dos mais eficientes. Ademais, nesse período, a maior parte das tarifas visava à proteção das estruturas industriais existentes (sobretudo na agricultura), não tinha caráter de tipo antecipador, voltado para o *upgrading* industrial (Kuisel, 1981, p.18; Dormois, 1999, p.71).

Só depois da Segunda Guerra Mundial, a elite francesa se animou a reorganizar o aparelho de Estado e enfrentar o problema do relativo atraso industrial do país. A partir de então, especialmente até o fim dos anos 60, o Estado recorreu ao planejamento indicativo, à formação de empresas estatais e ao que hoje – erroneamente – se conhece como política industrial "ao estilo do Leste Asiático" para promover o *catch-up* e igualar-se aos países mais avançados. Consequentemente, a França passou por uma muito bem-sucedida transformação estrutural da economia, chegando finalmente a ultrapassar a Grã-Bretanha em termos tanto de produção (em diversas áreas) quanto de tecnologia.[69]

2.2.5 A Suécia

A Suécia, por mais que a considerassem a "pequena economia aberta" do pós-guerra, não entrou na modernidade com um regime de livre-comércio. Depois das guerras napoleônicas, o governo promulgou uma lei tarifária fortemente protetora

---

69 Sobre a experiência francesa do pós-guerra, ver, entre outros, Shonfield (1965); Cohen (1977); Hall (1986). Em razão da amarga experiência de terem sido ultrapassados pela rival secular, é provável que muitos comentaristas britânicos (sejam francófilos ou não) realcem o contraste entre a sua própria abordagem do *laissez-faire* e o *étatisme* ou *dirigisme* francês e, portanto, ignorem o fato de o Estado francês ter sido quase tão não intervencionista (e, em certos aspectos, até mais do que isso) quanto o britânico nos 150 anos entre a Revolução Francesa e a Segunda Guerra Mundial.

(1816), proibindo a importação e a exportação de alguns itens. O resultado desses elevados impostos, que tornavam proibitiva a importação de produtos acabados de algodão, e das tarifas deliberadamente baixas do algodão cru foi um grande aumento da produção de vestuário desse tecido (Gustavson, 1986, p.15-57). Uma vez mais, é interessante observar a semelhança de tal regime tarifário com o adotado pela Grã-Bretanha no século XVIII (ver seção 2.2.1), assim como com o praticado por países como a Coreia e Taiwan no pós-guerra (ver seção 2.2.7).

Não obstante, por volta de 1830 a proteção começou a recuar progressivamente (ibidem, p.65). Manteve-se um regime de tarifas muito baixas até fim do século XIX, principalmente com a abolição das tarifas de produtos alimentícios, matérias-primas e máquinas em 1857 (Bohlin, 1999, p.155). Como mostra a Tabela 2.1, por volta de 1875 a Suécia tinha os menores índices tarifários entre as economias importantes listadas.

Essa fase livre-cambista, no entanto, foi efêmera. Desde aproximadamente 1880, a Suécia passou a usar tarifas a fim de proteger o setor agrícola contra a recém-chegada concorrência norte-americana. A partir de 1892 (e até ceder às imposições de muitos tratados comerciais), o país ofereceu proteção tarifária e subsídios à indústria, sobretudo ao novíssimo setor da engenharia (Chang & Kozul-Wright, 1994, p.869; Bohlin, 1999, p.156). Como se vê na Tabela 2.1, em 1913 o índice médio das tarifas dos produtos manufaturados se achava entre os mais altos da Europa. Além disso, conforme um estudo realizado na década de 1930, a Suécia ocupava o segundo lugar – superada unicamente pela Rússia, numa lista de quatorze países europeus – em termos de grau de proteção à indústria (Liepman apud Bairoch, 1993, p.26, Tabela 2.3).[70]

---

70 A fonte original de H. Liepman é *Tariff Levels and the Economic Unity of Europe*, Londres, 1938. Os países incluídos são Alemanha, Áustria-Hungria, Bélgica, Bulgária, Espanha, Finlândia, França, Itália, Reino Unido, Romênia,

Graças a essa guinada rumo ao protecionismo, a economia sueca teve um desempenho extremamente favorável nas décadas seguintes. Calcula-se que o país, superado apenas pela Finlândia, teve o segundo crescimento mais rápido (em termos de PIB por hora de trabalho) entre as dezesseis maiores economias industriais, de 1890 a 1900, e o mais rápido de 1900 a 1913 (Baumol et al., 1990, p.88, Tabela 5.1).[71]

No fim do século XIX, a proteção tarifária teve muito sucesso ao se combinar com a concessão de subsídios e com o apoio à P&D, visando estimular a adoção de novas tecnologias. Os historiadores econômicos geralmente admitem que o esforço promocional dessa época deu um grande impulso ao desenvolvimento de certas indústrias nascentes, embora um dos efeitos colaterais negativos tenha sido favorecer a proliferação de pequenas empresas relativamente ineficientes (Chang & Kozul-Wright, 1994, p.871; Hekcscher, 1954, p.259; Bohlin, 1999, p.158).

A proteção tarifária e os subsídios não foram os únicos instrumentos usados para fomentar o desenvolvimento industrial. E, o que é mais interessante, no fim do século XIX, a Suécia desenvolveu uma tradição de íntima parceria público-privada numa extensão sem paralelos nos outros países de então, nem mesmo na Alemanha, apesar da sua tradicionalíssima prática desse tipo de colaboração (ver seção 2.2.3).

Tal parceria se desenvolveu a partir do envolvimento do Estado com esquemas de irrigação e drenagem para a agricultura. Aplicou-se o mesmo modelo ao desenvolvimento das estradas de ferro a partir da década de 1850. Contrapondo-se ao modelo

---

Rússia, Sérvia, Suécia e Suíça. Ficaram excluídos Dinamarca, Noruega e Portugal. Entre estes, Holanda e Portugal eram muito menos protecionistas do que a Suécia. De modo geral, a Dinamarca era menos protecionista, mas tinha tarifas industriais bastante elevadas. A Noruega tinha tarifas elevadas.

71 Os dezesseis países, em ordem alfabética, são: Alemanha, Austrália, Áustria, Bélgica, Canadá, Dinamarca, Estados Unidos, Finlândia, França, Holanda, Itália, Japão, Noruega, Reino Unido, Suécia e Suíça.

dominante de desenvolvimento ferroviário conduzido pelo setor privado (sobretudo na Grã-Bretanha), o governo se incumbiu de construir as linhas principais (concluídas em 1870), deixando as secundárias para o setor privado. A construção e a operação das linhas secundárias dependiam da aprovação governamental, assim como o controle de preços a partir de 1882; em 1913 a empresa ferroviária estatal controlava 33% da rede e era responsável por 60% dos bens transportados (Samuelsson, 1968, p.71-6; Bohlin, 1999, p.153).

Aplicaram-se métodos semelhantes de parceria público--privada ao desenvolvimento de outros setores da infraestrutura: a telegrafia e a telefonia, na década de 1880, a energia hidroelétrica na de 1890. Também se alega com muita frequência que essa cooperação técnica de longo prazo com estatais da indústria infraestrutural foi instrumental para que empresas como a Ericsson (telefonia) e a Asea (atualmente parte do conglomerado sueco-suíço ABB, que produz equipamento ferroviário e de engenharia elétrica) se alçassem ao nível internacional (Chang & Kozul-Wright, 1994, p.869-70; Bohlin, 1999, p.153-5).[72]

Também houve parceria público-privada em outros setores que não o da infraestrutura. Em 1747, criou-se o semiautônomo Birô do Ferro. Sua diretoria era eleita pela Associação dos Fabricantes de Ferro (patronal) e mantinha um cartel de preços, desembolsava empréstimos subsidiados, dava informação tecnológica e geológica, oferecia bolsas de viagem para a obtenção de tecnologia e promovia a pesquisa metalúrgica. A indústria se liberalizou no meado do século XIX, a começar pelo comércio interno de lingotes (1835), e acabou obtendo a revogação da maioria das restrições por volta de 1858. Porém, mesmo depois

---

72 No entanto, na indústria de telefonia irrompeu uma "guerra do telefone", na região de Estocolmo, de 1903 a 1918 entre a estatal Telegrafverket e a empresa privada Stockholm allmäna, que só terminou quando a primeira incorporou a segunda.

disso, a associação patronal seguiu cooperando com o governo para promover padrões técnicos melhores e mais qualificação. O interessante é que todas essas iniciativas lembram o modelo de parceria público-privada que mais tarde tornariam famosas as economias do Leste Asiático (Gustavson, 1986, p.71-2; Chang & Kozul-Wright, 1994, p.870).[73]

O Estado sueco se empenhou muito em facilitar a aquisição de tecnologia estrangeira avançada (inclusive mediante a espionagem industrial; para uma discussão a respeito, ver seção 2.3.3). No entanto, ainda mais relevante foi a ênfase no acúmulo do que a literatura moderna denomina "capacidade tecnológica" (Chang & Kozul-Wright, 1994, p.870). Visando estimular a aquisição de tecnologia, o governo sueco pagava salários e subsidiava viagens de estudo e pesquisa. Em 1809, criou-se o Ministério da Educação, e o ensino básico já era obrigatório desde os anos 40. A escola secundária pública foi instituída na década de 1860; em 1878, acrescentou-se um ano, o sexto, ao ensino obrigatório. Nos níveis superiores, a colaboração do Estado se deu por meio da criação de institutos de pesquisa tecnológica, sendo o mais famoso deles o Instituto de Tecnologia Chalmers, em Gothenburg, e da transferência para a indústria – particularmente para a metalúrgica e a da madeira – de verbas diretamente destinadas à pesquisa.[74]

A política econômica sueca passou por uma transformação significativa com a vitória do Partido Socialista nas eleições de 1932 (que, desde essa data, passou menos de dez anos fora do governo) e a celebração do "pacto histórico" entre os sindicatos e a associação patronal em 1936 (o acordo *Saltsjöbaden*). O regime de políticas surgido a partir do pacto de 1936 concentrou-se, inicialmente, na edificação de um sistema em que os empregadores

---

73 Sobre a parceria público-privada nas economias do Leste Asiático, ver a obra clássica de Evans (1995).

74 Quanto a obras pioneiras sobre "capacidade tecnológica", ver Fransman & King (1984); Lall (1992).

financiassem um generoso *welfare state* e elevados investimentos em troca de reivindicações salariais moderadas por parte do sindicato (ver Korpi, 1983; Pekkarinen et al., 1992; Pontusson, 1992).[75]

Depois da Segunda Guerra Mundial, esse regime revelou-se, lançou mão do potencial desse regime para promover o *upgrading* industrial. Nas décadas de 1950 e 1960, o centralizado sindicado LO (*Landsorganisationen i Sverige*) adotou o chamado Plano Rehn-Meidner,[76] que introduziu aquela que ficou conhecida como a política salarial "solidária", buscando explicitamente uniformizar os salários do mesmo tipo de mão de obra em todas as indústrias. Esperava-se que isso pressionasse os capitalistas dos setores mal remunerados, levando-os a aumentar o estoque de capital ou reduzir a força de trabalho e, ao mesmo tempo, permitisse aos dos setores bem remunerados reter lucros extras e expandir-se mais depressa do que normalmente seria possível. Além disso, adotou-se a política de mercado de trabalho ativo, que favorecia a reciclagem e a recolocação da mão-de-obra dispensada no processo de *upgrading* industrial. Aceita-se amplamente que tal estratégia contribuiu para o sucesso do desenvolvimento industrial sueco nos primeiros anos do pós-guerra (Edquist & Lundvall, 1993, p.274).

A estratégia sueca de *upgrading* industrial no pós-guerra, baseada na combinação da barganha salarial solidária com a política de mercado de trabalho ativo, é consideravelmente diferente das adotadas pelos outros países aqui discutidos. Aliás, apesar da diferença, ambas as estratégias se fundamentam num entendimento parecido do verdadeiro funcionamento da econo-

---

75 Pontusson (1992, p.467), no entanto, assinala que o trabalho da Comissão de Racionalização (1936-1939) estabeleceu alguns princípios fundamentais para a chamada "política de mercado de trabalho ativo" do imediato pós--guerra.

76 LO (1963) é o documento que apresenta a estratégia em detalhes.

mia mundial. Compartilham a certeza de que a guinada rumo à ampliação das atividades de maior valor agregado é decisiva para a prosperidade da nação e de que essa guinada, estando entregue às forças do mercado, pode não ocorrer com os padrões sociais desejáveis.

2.2.6 Outras pequenas economias europeias

A. A Bélgica

Já falamos no predomínio da indústria da lã nos Países Baixos no século XV. Posteriormente, o setor, concentrado no que mais tarde viria a ser a Bélgica, entrou em relativo declínio, inclusive por causa da concorrência dos protegidos produtores britânicos. Mesmo assim, a Bélgica conservou o seu poderio industrial e foi a segunda nação – depois da Grã-Bretanha – a pôr em marcha a Revolução Industrial.

No início do século XIX, a Bélgica era uma das regiões mais industrializadas da Europa Continental, muito embora fosse significativa a sua desvantagem em razão do território relativamente exíguo e da sua fragilidade política diante da França e da Alemanha. Na época, era o líder tecnológico mundial em certas indústrias, particularmente no lanifício. Conquanto tenha perdido parte dessa vantagem tecnológica para os concorrentes em meados do século XIX, a Bélgica continuou sendo um dos países mais industrializados e ricos do mundo, especializando-se em setores como o têxtil, o do aço, o dos metais não ferrosos e o químico (Milward & Saul, 1979, p.437, 441, 446; Hens & Solar, 1999, p.195).

Graças à sua superioridade tecnológica, a Bélgica foi uma das economias menos protegidas durante a maior parte do século XIX e o início do XX (Tabela 2.1). Hens & Solar (1999, p.194, 197) afirmam que o país se conservou um "livre-cambista ardoroso", sobretudo entre a década de 1860 e a Primeira Guerra Mundial.

Sem embargo, no período anterior a esse, a Bélgica foi consideravelmente mais protecionista do que a Holanda e a Suíça (ver mais adiante). Nos primeiros três quartos do século XVIII, o governo austríaco, que controlava o que mais tarde viria a ser a Bélgica, protegeu-a fortemente contra os concorrentes britânicos e holandeses e investiu em infraestrutura industrial (Dhondt & Bruwier, 1973, p.350-1; Van der Wee, 1996, p.65). No início do século XIX, foi objeto de políticas ICT ativistas, já que fazia parte do Reino Unido dos Países Baixos (1815-1830) no reinado de Guilherme I (ver mais adiante). Ademais, até a década de 1850, algumas indústrias foram vigorosamente protegidas – as tarifas chegavam a 30%-60%, no caso do algodão, da lã e do linho, e a 85% no do ferro. Sua Corn Law só foi revogada em 1850 (Milward & Saul, 1977, p.174; Fielden, 1969, p.87).

B. A Holanda

No século XVII, a Holanda era a principal potência naval e comercial do mundo; nesse período, o seu "Século de Ouro", a Companhia Holandesa das Índias Orientais ofuscou até mesmo a sua análoga britânica. Entretanto, esse poderio naval e comercial sofreu um acentuado declínio no século XVIII, durante o chamado "Período Peruca" (*Pruikentijd*); em 1780, a derrota na Quarta Guerra Anglo-holandesa marcou simbolicamente o fim de sua supremacia internacional (Boxer, 1965, cap.10).[77]

É difícil explicar por que a Holanda não conseguiu traduzir esse poderio naval e comercial em indústria e em supremacia econômica em geral. Em parte, há de ter sido simplesmente porque essa era a coisa mais natural a fazer: quem possui uma base comercial mundial, como a Hong Kong de hoje, não tem por que se preocupar com a indústria. No entanto, o governo britânico

---

77 Kindleberger (1990b, p.258) estima que o poder econômico holandês chegou ao auge por volta de 1730.

explorou ao máximo uma força semelhante para favorecer o desenvolvimento das indústrias (por exemplo, aprovando inúmeros Navigation Acts que tornavam obrigatório o transporte em navios britânicos dos bens que entravam e saíam do país). Por que a Holanda não fez a mesma coisa? Isso se torna particularmente intrigante quando se tem em conta que o Estado holandês não hesitou em lançar mão de medidas agressivamente "mercantilistas" para regulamentar a navegação, a pesca e o comércio internacional quando estava tentando alcançar a supremacia comercial no século XVI e no início do XVII.[78]

Ofereceram-se muitas explicações para isso: os salários elevados em razão dos pesados impostos de consumo; a escassez de jazidas de carvão e ferro; o declínio do espírito empreendedor e a ascensão da mentalidade de rentista; e o notório consumo, para citar apenas algumas. Certos historiadores também alegam que a força industrial da Bélgica sempre representou um obstáculo para o desenvolvimento dos vizinhos (Kindleberger, 1990b, p.259; 1996, p.100-4; Milward & Saul, 1977, p.201). E, o que é interessantíssimo, List (1885, p.33-4) sugere que o relativo declínio da Holanda se deveu à sua incapacidade de criar as políticas públicas e as instituições necessárias ao desenvolvimento industrial; Wright (1995), por sua vez, propõe que as tarifas baixas dificultaram o desenvolvimento da indústria holandesa.

Qualquer que tenha sido a verdadeira causa, a Holanda não conseguiu se industrializar na mesma proporção das rivais Grã--Bretanha, Alemanha e Bélgica. Apesar disso, graças à força de sua rede comercial, continuou sendo um dos países mais ricos do mundo até o início do século XX (Dhondt & Bruwier, 1973, p.329, 355).

---

78 Schmoller (1884, p.52-3), da Escola Histórica Alemã, oferece uma breve mas esclarecedora discussão sobre as políticas holandesas implementadas a fim de alcançar a supremacia comercial: a colonial, a de navegação, a regulação do comércio do Levante e a da pesca do arenque e da baleia.

Uma exceção a essa paralisia política, que parece haver tolhido a Holanda do fim do século XVII ao início do XX, foi o esforço empreendido pelo rei Guilherme I (1815-1840) para criar inúmeras agências de financiamento subsidiado à indústria, tendo sido a mais destacada delas a Companhia Comercial da Holanda (Nederlandsche Handels-Maatschappij), fundada em 1824. Esta patrocinava as indústrias holandesas por meio de políticas enfocadas de aquisição (especialmente de açúcar refinado, construção naval e têxteis), usando o monopólio comercial com a colônia Java, que, a partir de 1831, foi obrigada a fornecer bens agrícolas de exportação como o café, o açúcar e o índigo (van Zanden, 1999, p.84-5). Guilherme I também criou o Fundo da Indústria Nacional (1821), o Sindicato de Amortização (1822) e a Sociedade Geral de Fomento à Indústria Nacional (1822). No decênio de 1830, o Estado ainda investiu maciçamente na modernização da indústria têxtil de algodão, sobretudo na região de Twente (Kossmann, 1978, p.136-8; Henderson, 1972, p.198-200).

Sem embargo, no fim da década de 1840, o país retornou a um regime de *laissez-faire*, que durou até a Primeira Guerra Mundial e, em certa medida, até a Segunda. Primeiramente, como mostra a Tabela 2.1, a Holanda era a economia menos protegida entre os PADs, com exceção da Grã-Bretanha no final do século XIX e do Japão antes da restauração da autonomia tarifária. Segundo, em 1869, o país revogou a Lei das Patentes (introduzida em 1817), com base em que ela criava um monopólio artificial. Em parte, tal mudança se inspirou no movimento antipatente, que vinha se generalizando na Europa de então, fato, aliás, intimamente associado ao movimento livre-cambista (para mais detalhes, ver a seção 3.2.3 B). A despeito das pressões internacionais, o país se recusou a reinstituir a Lei das Patentes até 1912 (retornaremos a isso mais adiante).[79] Em terceiro lugar, o

---

79 Para mais detalhes, ver Schiff (1971).

governo holandês criou, organizou e financiou deliberadamente uma empresa privada de gerenciamento das ferrovias nacionais para concorrer com as duas já existentes no setor (Van Zanden, 1999, p.179-80). Essa prática era pouco conhecida na época e, embora negasse vigorosamente o *laissez-faire* no discurso, na prática foi a precursora da moderna política industrial ativista pró-concorrência.

Nesse período de *laissez-faire* extremo, o conjunto da economia holandesa continuou no marasmo, e seu nível de industrialização permaneceu relativamente baixo. De acordo com a autorizada estimativa de Maddison, expressa em dólares de 1990, a Holanda ainda era o segundo país mais rico do mundo em 1820, precedido unicamente pelo Reino Unido, mesmo tendo enfrentado todo um século de relativo declínio (US$1.756 *versus* US$1,561). Entretanto, um século depois (1913), havia sido suplantada por pelo menos seis países: Austrália, Nova Zelândia, Estados Unidos, Canadá, Suíça e Bélgica – e quase pela Alemanha. Em 1820, a renda *per capita* deste país correspondia a cerca de 60% da holandesa (US$1.561 contra US$1.112), mas em 1913 já se achava apenas ligeiramente abaixo (US$3.950 *versus* US$3.833 – para valores mais detalhados, ver a Tabela 3.7 no Capítulo 3) (Maddison, 1995).

Em grande medida, foi por isso que o fim da Segunda Guerra Mundial presenciou a introdução de medidas mais intervencionistas. Praticou-se uma política industrial ativa, sobretudo a partir de 1963, que incluiu medidas como o apoio financeiro a duas grandes empresas (uma de aço e outra de refrigerante), subsídios à industrialização das regiões atrasadas, o incentivo ao ensino técnico, o fomento à indústria do alumínio por meio do gás subsidiado e o desenvolvimento da infraestrutura-chave (Van Zanden, 1999, p.182-4).

C. A Suíça

A Suíça foi um dos primeiros países europeus a se industrializar. Biucchi (1973) afirma que a sua Revolução Industrial se iniciou aproximadamente vinte anos depois da britânica. Em 1850, a Suíça, tal como a Bélgica, era uma das economias mais industrializadas do mundo, embora a natureza heterogênea e descentralizada do país implicasse níveis desiguais de industrialização nos diferentes cantões (Biucchi, 1973, p.464, 618).

Particularmente, a indústria do algodão teve um desenvolvimento incrível nas décadas de 1820 e 1830. Segundo Milward & Saul (1979, p. 454-5), "em 1822, entre um terço e a metade do fio de algodão tecido na Suíça era importado da Grã-Bretanha. Contudo, em 1835, a importação de fio britânico tinha praticamente cessado". A Suíça foi líder tecnológico mundial em algumas indústrias importantes, principalmente na têxtil de algodão, em muitas áreas da qual era considerada até mais avançada do que a britânica (Biucchi, 1973, p.629).

Dada a pequeníssima (ou nenhuma) defasagem tecnológica ante a nação líder, a proteção à indústria nascente não chegou a ser muito necessária na Suíça. Ademais, pela exiguidade do território, o protecionismo lhe teria sido muito mais custoso do que nos países de maior extensão. Além disso, a estrutura política descentralizada e a pequenez do território suíço davam pouco espaço a uma proteção centralizada à indústria nascente (ibidem, p.455).

Biucchi argumenta que, já no século XVI, o livre-comércio era o aspecto mais importante da economia suíça. Mas admite que o protecionismo "natural" contra a concorrência britânica, proporcionado pela intervenção de Napoleão, ofereceu à indústria suíça um respiro decisivo, especialmente diante da defasagem tecnológica que estava se abrindo graças ao sucesso da mecanização da indústria têxtil britânica na época (p.628, 630-1). Além disso, o *laissez-faire* suíço não significou necessariamente que o governo carecesse de senso estratégico na elaboração de políticas. O fato de ele se ter negado a adotar uma Lei das Patentes até 1907, apesar da forte pressão internacional, é apenas um exemplo disso. Argumenta-se que essa postura antipatente contribuiu para o desenvolvimento de diversas indústrias. As mais favorecidas foram a química e a farmacêutica, que roubavam ativamente a tecnologia da Alemanha, e a alimentícia, para a qual a inexistência de patentes atraiu o investimento externo direto (ver ainda as seções 2.3.3 e 3.2.3 B).[80]

2.2.7 O Japão e os Novos Países Industrializados (NPIs) do Extremo Oriente

O Japão chegou tarde ao cenário industrial. Em 1854, os norte-americanos o obrigaram a abrir-se (o infame incidente do "Navio Negro"). Conquanto já tivessem vislumbrado o mundo europeu graças ao contato com comerciantes portugueses e holandeses, à medida que se expunham ao Ocidente, os japoneses iam ficando mais chocados com o atraso relativo do país. Pouco depois, com a chamada Restauração Meiji de 1868, a ordem política feudal entrou em colapso, despejando o caminho para a instauração de um regime mais modernizador. Desde então, o Estado passou a desempenhar um papel decisivo no desenvolvimento do país.

Nos primeiros estágios de desenvolvimento, o Japão não pôde se valer do protecionismo comercial por causa dos "acordos desiguais" que fora obrigado a firmar em 1858 e que proibiam a fixação de tarifas superiores a 5%. Por exemplo, como mostra a Tabela 2.1, em 1875, a taxa tarifária média dos produtos manufaturados no Japão era de 5%, numa época em que os Estados Unidos, apesar de terem uma defasagem tecnológica muito menor com a Grã-Bretanha, se gabavam de uma tarifa industrial

---

80 Para mais detalhes, ver Schiff (1971).

média de até 50%. Por conseguinte, até recobrar a autonomia, coisa que só ocorreria em 1911, o governo japonês teve de lançar mão de outros meios para estimular a industrialização.

Para começar, à semelhança da Prússia no início do século XIX, na ausência de iniciativas empresariais do setor privado (ver seção 2.2.3), o Estado japonês criou fábricas estatais modelos (ou projetos-piloto) em diversos segmentos industriais – notadamente no da construção naval, no da mineração, no têxtil (algodão, lã e seda) e no militar.[81] Muito embora, posteriormente, a maioria delas tenha sido vendida com desconto ao setor privado, o Estado não encerrou sua participação na indústria. Por exemplo, nas décadas de 1870 e 1880, a maior parte dos estaleiros estatais foi privatizada, mas continuou recebendo subsídios mesmo depois disso. Até 1924, a indústria ligada à marinha mercante e a de construção naval receberam entre 50% e 90% do total das subvenções estatais. Também a primeira usina de aço moderna (a Siderúrgica Estatal Yawata) foi criada pelo governo em 1901 (McPherson, 1987, p.31, 34-5).

Sem embargo, o envolvimento do Estado em projetos de grande escala não se restringiu à implantação de fábricas modelos, também se estendeu ao desenvolvimento da infraestrutura. O Estado Meiji construiu a primeira ferrovia do país em 1881. Foi necessário fazer concessões maciças para levar os investidores privados a se interessar pelo setor ferroviário e a subsidiar as empresas do setor ao longo das décadas de 1880 e 1890;[82] aliás, nos anos 80, nada menos que 36% dos subsídios estatais foram

---

81 Para mais detalhes, ver Smith (1955) e Allen (1981).

82 "Os investidores privados foram de tal modo cautelosos que, em 1881, só se angariou capital para a primeira estrada de ferro entre Tóquio e Amomori mediante a promessa do governo de construir a linha, para os proprietários, com engenheiros do Departamento da Indústria, de isentar de impostos as terras de propriedade da ferrovia e de garantir a esta um retorno líquido de 8% anuais durante dez anos, no trecho entre Tóquio e Sendai, e durante quinze no que ligava Sendai a Aomori" (Smith, 1955, p.43).

canalizados para a estrada de ferro. Em 1906, nacionalizaram-se os troncos principais. Em 1869, o governo japonês iniciou a construção da infraestrutura telegráfica, e, em 1880, todas as grandes cidades já estavam interligadas pelo telégrafo (McPherson, 1987, p.31; Smith, 1955, p.44-5).

Como avaliar o papel das empresas estatais na indústria e na infraestrutura na formação do Japão moderno? Muitos comentaristas as encaram de modo negativo, uma vez que a maioria delas não era lucrativa (cf. Landes, 1965, p.100-6). No entanto, outros acadêmicos detectam aspectos mais positivos. Por exemplo, em seu estudo clássico, Thomas Smith (1955, p.103) sintetiza da seguinte maneira o seu veredicto sobre o papel das estatais japoneses no início do período Meiji:

> Que realizaram as empresas do governo entre 1686 e 1880? Quantitativamente, pouco: algumas fábricas modernas, algumas minas, um sistema telegráfico, menos de 150 quilômetros estrada de ferro. No entanto, abriram-se novos e difíceis caminhos: formaram-se administradores e engenheiros, treinou-se uma pequena mas crescente mão de obra industrial, conquistaram-se novos mercados; e o que talvez seja o mais importante: desenvolveram-se empresas que serviriam de base ao futuro crescimento industrial.

Ademais, o governo japonês implementou políticas destinadas a facilitar a transferência de tecnologia e instituições estrangeiras avançadas. Por exemplo, contratou muitos consultores técnicos estrangeiros; seu número chegou a 527 em 1875,[83] mas declinou rapidamente para 155 em 1885, o que indica uma rápida absorção de conhecimento por parte dos japoneses. O Ministério da Educação foi criado em 1871; na virada do século,

---

83 Entre os quais, 205 consultores técnicos, 144 professores, 69 gerentes e administradores e 36 operários qualificados (Allen, 1981, p.34).

afirmava ter atingido um quociente de alfabetização de 100% (McPherson, 1987, p.30).

O Estado Meiji tratou de importar e adaptar as instituições dos países mais avançados que lhe pareciam necessárias ao desenvolvimento industrial. Não é fácil identificar o "modelo" estrangeiro específico que inspirou cada uma das diversas instituições japonesas da época, mas o fato é que o que surgiu inicialmente foi uma verdadeira colcha de retalhos institucional.[84] A legislação penal teve a influência do direito francês, ao passo que grande parte da comercial e da civil era alemã com alguns elementos britânicos. Montou-se o Exército nos moldes alemães (com certa influência francesa); e a Marinha, nos britânicos. O banco central foi plasmado a partir do belga, e o sistema bancário em geral baseou-se no norte-americano. As universidades eram norte-americanas, as escolas também, no começo, mas não tardaram a adotar os modelos francês e alemão, e assim por diante.

É ocioso dizer que essas instituições demoraram a se enraizar. Todavia, os historiadores consideram extraordinária a velocidade com que os japoneses as assimilaram e adaptaram. Não merecem menos atenção as várias inovações institucionais ocorridas no pós-guerra, como o trabalho vitalício e as redes duráveis de subcontratação.

Com o fim dos acordos desiguais em 1911, o Estado japonês pós-Meiji promoveu uma ampla reforma tarifária visando proteger a indústria nascente, facilitar a importação de matéria-prima e controlar o consumo de bens de luxo (Allen, 1981, p.133; McPherson, 1987, p.32). Uma vez mais, vemos a grande semelhança entre essas políticas e as anteriormente adotadas por outros países quando em fase de desenvolvimento.

Como mostra a Tabela 2.1, em 1913 o Japão já se tornara um dos países mais protecionistas do mundo, embora, no tocante à

---

84 Para detalhes, ver Westney (1987, cap.1) e McPherson (1987, p.29).

indústria, esse protecionismo continuasse sendo menor que o dos Estados Unidos. Em 1926, elevaram-se as tarifas de algumas indústrias novas, como a têxtil de lã. Mesmo assim, as tarifas "nunca deixaram de ser armas secundárias no arsenal da política econômica" (Allen, 1981, p.133-4), embora algumas indústrias--chave fossem, de fato, fortemente protegidas (por exemplo, a do ferro, a do aço, a do açúcar, a do cobre, a de corantes e os lanifícios). Aqui não faltam paralelos entre o Japão ulterior a 1911 e a Alemanha e a Suécia do fim do século XIX e do começo do XX. Os três países recorreram a uma proteção "focada", seletiva, conservando um regime tarifário geral moderado, mas dando forte proteção a algumas indústrias-chave, em vez de lançar mão do "cobertor" protecionista usado por países como os Estados Unidos, a Rússia e a Espanha na época.

Na década de 1920, fortemente influenciado pela Alemanha, o Japão passou a incentivar a racionalização das indústrias--chave, sancionando a formação de cartéis e incentivando as fusões com o objetivo de restringir a "concorrência predatória", obter economias de escala, a padronização e a introdução do gerenciamento científico (Johnson, 1982, p.105-6; McPherson, 1987, p.32-3). Nos anos 30, intensificou-se esse empenho e se reforçou o controle governamental sobre os cartéis, em resposta à crise econômica mundial decorrente da Grande Depressão e do esforço de guerra, sobretudo por meio da Lei de Controle das Indústrias Importantes, de 1931. Assim se estabeleceram os moldes da política industrial do pós-guerra (Johnson, 1982, p.105-15). Como no caso de muitos outros PADs, acredita-se que a militarização do Japão, verificada na década de 1930, contribuiu para o desenvolvimento da indústria pesada (embora o resultado tenha sido desastroso em termos políticos), estimulando a demanda e gerando a expansão tecnológica (McPherson, 1987, p.35-6).

Apesar desse esforço desenvolvimentista, na primeira metade do século XX, o Japão estava longe de ser o *superstar* econômico em que se transformou depois da Segunda Guerra Mundial. Se-

Chutando a escada

gundo o autorizado trabalho de Maddison (1989), o crescimento da renda *per capita* do país não passou de 1% ao ano entre 1900 e 1950. Índice pouco inferior à média das dezesseis maiores economias da atual Oced por ele estudadas, que era de 1,3% ao ano (Maddison, 1989),[85] conquanto seja importante observar que parte dessa *performance* desfavorável se deveu ao dramático colapso da produção decorrente da derrota na Segunda Guerra Mundial.[86]

Sem embargo, após a Segunda Guerra Mundial, o crescimento recorde do Japão foi inusitado, particularmente até os anos 70. Entre 1950 e 1973, o PIB *per capita* cresceu surpreendentes 8% ao ano, mais do que o dobro da média de 3,8% dos dezesseis PADs mencionados (média essa que inclui o Japão). Entre eles, tiveram melhor desempenho a Alemanha, a Áustria (4,9%) e a Itália (4,8%); nem mesmo o desenvolvimento miraculoso dos países do Leste Asiático, como Taiwan (6,2%) ou a Coreia (5,2%), chegou a rivalizar com o do Japão, apesar do "efeito de convergência" maior que era de se esperar em razão de seu atraso também maior.[87]

Nas últimas duas ou três décadas, tem havido um debate interminável e ideologicamente carregadíssimo sobre as causas do "milagre" econômico do Japão e dos NPIs do Leste Asiático no pós-guerra. Malgrado a persistência de algumas divergências, hoje é consenso que o crescimento espetacular desses países,

---

85 Os dezesseis países são Alemanha, Austrália, Áustria, Bélgica, Canadá, Dinamarca, Estados Unidos, Finlândia, França, Grã Bretanha, Holanda, Itália, Japão, Noruega, Suécia e Suíça.

86 Estima-se que, em 1945, o PIB japonês (não *per capita*) tinha caído a 48% do pico alcançado em 1943. Entretanto, isso foi um pouco menos dramático do que o vivido pela Alemanha, cujo PIB de 1946 correspondeu a apenas 41% nos níveis alcançados em 1941 e em 1944. Ver Maddison (1989, p.120-1, quadro B-2).

87 Todas as informações desse parágrafo provêm de Maddison (1989, p.35, quadro 3.2).

com exceção de Hong Kong, deriva basicamente da ativa política industrial, comercial e tecnológico (ICT) do Estado.[88]

A análise da experiência do pós-guerra dos países do Leste Asiático deixa uma vez mais patente a semelhança entre suas políticas ICT e as anteriormente implementadas pelos outros PADs, a começar pela Grã-Bretanha no século XVIII, os Estados Unidos no XIX e, posteriormente, no fim desse século no início do XX, a Alemanha e a Suécia. Mas é importante notar que os países do Leste Asiático não se limitaram a meramente copiar as medidas adotadas pelos mais desenvolvidos. As políticas ICT que eles e alguns outros PADs, como a França, adotaram no pós-guerra eram infinitamente mais sofisticadas e afinadas do que suas equivalentes históricas. Os países do Leste Asiático valeram-se de subsídios à exportação (tanto diretos quanto indiretos) mais substanciais e mais bem planejados e, aliás, tributaram muito menos a exportação do que seus antecessores (Westphal, 1978; Luedde-Neurath, 1986; Chang, 1993). Como venho salientando reiteradamente, aplicou-se amplamente a estratégia de redução dos impostos de importação de matéria-prima e maquinário para a indústria de exportação – método a que muitos PADs, notadamente a Grã-Bretanha, recorreram para impulsionar as exportações (ibidem).

A coordenação dos investimentos complementares, que antes ocorria um tanto ao acaso, quando ocorria, foi sistematizada mediante o planejamento indicativo e os programas de investimento do governo (Chang, 1993, 1994). Implementou-se a regulamentação das entradas, das saídas, dos investimentos e da fixação de preços das empresas a fim de "administrar a con-

---

88 Sobre a fase inicial desse debate, ver Johnson (1982; 1984); Dore (1986); Thompson (1989); Amsden (1989); Westphal (1990); Wade (1990); Chang (1993). Acerca da fase mais recente do Banco Mundial, ver World Bank (1993); Singh (1994); Lall (1994); Stiglitz (1996); Wade (1996); Chang (2001b).

corrência" de modo a reduzir a "concorrência predatória" (Amsden & Singh, 1994; Chang, 1994, 1999). Uma vez mais, parte dessas regulamentações refletia as políticas de cartel do fim do século XIX e do início do XX, mas elas se mostravam muito mais conscientes que seus correspondentes históricos do perigo do abuso monopolista e muito mais sensíveis ao seu impacto sobre o desempenho no mercado exportador. Houve, pois, subsídios e restrições à concorrência com o fito de auxiliar o *upgrading* tecnológico e suavizar o fim das indústrias em declínio (Dore, 1986; Chang, 2001b).

Os governos do Leste Asiático também integraram com muito mais firmeza do que seus predecessores as políticas de capital humano e educação ao arcabouço da política industrial por meio do planejamento da força de trabalho disponível (You & Chang, 1993). Regulamentaram o licenciamento tecnológico e os investimentos estrangeiros diretos com o intuito de maximizar mais sistematicamente a difusão da tecnologia (Chang, 1998a). Empenharam-se seriamente em aprimorar a base de qualificação e a capacidade tecnológica do país mediante subsídios (e o fornecimento público) à educação, ao treinamento e à P&D (Kim, 1993; Hou & Gee, 1993; Lall & Teubal, 1998; Chang & Cheema, 2002).

Com a recente crise da Coreia e a prolongada recessão no Japão, está se disseminando cada vez mais o argumento segundo o qual as políticas ICT ativistas se revelaram um equívoco. Embora este não seja o espaço adequado para entrar nessa polêmica, podem-se fazer algumas considerações.[89] Antes de mais nada, acredite-se ou não que os problemas do Japão e da Coreia são consequência de suas políticas ICT ativistas, é inegável que elas estiveram por trás do "milagre". Em segundo lugar, embora tenha se valido de políticas ICT ativistas, Taiwan não enfrentou nenhuma crise financeira ou macroeconômica. Terceiro, todos

---

89 Para outras críticas desse ponto de vista, ver Chang (1999; 2000).

os observadores informados do Japão, independentemente de seu ponto de vista, concordam que não se pode atribuir a atual recessão do país à política industrial do governo – ela tem muito mais a ver com fatores como o excedente estrutural da poupança, a liberalização financeira inoportuna (que levou à bolha econômica) e a gestão microeconômica deficiente. Em quarto lugar, no caso da Coreia, grande parte da política industrial vem sendo desmantelada desde a metade da década de 1990, quando começou a se avolumar o déficit que levou à recente crise, de modo que ela não pode ser responsabilizada pela crise. Aliás, poder-se-ia alegar que a liquidação da política industrial foi que contribuiu para o advento da crise por ter facilitado os "investimentos duplicativos" (ver Chang, 1998b; Chang et al., 1998).

2.3 A estratégia para passar à frente do líder e a reação dos países em *catching-up* – a Grã-Bretanha e seus seguidores

Um país, quando se adianta aos outros, sente-se naturalmente estimulado a se valer de seu poder político e econômico para se adiantar ainda mais. As políticas britânicas, especialmente as dos séculos XVIII e XIX, são o melhor exemplo disso. O desconcertante é que tais políticas tenham tantos paralelos com as atualmente praticadas pelos países desenvolvidos com relação aos seus análogos em desenvolvimento.

2.3.1 As colônias

A Grã-Bretanha instituiu um vigoroso conjunto de políticas destinadas a impedir o desenvolvimento de manufaturas nas colônias, principalmente na América do Norte. List (1885, p.95) relata que, em 1770, William Pitt, o Velho (então conde de Chatham), "preocupado com as primeiras tentativas de implantar a manufatura na Nova Inglaterra, declarou que não se devia permitir que as colônias fabricassem mais do que um cravo de ferradura". A caracterização de Brisco (1907, p.165) da política colonial do governo Walpole descreve a essência dessa estratégia:

> Mediante regulamentações comerciais e industriais, tentou-se limitar as colônias ao fornecimento de produtos primários à Inglaterra e, assim, desestimular a implantação de qualquer manufatura que viesse a concorrer com a metrópole e reservar seus mercados para os comerciantes e fabricantes ingleses.

As políticas desenvolvidas pela Grã-Bretanha consistiam no seguinte: primeiro, medidas de incentivo à produção de produtos primários nas colônias. Por exemplo, na década de 1720, Walpole concedeu subsídios à exportação ("subvenções") e aboliu o imposto de importação britânica de matéria-prima produzida nas colônias americanas (tal como o cânhamo, a madeira e as vigas). Acreditava-se que o incentivo à produção de matéria-prima os "demoveria de continuar desenvolvendo manufaturas que concorressem com as da Inglaterra" (ibidem, p.157). Observe-se que se trata exatamente da mesma lógica com que Cobden justificou a revogação da Corn Law, que, na sua opinião, ajudava involuntariamente a Europa e os Estados Unidos a se industrializarem, uma vez que dificultava sua exportação agrícola (ver seção 2.2.1).

Segundo, algumas atividades manufatureiras foram postas fora da lei. Por exemplo, proibiu-se a construção de novas usinas de laminação e corte de aço na América do Norte, o que obrigou a colônia a se especializar na fabricação de lingotes e barras de ferro, cujo valor agregado era muito inferior ao dos produtos de aço (Garraty & Carnes, 2000, p.77-8). Alguns historiadores alegam que esse tipo de política não chegou a prejudicar significativamente a economia norte-americana na época, já que esta não tinha vantagem comparativa na manufatura (Lipsey, 2000, p.723). No entanto, parece sensato argumentar que esse tipo de política teria sido um grande obstáculo, se não uma barreira intransponível, para o desenvolvimento industrial dos Estados Unidos se o país seguisse na condição de colônia britânica nos seus estágios iniciais de desenvolvimento (sobretudo agrícola e comercial).[90]

Terceiro, proibiram-se as colônias de exportar produtos que concorriam com os britânicos. Já mencionamos que a indústria têxtil indiana sofreu um duro golpe no século XVIII, quando a Inglaterra proibiu a importação de têxteis de algodão (morim), apesar da superioridade dos produtos indicanos (ver seção 2.2.1).[91] Outro exemplo remonta a 1699, quando a Grã--Bretanha proibiu que suas colônias exportassem vestuário de lã para outros países (o Wool Act), destruindo essencialmente os lanifícios irlandeses. Essa lei também sufocou a emergência da indústria manufatureira de lã nas colônias americanas.[92] Mais um exemplo: em 1732, foi aprovada uma lei destinada a atingir principalmente a indústria de chapéus de pele de castor, que florescia na América do Norte; essa lei proibiu a exportação de chapéus americanos tanto para os outros países quanto para as demais colônias (Brisco, 1907, p.60).

Quarto, as autoridades coloniais foram proibidas de usar tarifas ou, caso estas fossem consideradas necessárias por motivos de arrecadação, encontravam os mais diversos obstáculos. Quando, em 1859, por motivos puramente fiscais, o representante do

---

90 Mesmo após a independência, a Grã-Bretanha continuou procurando conservar os Estados Unidos um fornecedor de matéria-prima (principalmente de algodão), por esse motivo apoiou o Sul na Guerra de Secessão.

91 A indústria acabou sendo destruída na segunda metade do século XIX, com a inundação dos mercados com produtos britânicos de melhor qualidade e com o fim do monopólio da Companhia das Índias Orientais em 1813 (Hobsbawm, 1999, p.27).

92 Sobre a Irlanda, ver Ramsay (1982, p.66) e Renert (1995, p.32); sobre os Estados Unidos, ver Garraty & Carnes (2000, p.77-8).

governo colonial da Índia impôs uma pequena tarifa alfandegária à importação de têxteis (entre 3% e 10%), os produtores locais foram tributados na mesma proporção para "nivelar o campo de manobra" (Bairoch, 1993, p.129). Mesmo com essa "compensação", os fabricantes de algodão britânicos seguiram pressionando permanentemente o governo pela suspensão das tarifas, a qual finalmente obtiveram em 1882.[93] Na década de 1890, quando o governo colonial da Índia tentou uma vez mais tributar os produtos de algodão – dessa vez, mais para proteger a indústria indiana do que por razões fiscais –, os grupos de pressão dos têxteis de algodão frustraram a iniciativa. Até 1917, não havia nenhuma tarifa sobre os produtos em algodão importados pela Índia (Hobsbawm, 1999, p.129).

2.3.2 Os países semi-independentes

No século XIX, fora das colônias formais, as tentativas da Grã-Bretanha (e dos outros PADs) de tolher o desenvolvimento da indústria nos países menos desenvolvidos assumiram principalmente a forma de imposição do livre-comércio pelos chamados "tratados desiguais" que normalmente envolviam a imposição de tetos tarifários, quase sempre em torno dos 5%, e a privação da autonomia tarifária (Bairoch, 1993, p.41-2).

É extremamente desconcertante observar que a adoção de tarifas baixas e uniformes (embora não necessariamente inferiores a 5%) é exatamente o que os economistas livre-cambistas modernos recomendam aos países em desenvolvimento. O Banco Mundial argumenta que "[as] evidências sugerem as vantagens de se renunciar rapidamente às restrições quantitativas e de se reduzirem as tarifas a níveis razoavelmente *baixos e uniformes*, na

---

93 Para outros detalhes, ver Harnetty (1972, cap.2).

ordem de 15% a 25%" (Little et al., 1970, p.163-4; World Bank, 1991, p.102 – grifos meus).

Os britânicos recorreram aos tratados desiguais primeiramente na América Latina, a começar pelo Brasil, em 1810, quando os outros países do continente estavam conquistando a independência política. Com o Tratado de Nanquim (1842), que se seguiu à Guerra do Ópio (1839-42), a China foi obrigada a firmar uma série de tratados desiguais nas duas lécadas posteriores. Isso acabou redundando na perda total da autonomia tarifária e, simbolicamente, um britânico chefiou a alfândega durante os 45 anos entre 1863 e 1908. A partir de 1824, o Sião (atual Tailândia) assinou vários tratados desiguais, culminando com o mais abrangente deles, o de 1855. A Pérsia ratificou tratados desiguais em 1836 e em 1857, do mesmo modo que o Império Otomano em 1838 e em 1861 (Bairoch, 1993, p.41-2; Gallagher & Robinson, 1953, p.11).[94]

Até mesmo o Japão perdeu a autonomia tarifária em consequência dos tratados desiguais celebrados logo após a sua abertura em 1854 (ver seção 2.2.7). Enfim, o país conseguiu cancelar os tratados, mas isso só aconteceu em 1911 (Johnson, 1982, p.25). Nesse contexto, também é interessante observar que, ao forçar a abertura da Coreia em 1876, o Japão reproduziu exatamente o comportamento dos países ocidentais ao impor um tratado que posteriormente a privaria da autonomia tarifária – independentemente do fato de ele mesmo ter perdido a sua.

Os grandes países da América Latina lograram reconquistar a autonomia tarifária na década de 1880, antes do Japão. Muitos outros só a recobrariam depois da Primeira Guerra Mundial: a Turquia teve de esperar até 1923 (muito embora tivesse firmado o tratado já em 1838!); e a China, até 1929 (Bairoch, 1993,

---

94 A Convenção de Balta Liman com a Turquia, em 1838, fixou as tarifas de importação turcas em 3% (Fielden, 1969, p.91).

p.42).[95] Amsden (2001) mostra que esses países só tiveram oportunidade de iniciar o processo de industrialização quando recuperaram a autonomia tarifária (e de outras políticas).

2.3.3 As nações concorrentes

No referente às nações europeias concorrentes (e posteriormente aos Estados Unidos), a Grã-Bretanha não lançou mão das medidas extravagantes já citadas para avançar. Preferiu concentrar-se sobretudo em impedir a difusão de sua tecnologia superior, se bem que tais medidas nem sempre se mostraram eficazes (Kindleberger, 1990b, p.260).

Até o meado do século XIX, quando a maquinaria passou a incorporar as tecnologias-chave, o meio mais importante de transferência tecnológica foi o deslocamento da mão de obra qualificada, que incorporava a maior parte do conhecimento. Consequentemente, os países menos desenvolvidos tratavam de recrutar os operários especializados dos mais adiantados, principalmente da Grã-Bretanha, e também procuravam repatriar os seus nacionais que estavam trabalhando nas empresas desses países. Muitas vezes, isso se fazia por meio de um esforço concentrado, orquestrado e endossado pelos governos – enquanto os países avançados faziam o possível para evitar esse tipo de migração.

Como já mencionamos (seção 2.2.4), foi graças às tentativas da França e de outros países europeus de recrutar mão de obra qualificada em larga escala que, em 1719, a Grã-Bretanha finalmente se sentiu estimulada a proibir a emigração de trabalhadores especializados, sobretudo mediante o "suborno" ou a tentativa de recrutá-los para empregos no exterior. Conforme essa

---

95 Eyup Özveren me chamou a atenção para o fato de que a concessão de autonomia tarifária à Turquia, em 1923, só entrou em vigor em 1929.

lei, o suborno era passível de multa e até prisão. Os trabalhadores emigrados que não se repatriassem seis meses depois de notificados por um funcionário britânico credenciado (normalmente um diplomata lotado no exterior) eram privados do direito a terras e bens na Grã-Bretanha, além de perderem a cidadania. A lei se referia especificamente às indústrias da lã, do aço, do ferro, do bronze e outros metais, bem como à relojoaria, mas, na prática, abrangia todas as indústrias.[96] A proibição da emigração e do suborno de operários especializados vigorou até 1825 (Landes, 1969, p.148).

Subsequentemente, à medida que os avanços tecnológicos foram se incorporando às máquinas, o governo passou a controlar a exportação destas. Em 1750, a Grã-Bretanha adotou uma nova lei, proibindo a exportação de "ferramentas e utensílios" das indústrias da lã e da seda e, ao mesmo tempo, tornou mais severa a punição ao suborno de trabalhadores qualificados. Leis posteriores vieram ampliar e fortalecer essa proibição. Em 1774, sancionou-se outra lei de controle à exportação de máquinas das indústrias de algodão e de linho. Em 1781, alterou-se a lei de 1774 de modo que as palavras "ferramentas e utensílios" foram substituídas por "qualquer máquina, motor, ferramenta, prensa, documento, utensílio ou implemento", refletindo a crescente mecanização da indústria. Em 1785, aprovou-se a Tools Act, proibindo a exportação de diversos tipos de maquinário e também o suborno. Tal proibição se abrandou em 1828, quando a Conselho de Comércio foi presidido por William Huskisson, um eminente livre-cambista, e acabou sendo revogada em 1842.[97]

---

96 Para mais detalhes, ver Jeremy (1977) e Harris (1998, cap.18).

97 Sobre o Tools Act e a proibição de subornar, ver Harris (1998, p.457-62) e Jeremy (1977). Sobre o relaxamento e o abandono da proibição, ver Kindleberger (p.132) e Landes (1969, p.148). Berg (1980, cap.9) oferece uma discussão informativa sobre as polêmicas políticas e acadêmicas em torno da proibição de exportação de maquinário.

Até o século XVII, quando era uma das líderes tecnológicas mundiais, a Holanda se conservou extremamente aberta ao acesso de estrangeiros à sua tecnologia. Entretanto, com a erosão constante das fronteiras tecnológicas, essa atitude mudou tanto em termos governamentais quanto empresariais, e, em 1751, o governo aprovou uma lei proibindo a exportação de máquinas e a emigração de mão de obra especializada. Lamentavelmente, essa lei teve muito menos sucesso do que a britânica, e a fuga de máquinas prosseguiu tanto quanto a de mão de obra (Davids, 1995; De Vries & Van der Woude, 1997, p.348-9).

Diante das medidas adotadas pelas nações adiantadas para impedir a transferência de tecnologia, as menos desenvolvidas lançaram mão de toda sorte de meios "ilegítimos" para ter acesso às tecnologias avançadas. Os empresários e os técnicos desses países praticavam rotineiramente a industrial,[98] geralmente com o consentimento explícito ou mesmo o estímulo ativo do Estado (incluindo oferta de recompensas para a obtenção de determinadas tecnologias). Landes (1969), Harris (1991) e Bruland (1991), entre outros, documentam um longo rol de ocorrências de espionagem industrial na Grã-Bretanha empreendida por países como França, Rússia, Suécia, Noruega, Dinamarca, Holanda e Bélgica. Muitos governos também organizaram ou financiaram o recrutamento de trabalhadores britânicos e de outros países avançados. A investida da França, com a ajuda de John Law (ver seção 2.2.4), e da Prússia, no reinado de Frederico, o Grande (ver seção 2.2.3), são apenas os exemplos mais conhecidos.

A despeito de todos esses esforços legítimos ou ilegítimos, o *catching-up* tecnológico não foi fácil. Como demonstra a literatura recente sobre transferência de tecnologia, esta contém

---

98 Por exemplo, na década de 1750, um ex-acabador têxtil de Manchester e ex-funcionário jacobita foi nomeado inspetor-geral de manufaturas estrangeiras do governo francês. Embora orientasse os produtores franceses na solução de problemas tecnológicos, a sua principal atividade, que o título eufemístico de seu cargo encobria, era a de espionagem industrial e suborno de operários especializados britânicos (Harris, 1998, p.21).

uma série de conhecimentos tácitos que não são facilmente transferíveis. Esse problema não foi resolvido nem mesmo com a importação de mão de obra especializada numa época em que ela incorporava a maior parte das tecnologias-chave. Essa gente enfrentava obstáculos idiomáticos e culturais e, mais importante ainda, não tinha acesso à mesma infraestrutura de seus países. Segundo a documentação de Landes (1969), as nações da Europa Continental levaram décadas para assimilar as tecnologias britânicas, mesmo recorrendo à importação de trabalhadores especializados e, às vezes, de uma ou outra máquina-chave.

Tal como no caso dos atuais países em desenvolvimento, a transferência de tecnologia, portanto, era mais efetiva quando contava com o apoio de políticas voltadas para o aumento daquilo que a moderna economia da tecnologia denomina "capacidade tecnológica".[99] Como já mencionei diversas vezes na seção precedente, muitos governos criaram instituições de ensino (por exemplo, as escolas técnicas) e de pesquisa (por exemplo, as muitas academias de ciências desvinculadas do ensino). Também indiquei que providenciaram a divulgação das tecnologias de ponta por meio de museus, da organização de exposições internacionais, da doação de máquinas novas a empresas privadas e da fundação de "fábricas-modelo" que usavam tecnologia de ponta. Recorreram amplamente ao incentivo financeiro para que as empresas empregassem tecnologia avançada, especialmente mediante a redução ou a isenção do imposto de importação de equipamento industrial.[100] É interessante notar que, até recentemente, a redução ou a isenção das tarifas de importação de certos bens de capital (que, curiosamente, coexistiam com restrições

---

99 Sobre a questão da capacidade tecnológica dos países em desenvolvimento, ver Fransman & King (1984); Lall (1992); Lall & Teubal (1998).

100 Para mais detalhes, ver Landes (1969, p.150-1).

à importação de outros) foram um dos instrumentos-chave da política industrial dos países do Leste Asiático.

Na metade do século XIX, as tecnologias-chave tinham se tornado tão complexas que a importação de mão de obra qualificada e de maquinário já não bastava para se chegar ao domínio de uma tecnologia. Refletindo isso, a proibição britânica da emigração de trabalhadores especializados e da exportação de máquinas também já fora abolida. Desde então, a transferência ativa, pelo proprietário do conhecimento tecnológico, mediante o licenciamento das patentes, passou a ser um importante canal de transferência de tecnologia em algumas indústrias. Isso conferiu às políticas e instituições voltadas para a proteção dos direitos de propriedade intelectual (daqui por diante DPI) uma importância muito maior do que anteriormente. O que enfim culminou com a emergência de um regime internacional de DPI, a partir da Convenção de Paris sobre patentes, de 1883, e da Convenção de Berna de 1886, sobre *copyright*, sob a pressão dos países tecnologicamente mais adiantados, principalmente dos Estados Unidos e da França.

Entre 1790 e 1850, a maioria dos PADs criaram suas leis de patente (mais detalhes na seção 3.2.3 B do Capítulo 3). Não obstante, essa legislação inicial era altamente deficiente em comparação com os padrões modernos, reivindicados até mesmo pelos países em desenvolvimento, a partir do acordo Trips (Direitos de Propriedade Intelectual Relacionados com o Comércio) da OMC.[101]

Considerando o nosso interesse principal neste capítulo, convém ressaltar que essas leis ofereciam uma proteção muito

---

101 Acerca da controvérsia em torno ao acordo Trips, ver Chang (2001a). É óbvio que o aspecto dessa legislação a ser considerado "deficiente" depende do ponto de vista de cada um. Por exemplo, há bons argumentos contra e a favor da patenteação dos produtos das indústrias química e farmacêutica.

deficiente aos DPI dos cidadãos estrangeiros.[102] Na maior parte dos países, inclusive na Grã-Bretanha (antes da reforma de 1852), na Holanda, na Áustria e na França, a patenteação de invenções importadas pelos cidadãos do país era explicitamente autorizada. Nos Estados Unidos, antes da reforma da Lei das Patentes, em 1836, concediam-se patentes sem a exigência de nenhuma prova de originalidade, o que facilitava o registro de tecnologias importadas. Como já mencionamos, só em 1907 a Suíça veio a instituir um sistema de patentes; a Holanda, por sua vez, adotou uma lei regulamentando a matéria em 1817, mas, tendo sido revogada em 1869, esta só foi restaurada em 1912.

O notável é que, apesar da instauração de um regime internacional de DPI nos últimos anos do século XIX, mesmo os países mais desenvolvidos seguiam violando rotineiramente o DPI dos cidadãos estrangeiros em pleno século XX. Como dissemos, a Suíça e a Holanda só instituíram leis de patente em 1907 e em 1912, respectivamente. Até mesmo os Estados Unidos, embora já vigorosos defensores da Lei das Patentes, só passaram a reconhecer *copyrights* estrangeiros a partir de 1891.[103] Tardiamente, nas últimas décadas do século XIX, quando a Alemanha estava prestes a superar a Grã-Bretanha tecnologicamente, os britânicos se preocupavam muito com a disseminação, entre os alemães, da prática de violar as marcas registradas (ver Landes, 1969, p.328).[104] Ao mesmo tempo, estes se queixavam da inexistência

---

102 Para mais detalhes, ver Williams (1896); Penrose (1951); Schiff (1971); McLeod (1988); Crafts (2000); Sokoloff & Khan (2000).

103 Só em 1988 os Estados Unidos aceitaram a íntegra da Convenção de Berna (1886), quando finalmente deixaram de exigir que os livros protegidos por *copyright* fossem impressos no país ou compostos com matrizes norte-americanas.

104 É interessante notar que, na época, os britânicos criticavam a Alemanha não só pelo uso da espionagem industrial e pela violação da lei das patentes, mas também por exportar bens produzidos por presidiários (recorde-se a recente disputa dos Estados Unidos com a China por esse mesmo motivo).

de uma lei das patentes na Suíça e do consequente roubo de propriedade intelectual alemã pelos cidadãos desse país, sobretudo na indústria química.

Posto que só em 1862 a Grã-Bretanha tenha adotado uma lei de proteção à marca registrada, Kindleberger (1978, p.216) observa que "desde a década de 1830, um grande número de fabricantes britânicos viu-se constantemente envolvido em litígios para proteger suas marcas". Em 1862, foi aprovada uma lei de marcas registradas (o Merchandise Mark Act), proibindo "o roubo comercial", como a forjicação de marcas e a rotulagem de quantidades falsas. Na reforma do Merchandise Mark Act de 1887, visando às violações da lei britânica de marca registrada por parte de estrangeiros, principalmente da Alemanha, o Parlamento britânico acrescentou especificamente a inclusão do lugar ou país de origem da manufatura como item obrigatório na "descrição do produto". Com essa alteração, a lei passou a proibir não só as descrições patentemente falsas, como também as enganosas – como a prática alemã de vender falsificações da cutelaria Sheffield com logotipos forjados. De acordo com essa lei, "[era] crime vender artigos produzidos no exterior que, na ausência de outra indicação do verdadeiro lugar de origem, contivesse uma palavra ou marca capaz de induzir o consumidor a acreditar que ele foi produzido na Inglaterra" (Williams, 1896, p.137). Segundo Kindleberger (1978, p.216), a lei também dispunha especificamente que "os bens importados e marcados com o nome de um comerciante inglês trouxessem a indicação ou o nome do país de origem".

Não obstante, as empresas alemãs tomaram várias medidas para burlar essa lei. Por exemplo, punham a identificação do país de origem nas caixas, não nos produtos individuais, de modo que, quando os comerciantes desembalavam a mercadoria, era impossível determinar sua procedência (expediente muito comum entre os de relógios e limas importados). Outro recurso era enviar alguns artigos desmontados para que fossem montados na

Inglaterra (método aparentemente comum no caso dos pianos e das bicicletas) ou colar o selo de identificação da origem em lugares praticamente invisíveis. Williams (1896, p.138) registra: "Uma empresa alemã que exporta uma grande quantidade de máquinas de costura para a Inglaterra, ostenta a etiqueta 'Singers' e 'North-British Sewing Machines' em lugares bem visíveis, mas estampa o 'Made in Germany' com letras minúsculas e por baixo do pedal. É preciso que meia dúzia de costureiras unam forças para virar a máquina de ponta-cabeça e ler a legenda: do contrário, ninguém lê".

2.4 Políticas de desenvolvimento industrial: alguns mitos e lições históricos

Neste capítulo, analiso a história das políticas industrial, comercial e tecnológica (ICT) de alguns PADs quando ainda se achavam em fase de desenvolvimento: Grã-Bretanha, Estados Unidos, Alemanha, França, Suécia, Bélgica, Holanda, Suíça, Japão, Coreia e Taiwan. O quadro que emerge dessa revisão histórica é fundamentalmente oposto ao apresentado pelos comentaristas neoliberais e também por muitos de seus críticos.

Nesta última seção, primeiramente sintetizo a minha revisão individual do papel das políticas ICT no desenvolvimento de alguns PADs-chave (seção 2.4.1). A seguir, traço um quadro geral com o perfil desses países e concluo que, embora virtualmente todos tenham tomado medidas de promoção da indústria nascente, houve muita diversidade entre eles no tocante à combinação exata de políticas (seção 2.4.2). Então comparo as políticas ICT dos PADs de épocas anteriores com as dos atuais países em desenvolvimento e concluo que, tomando em conta a defasagem de produtividade que eles devem superar, esses países são muito menos protecionistas do que foram os PADs no passado (seção 2.4.3).

2.4.1 Alguns mitos e fatos históricos acerca das políticas de outrora

A. *Quase todos os países bem-sucedidos valeram-se da proteção à indústria nascente e de outras políticas ICT ativistas quando eram economias em* catching-up

Minha discussão revela que quase todos PADs adotaram alguma forma de estratégia de fomento à indústria nascente quando se encontravam em fase de *catching-up*. Em muitos deles, a proteção tarifária foi um componente-chave dessa estratégia, embora não o único nem necessariamente o mais importante. Curiosamente, foram o Reino Unido e os Estados Unidos, os supostos berços da política livre-cambista, que mais agressivamente recorreram à proteção tarifária (ver seções B e C).

As aparentes exceções ao padrão histórico das nações analisadas são a Suíça, a Holanda e, em menor grau, a Bélgica, posto que, mesmo nesses casos, se façam necessárias algumas qualificações. A Suíça se beneficiou da proteção "natural" proporcionada pelas Guerras Napoleônicas num momento crítico de seu desenvolvimento industrial. O governo holandês, por um lado, lançou mão de políticas agressivas, nos séculos XVI e XVII, para estabelecer a supremacia naval e comercial e, por outro, criou agências de financiamento industrial e promoveu a indústria têxtil de algodão na década de 1830. Conquanto a Bélgica possa ter tido uma taxa tarifária média baixa no século XIX, o governo austríaco, que a governou durante quase todo o século XVIII, era muito mais protecionista, e certos setores foram rigorosamente protegidos até a metade do século XIX. Visto isso, ainda convém admitir que essas três economias, ou pelo menos a suíça e a holandesa, se desenvolveram com políticas ICT francamente liberais.

Pode-se dizer que tanto uma quanto a outra se abstiveram de adotar políticas comerciais protecionistas por causa da exiguidade de seus territórios e, por isso mesmo, dos custos relativamente elevados de proteção. Mas tal explicação não satisfaz. Primeiro porque a Suécia, país igualmente pequeno, recorreu à proteção à indústria nascente com bastante sucesso, entre o fim do século XIX e princípio do XX, quando estava tentando empreender o seu *catch-up* em consonância com os países mais desenvolvidos no que se refere à quantidade de indústrias pesadas. A razão mais plausível para a falta de proteção à indústria nascente nesses três pequenos países europeus é que, ao contrário da Suécia do início do século XIX, eles já eram muito avançados tecnologicamente. Conservaram-se bem próximos da fronteira tecnológica mundial no período de Revolução Industrial europeia, o que significa que simplesmente não tiveram necessidade de proteger a indústria nascente (para mais detalhes, ver seção 2.2.6).

É claro que a todos esses argumentos se pode contrapor que os PADs estavam aptos a se industrializar independentemente ou mesmo apesar das políticas ICT ativistas. Muitos fatos históricos são "sobredeterminados", no sentido de que têm por trás de si mais de uma explicação plausível; é inerentemente difícil provar que as políticas ICT ativistas, assim como qualquer outro fator particular, foram a chave do sucesso desses países.[105] Entretanto, parece-me uma coincidência notável que tantos países que se valeram dessas políticas, desde a Grã-Bretanha no século XVIII até a Coreia no XX, tenham se industrializado com sucesso, sobretudo quando se diz que elas são de tal modo nocivas, segundo a argumentação ortodoxa.

---

105 Kindleberger (1964, cap.15) apresenta uma discussão clássica sobre a matéria. De fato, já se recorreu a tudo para explicar o sucesso industrial, desde os tipos de jazidas de carvão, no caso da Europa Ocidental (Pomeranz, 2000), até as variantes da cultura confucionista, no caso do Japão (Morishima, 1982).

B. O mito da Grã-Bretanha como economia livre-cambista, do *laissez-faire*

Ao contrário do que diz o mito popular, a Grã-Bretanha foi uma usuária agressiva e, em certas áreas, pioneira das políticas ICT ativistas, voltadas para o fomento à indústria nascente, até o meado do século XIX, quando conquistou claramente a hegemonia industrial e aderiu ao livre-cambismo.

Tais políticas, embora de abrangência mais limitada, remontam ao século XIV (Eduardo III) e XV (Henrique VII) no tocante ao comércio da lã, a principal indústria da época. Entre a reforma da política comercial de Walpole, em 1721, e a revogação das Corn Laws, em 1846, o país implementou exatamente as políticas ICT que ficaram famosas por terem sido aplicadas pelos "Estados de política industrial" do Leste Asiático depois da Segunda Guerra Mundial, ou seja, pelo Japão, pela Coreia e por Taiwan. Muitas medidas frequentemente consideradas invenções leste-asiáticas – como os subsídios à exportação e a redução do imposto de importação de insumos para a exportação – foram amplamente adotadas pela Grã-Bretanha nesse período.

Além disso, convém ressaltar que mesmo a política britânica de livre-comércio foi parcialmente motivada pelo desejo de promover as indústrias. Muitos dos grandes advogados do livre--comércio, inclusive o seu líder, Richard Cobden, acreditavam que a importação livre de produtos agrícolas pela Grã-Bretanha desestimularia as manufaturas dos países rivais, que não teriam se desenvolvido sem a presença das Corn Laws inglesas.

C. Os Estados Unidos, "a mãe-pátria e o baluarte do protecionismo moderno"

Foram os Estados Unidos, e não a Alemanha, como muitos acreditam, que primeiro sistematizaram a lógica da promoção da indústria nascente, que a Grã-Bretanha usara com tanta eficácia para arquitetar sua ascensão industrial. Os primeiros argumentos sistematizados em prol da indústria nascente foram desenvolvidos por pensadores norte-americanos como Alexander Hamilton e Daniel Raymond, ao passo que Friedrich List, o suposto pai intelectual da proteção à indústria nascente, entrou em contato com ela quando esteve exilado nos Estados Unidos.

Durante mais de um século (1816-1945), o governo norte-americano pôs essa lógica em prática com mais diligência do que qualquer outro. Nesse período, o país teve uma das taxas tarifárias médias de importação de manufaturados mais elevadas do mundo. Dado que, pelo menos até a década de 1870, o país contou com um grau extremamente alto de proteção "natural", em razão dos elevados custos do transporte, não é insensato dizer que, durante o *catching-up* industrial, as fábricas norte-americanas foram as mais protegidas do mundo. O político independente e populista ultraconservador Pat Buchanan não deixa de ter uma parcela de razão quando afirma que o livre-comércio é "desamericano".

Sem dúvida, a indústria norte-americana não precisava necessariamente de toda a proteção tarifária de que dispôs, e muitas dessas tarifas duraram mais do que foram úteis. No entanto, também é claro que a economia do país não teria chegado onde se encontra hoje se não houvesse contado com uma forte proteção tarifária, pelo menos a certas indústrias-chave nascentes. Também se deve realçar o papel desempenhado pelo governo no desenvolvimento infraestrutural e no apoio à P&D, que prossegue até hoje.

D. O mito da França dirigista em oposição ao laissez-faire britânico

O Estado francês pré-revolucionário se envolveu ativamente com a promoção industrial. Todavia, grande parte dessa tradição

Chutando a escada

"colbertista" foi suprimida pela ideologia libertária da Revolução Francesa e pelo impasse político que se seguiu e que, nos 150 anos seguintes, produziu uma série de governos fracos e sem visão (quando não francamente retrógrados).

Assim, malgrado a imagem pública de país intrinsecamente *dirigista*, a França teve um regime de políticas em muitos aspectos mais *laissez-faire* do que a Grã-Bretanha e especialmente os Estados Unidos durante a maior parte do século XIX e a primeira metade do XX. Por exemplo, entre as décadas de 1820 e 1860, o grau de protecionismo francês era realmente inferior ao britânico.

O período de *laissez-faire*, na história da França, ficou intimamente associado à relativa estagnação industrial e tecnológica do país – fato, aliás, que prova indiretamente a validade do argumento da indústria nascente. Foi sobretudo por causa do sucesso industrial decorrente da estratégia decididamente intervencionista, observada depois da Segunda Guerra Mundial, que a França adquiriu a atual imagem de inerentemente intervencionista.

E. O uso limitado da proteção ao comércio na Alemanha

Embora seja frequentemente identificada como o berço da proteção à indústria nascente, a verdade é que a Alemanha nunca recorreu extensivamente à proteção tarifária. Até o fim do século XIX, teve um dos regimes comerciais mais liberais do mundo, posto que algumas indústrias pesadas estratégicas tenham se beneficiado de uma substancial proteção tarifária.

Sem embargo, isso não quer dizer que o Estado alemão tenha sido tão *laissez-faire* quanto francês na maior parte do século XIX e na primeira metade do XX. Como ilustra muito bem a experiência prussiana do século XVIII em diante, podia-se fomentar – e se fomentou – a indústria nascente por outros meios que não as tarifas, inclusive mediante investimentos do Estado, parcerias público-privadas e vários subsídios.

Conquanto o subsequente desenvolvimento do setor privado, em parte pelo sucesso de tais esforços, tenha tornado a intervenção estatal direta desnecessária e impopular, o Estado continuou desempenhando um importante papel "orientador". Foi particularmente o caso de algumas indústrias pesadas no fim do século XIX e no começo do XX (que contaram com uma forte proteção tarifária nesse período). Esse também foi o período em que o Estado alemão se antecipou na criação de instituições de bem-estar social a fim de esvaziar a agitação revolucionária e estabelecer a paz social (para mais detalhes, ver seção 3.2.6 A do Capítulo 3).

Embora não se possa dizer que o Estado alemão fosse tão partidário do *laissez-faire* quanto a França do século XIX e do início do XX, a intervenção estatal na Alemanha, principalmente na fase de *catching-up*, não foi, portanto, tão extensivo quanto se imagina, particularmente no tocante à proteção tarifária.

F. A Suécia nem sempre foi a "pequena economia aberta" que mais tarde veio a representar

Embora não exija uma revisão profunda, como os casos já discutidos, a experiência sueca também contém alguns mitos que precisam ser dissipados.

De modo geral, a proteção tarifária sueca no período de *catching-up* não foi extensiva, apesar do atraso econômico do país. Entretanto, o Estado sueco parece ter usado estrategicamente a proteção tarifária: para promover a indústria têxtil no início do século XIX e para dar apoio às indústrias mecânica e elétrica no fim do mesmo século. Aliás, é interessante notar que o regime de tarifas da indústria têxtil, aplicado no começo do século XIX, foi, na verdade, a estratégia clássica de promoção do Leste Asiático do fim do século XX (e também da Grã-Bretanha do século XVIII), que implicava tarifas elevadas para os produtos acabados e baixas para a matéria-prima importada.

Outro ponto digno de nota é que, desde o estágio inicial, a Suécia também desenvolveu formas interessantes de parceria público-privada no desenvolvimento da infraestrutura e de algumas indústrias-chave, principalmente a do ferro. Tal parceria é assombrosamente parecida com a observada no Leste Asiático do pós-guerra. Também é notável a ênfase dada à educação, à formação técnica e à pesquisa.

G. O ativismo do Estado na formação do Japão moderno foi limitado por restrições externas

Quando se abriu e tratou de empreender o desenvolvimento industrial moderno, o Japão não pôde lançar mão da proteção tarifária para fomentar as novas indústrias em razão dos acordos desiguais que tinha sido obrigado a firmar e que fixaram suas tarifas a índices inferiores a 5%. Era preciso encontrar outros meios de promover a indústria, de modo que o Estado japonês abriu fábricas-modelo nos setores-chave (as quais não tardaram a ser privatizadas por razões fiscais e de eficiência), subsidiou os segmentos importantes e investiu em infraestrutura e educação. Não obstante, dada a importância das tarifas como instrumento de promoção industrial (numa época em que ainda não se tinham inventado outras ferramentas políticas e/ou elas eram consideradas "demasiado radicais"), a falta de autonomia tarifária foi uma desvantagem considerável.

Só no início do século XX, com o fim dos acordos desiguais em 1911, o Japão teve condições de estabelecer uma estratégia mais abrangente de desenvolvimento industrial, que incluía a proteção tarifária como elemento decisivo. O desempenho muito superior do país no pós-guerra, com a criação de uma série impressionante de "inovações" nos instrumentos de políticas ICT, também mostra que a capacidade de usar uma gama mais ampla de ferramentas políticas pode tornar a intervenção estatal mais eficaz.

H. "A raposa transformada em guardiã do galinheiro": as políticas mudam com o desenvolvimento

Um aspecto importante, que surgiu de minha discussão neste capítulo, é o fato de os PADs terem mudado de postura, em suas políticas, de acordo com a posição relativa que passaram a ocupar na luta competitiva internacional. Em parte, isso significa "chutar a escada" deliberadamente, mas também parece decorrer da natural tendência humana a reinterpretar o passado pelo ponto de vista do presente.

Quando estavam em situação de *catching-up*, os PADs protegiam a indústria nascente, cooptavam mão de obra especializada e contrabandeavam máquinas dos países mais desenvolvidos, envolviam-se em espionagem industrial e violavam obstinadamente as patentes e marcas. Entretanto, mal ingressaram no clube dos mais desenvolvidos, puseram-se a advogar o livre-comércio e a proibir a circulação de trabalhadores qualificados e de tecnologia; também se tornaram grandes protetores das patentes e marcas registradas. Assim, parece que as raposas têm se transformado em guardiãs do galinheiro com perturbadora regularidade.

A Grã-Bretanha do século XIX irritou muitos países, principalmente a Alemanha e os Estados Unidos, que consideravam sua pregação das virtudes do livre-comércio uma hipocrisia, visto que, no século XVIII, a Inglaterra, mais do que qualquer outra nação, recorreu a medidas de proteção à indústria nascente. O mesmo sentimento se manifesta hoje, quando os representantes norte-americanos nas negociações comerciais se põem a pregar as virtudes do livre-comércio aos países em desenvolvimento, ou quando a indústria farmacêutica suíça defende com firmeza os direitos de propriedade intelectual.

2.4.2 "Não só tarifas": diversos modelos de promoção da indústria nascente

Como já ficou demonstrado, virtualmente todos os PADs bem-sucedidos valeram-se da proteção à indústria nascente no período de *catching-up*. É claro que isso não nos autoriza a concluir que tais políticas garantem automaticamente o sucesso econômico. Conhecemos muitos exemplos, colhidos tanto na história quanto na experiência contemporânea, que contradizem uma afirmação tão ingênua. Entretanto, há um padrão histórico extraordinariamente persistente, que se estende da Grã-Bretanha do século XVIII à Coreia do fim do século XX, pelo qual se chegou ao desenvolvimento econômico bem-sucedido por meio de medidas de proteção à indústria nascente. Esse padrão é forte demais para ser considerado obra do acaso. Portanto, os que pregam virtudes do livre-comércio e das políticas ICT do *laissez-faire* para os países atualmente em desenvolvimento precisam explicar por que acreditam que esse padrão histórico deixou de ser relevante (sobre isso, ver ainda o Capítulo 4).

Por importante que tenha sido para o desenvolvimento da maioria dos PADs, a proteção tarifária – repito – não foi de modo algum o único nem o mais importante instrumento político usado por esses países na promoção da indústria nascente. Havia muitos outros recursos, como os subsídios à exportação, a redução das tarifas dos insumos usados para a exportação, a concessão do direito de monopólio, os acordos para a cartelização, os créditos diretos, o planejamento de investimentos, o planejamento de recursos humanos, o apoio à P&D e a promoção de instituições que viabilizassem a parceria público-privada. As tarifas não eram e não são o único instrumento político de que o Estado dispõe para promover o desenvolvimento de novas indústrias ou o *upgrading* das antigas. Em alguns países, como a Alemanha até fim do século XIX ou o Japão anterior à restauração da autonomia tarifária, em 1911, a proteção tarifária não chegou a ser nem mesmo o instrumento político mais importante de promoção da indústria nascente.

Era deveras considerável o grau de diversidade, entre os PADs, no que se refere à mescla de políticas, dependendo dos objetivos e das situações que cada um deles enfrentava. Por exemplo, os Estados Unidos recorreram à proteção tarifária mais ativamente do que a Alemanha, mas o Estado alemão teve um papel muito mais extensivo e direto na promoção da indústria nascente. Outro exemplo é o da Suécia, que dependia muito mais de esquemas de atividades público-privadas conjuntas do que, digamos, a Grã-Bretanha.

De modo que, embora haja alguns padrões históricos notáveis nesses países, também há uma diversidade considerável na combinação exata dos instrumentos políticos empregados na promoção industrial. Isso, por sua vez, implica que não há um modelo de desenvolvimento industrial "tamanho único" – apenas amplos princípios orientadores e vários exemplos que servem de lição.

2.4.3 Comparação com os atuais países em desenvolvimento

As discussões sobre política comercial, entre os que veem com ceticismo as políticas ICT ativistas, raramente reconhecem a importância da proteção tarifária no desenvolvimento econômico dos PDAs.[106] Mesmo os poucos que a reconhecem procuram mini-

---

106 Little et al. (1970, p.162-9) e World Bank (1991, p.97-8) são as duas notáveis exceções.

mizar a relevância dessa evidência histórica, argumentando que os níveis de protecionismo encontrados nos PDAs dos primeiros tempos são substancialmente inferiores aos que prevalecem nos atuais países em desenvolvimento.

Little et al. (1970, p.163-4) argumentam que, "com exceção da Rússia, dos Estados Unidos, da Espanha e de Portugal, nada indica que os níveis tarifários do primeiro quartel do século XX, que na maioria dos países eram mais elevados que no século XIX, geralmente oferecessem graus de proteção muito superiores aos tipos de graus de promoção da indústria, que vimos no capítulo anterior, a ponto de ser justificáveis nos países em desenvolvimento de hoje [os quais se afirma que chegam, no máximo, a 20%, mesmo nos mais pobres, e virtualmente a zero na maioria dos países em desenvolvimento avançados]". De modo semelhante, o Banco Mundial alega que "embora os países industrializados tenham se beneficiado de mais proteção natural até que o custo do transporte declinasse, a tarifa média de doze nações industrializadas oscilou entre 11% e 32% de 1820 a 1980 ... Contrastando com isso, a tarifa média dos produtos manufaturados é de 34% nos países em desenvolvimento" (World Bank, 1991, p.97, box 5.2).[107]

Esse argumento parece bastante razoável, sobretudo se levarmos em consideração o fato de que as cifras das tarifas tendem a subestimar o grau de promoção da indústria nascente nos atuais países em desenvolvimento em comparação com o dos PADs de épocas passadas. Como indiquei no início do capítulo (seção 2.1), a limitada capacidade fiscal e a falta de poder regulador do Estado restringiram seriamente a extensão das outras políticas ICT que não a tarifária nos PADs dos primeiros tempos. Os governos dos países hoje em desenvolvimento ten-

---

107 Os doze países em questão são Alemanha, Áustria, Bélgica, Dinamarca, Espanha, Estados Unidos, França, Holanda, Itália, Reino Unido, Suécia e Suíça.

dem a aplicar uma gama mais ampla de instrumentos políticos na promoção da indústria nascente, se bem que alguns desses instrumentos foram banidos pela OMC (por exemplo, os subsídios à exportação, a não ser para os países mais pobres).[108]

Esse argumento, contudo, é altamente enganoso num aspecto de suma importância. O problema é que, hoje, a defasagem de produtividade entre os países em desenvolvimento e os desenvolvidos é muito maior do que a existente entre os PADs mais e menos desenvolvidos de outrora. Isso quer dizer que os atuais países em desenvolvimento precisam impor níveis tarifários muito mais elevados que os aplicados pelas nações industrializadas, no passado, se quiserem oferecer às suas indústrias o mesmo grau de proteção de que antigamente gozaram as indústrias dos PADs.[109] Em outros palavras, diante da defasagem muito maior hoje enfrentada pelos países em desenvolvimento, se quiserem obter os mesmos efeitos, eles têm de praticar tarifas muito mais elevadas do que as outrora praticadas pelos PADs.

Antes de demonstrar isso, devemos admitir que não é fácil mensurar as defasagens internacionais de produtividade. As cifras da renda *per capita* são óbvias, embora imprecisas, aproximações, mas vale a pena discutir se convém usar rendas orçadas em dólares correntes ou em termos de paridade de poder aquisitivo (PPA). A renda calculada em dólares correntes reflete melhor a defasagem de produtividade no setor comercializável, o que é mais relevante na determinação do nível das tarifas. Mas está sujeita às excentricidades das flutuações cambiais, que podem

---

108 Para uma avaliação das restrições adicionais impostas pelo acordo da OMC à opção política dos países em desenvolvimento, ver Akyuz et al. (1998); Amsden (2000); Chang & Cheema (2002).

109 Note-se que, até a Segunda Guerra Mundial, virtualmente nenhum dos atuais países em desenvolvimento tinha autonomia de política comercial, em razão de seu *status* colonial ou de tratados desiguais. De modo que não tem sentido discuti-los no mesmo nível dos países em desenvolvimento de hoje. Para outros detalhes, ver seção 2.3.2.

não ter nada a ver com os diferenciais de produtividade. As cifras da renda em termos de PPA refletem melhor a produtividade geral do país, mas geralmente tendem a subestimar – e muito – os diferenciais de produtividade no setor comercializável. No que se segue, adotei cifras de renda em termos de PPA, em parte, porque oferecem uma melhor avaliação da produtividade geral de uma economia e, em parte, porque são adotadas pela melhor estimativa histórica da renda dos PDAs disponível, a de Maddison (1995).

De acordo com a estimativa de Maddison, no século XIX, a proporção da renda *per capita*, em termos de PPA, entre os PADs mais pobres (digamos, o Japão e a Finlândia) e os mais ricos (por exemplo, a Holanda e o Reino Unido) era aproximadamente de 2 ou 4 para 1.[110] Em parte alguma era tão grande quanto a atual defasagem entre os países em desenvolvimento e os desenvolvidos. Dados recentes da *website* do Banco Mundial mostram que, em 1999, a diferença da renda *per capita*, em termos de PPA, entre os países mais desenvolvidos (por exemplo, Suíça, Japão, Estados Unidos) e os menos desenvolvidos (por exemplo, Etiópia, Maláui, Tanzânia) está próxima de 50 ou 60 para 1.[111]

---

110 Por exemplo, a renda *per capita* do Japão e da Finlândia em 1820, calculada em dólares de 1990, era de US$704 e US$759 respectivamente, ao passo que a do Reino Unido e a da Holanda equivaliam a US$1.756 e US$1.561 respectivamente: uma razão de menos que 2,5 para um. Em 1913, a defasagem entre o Japão (US$1.334) ou Portugal (US$1.354) e o Reino Unido (US$5,032) ou os Estados Unidos (US$5,505) elevava-se a uma razão de cerca de quatro para um. Para mais detalhes da estimativa da renda histórica de Maddison, ver a Tabela 3.7 no Capítulo 3 do presente volume.

111 Em termos de paridade de poder aquisitivo (em dólares de 1990), a renda *per capita* dos Estados Unidos, da Suíça e do Japão era de US$31.910, US$28.760 e US$25.170 respectivamente, ao passo que a da Tanzânia e a do Maláui era de US$500 e US$570 respectivamente. Em termos de dólares correntes, a defasagem na região é de 100 ou 400 para um. Em dólares correntes, a renda *per capita* era de US$38.380 na Suíça, de US$32.030 no Japão e de US$31.910 nos Estados Unidos, mas não passava de US$100 na Etiópia, US$180 no Maláui e US$260 na Tanzânia.

Os países em desenvolvimento de nível médio, como a Nicarágua (US\$2.060), a Índia (US\$2.230) e o Zimbábue (US\$2.690) têm de lutar com uma defasagem de produtividade na casa dos 10 ou 15 para 1. Mesmo nos países em desenvolvimento bastante avançados, como o Brasil (US\$6.840) ou a Colômbia (US\$5.580), a defasagem de produtividade com as principais nações industrializadas é de cerca de 5 para 1.

No final do século XIX, quando os Estados Unidos ofereciam uma proteção tarifária média de mais de 40% à indústria nacional, sua renda *per capita*, em termos de PPA, já correspondia a cerca de ¾ da britânica (US\$2.599 *versus* US\$3.511 em 1875) (Maddison, 1995). E isso numa época em que a "proteção natural" da distância, que foi particularmente importante para o país, era muito maior do que hoje, conforme demonstram os números do Banco Mundial citados (World Bank, 1991; cf. também Maddison, 1995). Em comparação, a tarifa média ponderada pelo comércio exterior (*trade-weighted*) de 71%, praticada pela Índia até pouco antes do acordo da OMC – apesar do fato de sua renda *per capita*, em termos de PDC, corresponder aproximadamente a apenas 1/15 da norte-americana –, torna o país um verdadeiro campeão do livre-comércio. Acatando o acordo da OMC, a Índia reduziu para 32% a média de suas tarifas *trade-weighted*, nível abaixo do qual o índice tarifário médio dos Estados Unidos jamais chegou entre o fim da Guerra de Secessão e a Segunda Guerra Mundial.

Tomando um exemplo menos extremo, em 1875, a média tarifária da Dinamarca girava em torno de 15%-20%, sendo a sua renda *per capita* ligeiramente inferior a 60% da britânica (US\$2.031 *versus* US\$3.511). Depois de firmar o acordo da OMC, o Brasil baixou sua tarifa *trade-eighted* média de 41% para 27%, nível não muito acima do dinamarquês, mas a sua renda *per capita*, em termos de PDC, mal chega a 20% da dos Estados Unidos (US\$6.840 *versus* US\$31.910).[112]

---

112 Ver Maddison (1995) e página do Banco Mundial (World Bank) na internet.

Diante da defasagem de produtividade, os níveis de proteção relativamente elevados, que prevaleceram nos países em desenvolvimento até a década de 1980, nada têm de excessivos a julgar pelos padrões históricos dos PDAs. E com os níveis substancialmente inferiores que passaram a prevalecer depois de duas décadas de extensiva liberalização do comércio nesses países, pode-se ainda dizer que os atuais países em desenvolvimento são, deveras, menos protecionistas do que eram os PDAs.

3
Instituições e desenvolvimento econômico: a "boa governança" na perspectiva histórica

3.1 Introdução

Recentemente, a promoção do desenvolvimento institucional em nome da "boa governança" ocupou o centro dos debates sobre políticas de desenvolvimento. Faz mais ou menos dez anos que o *establishment* internacional da política de desenvolvimento (doravante EIPD) foi obrigado a reconhecer as limitações da ênfase anteriormente dada ao "chegar ao preço certo" por meio de "boas políticas". Teve de aceitar a importância da estrutura institucional que sustenta o sistema de preços.[1] Sobretudo depois da crise asiática, geralmente interpretada como consequência de uma estrutura institucional deficiente, o EIPD transferiu a ênfase para o "chegar às instituiçoes certas" e aderiu ao que Kapur & Webb (2000) denominam condicionalidades "ligadas à governança".

---

1 World Bank (2002) é o exemplo mais recente.

Hoje, estão na ofensiva os que acreditam que todos os países devem adotar um conjunto de "instituições boas" (coisa que, infelizmente, quase sempre significa copiar as norte-americanas), outorgando-se aos países pobres um prazo mínimo de transição (cinco-dez anos): os melhores exemplos são os diversos acordos na OMC. Para apoiar esse tipo de argumentação, vem se avolumando rapidamente uma literatura – produzida principalmente pelo Banco Mundial e seus associados – empenhada em estabelecer uma correlação estatística, com a suposta causalidade que vai do anterior ao posterior.[2]

Exatamente quais instituições hão de entrar no pacote da "boa governança" é coisa que varia de uma recomendação para outra, mesmo porque ainda não se conseguiu entender a relação entre determinadas instituições e o desenvolvimento econômico. Em todo caso, esse pacote de "instituições boas" geralmente inclui a democracia, uma burocracia e um Judiciário limpos e eficientes; a forte proteção ao direito de propriedade (privada), inclusive de propriedade intelectual; boas instituições de governança empresarial, sobretudo as exigências de divulgação de informação e a Lei de Falência; e instituições financeiras bem desenvolvidas. Menos frequentemente mencionados, mas nem por isso menos importantes, são um bom sistema financeiro público e boas instituições previdenciárias e trabalhistas capazes de oferecer "redes de amparo" e proteger os direitos do trabalhador (Kaufman et al., 1999; Aron, 2000; La Porta et al., 1999; Rodrick, 1999.).

Os críticos argumentam que, embora as instituições financeiras internacionais (IFIs) não tenham autoridade para intervir na

---

2 Para a revisão desses estudos, ver Aron (2000). As variáveis institucionais são sempre representadas por inúmeros "índices" auferidos por empresas de consultoria e instituições de pesquisa baseadas em dados levantados entre especialistas ou empresários (para uma discussão detalhada sobre esses indicadores, ver Kaufmann et al., 1999).

maioria dessas questões de "governança" (Kapur & Webb 2000), as instituições dos países desenvolvidos podem ser excessivamente exigentes com os países em desenvolvimento em virtude de suas demandas financeiras e de recursos humanos. Certos críticos também argumentam que muitas dessas instituições podem colidir com as normas sociais e os valores culturais de algumas nações. Muitos enfatizam a dificuldade do transplante institucional e desaconselham a tentativa de impor um padrão institucional comum a países com situações diferentes.

Esses críticos têm muita razão, mas sem saber quais são as instituições necessárias e/ou viáveis em determinadas condições, eles correm o risco de simplesmente justificar o *status quo* institucional dos países em desenvolvimento, seja ele qual for. Nesse caso, qual é a alternativa?

Uma alternativa óbvia consiste em descobrir diretamente quais dessas instituições "da melhor prática" são adequadas a cada país em desenvolvimento em particular, transplantando-as e observando como se comportam. No entanto, como nos ensinam as falhas do ajuste estrutural em muitos países em desenvolvimento e a transição em muitas das antigas economias comunistas, isso nem sempre dá certo e pode ser muito custoso.

A outra opção seria os países em desenvolvimento aguardarem a evolução natural das instituições. Pode-se argumentar que a melhor maneira de obter instituições adequadas à situação local é deixar que elas evoluam naturalmente, como aconteceu nos países atualmente desenvolvidos (PADs) quando estavam em processo de desenvolvimento. Mas essa evolução espontânea pode demorar. Além disso, dada a natureza do processo evolucionário, ninguém garante que tal abordagem há de resultar nas melhores instituições possíveis, mesmo quando vistas na perspectiva específica das necessidades nacionais.

Pois bem, isso aponta para a terceira rota alternativa – a minha preferida –, que consiste em aprender com a história. Assim como, no capítulo anterior, analisamos a questão das "políticas boas" a partir de uma perspectiva histórica, podemos e devemos tirar lições do estado histórico – em oposição ao atual – dos PADs na área de desenvolvimento institucional. Desse modo, os países em desenvolvimento podem aprender com as experiências daqueles sem ter de pagar o custo do desenvolvimento de instituições novas (uma das poucas vantagens de ser "retardatário"). Isso é importante porque, uma vez consolidadas, as instituições podem ser mais difíceis de mudar do que as políticas. Também ajudará os doadores empenhados em estimular a adoção de determinadas instituições pelos receptores da sua ajuda financeira a decidir se o argumento "ainda não estamos preparados", apresentado por alguns governos dos países receptores, é sensato ou não.

Como observei no Capítulo 1, apesar da óbvia relevância da abordagem histórica na compreensão dos problemas do desenvolvimento na nossa época, pouquíssimas obras a têm adotado. Tal aberração é ainda mais grave na área do desenvolvimento institucional.[3] O presente capítulo é uma tentativa de preencher essa importante lacuna.

Na seção 3.2, examino como as várias instituições comumente encaradas como componentes essenciais da estrutura da "boa governança" evoluíram nos PADs quando estes eram países em desenvolvimento, principalmente entre o começo do século XIX e o do XX. Investigo seis amplas áreas – a democracia (seção 3.2.1), a burocracia e o Judiciário (seção 3.2.2), os direitos de propriedade (seção 3.2.3), a governança empresarial (seção 3.2.4), as instituições financeiras privadas e públicas (seção 3.2.5) e as instituições previdenciárias e trabalhistas (seção 3.2.6).

Na seção 3.3, discuto como os desenvolvimentos institucionais alcançados pelos PADs no passado se comparam com as

---

3 Crafts (2000) é uma exceção notável, embora só trate da experiência do Reino Unido e se concentre nas instituições de governança financeira e empresarial.

dos atuais países em desenvolvimento em níveis semelhantes de desenvolvimento. A primeira subseção (3.3.2) mostra os PADs no processo de evolução institucional em épocas anteriores, oferecendo três "instantâneos" (1820, 1875 e 1913). A seção 3.3.2 discute como foi "longo e sinuoso" o processo de desenvolvimento institucional nos PADs. A seção 3.3.3 compara esse nível de progresso no passado com o dos países em desenvolvimento de hoje e mostra que, em estágios comparáveis, estes na verdade têm níveis muito superiores de desenvolvimento institucional aos alcançados pelos PADs.

3.2 A história do desenvolvimento institucional nos países desenvolvidos

3.2.1 A democracia

Há uma polêmica particularmente acalorada sobre a relação entre democracia e desenvolvimento econômico.[4] No início do período do pós-guerra, era comum alegar que os países em desenvolvimento não podiam se dar ao luxo de sustentar as "caríssimas" instituições democráticas. Hoje, a visão predominante no EIPD é que a democracia ajuda o desenvolvimento econômico e, portanto, deve ser promovida como um requisito indispensável.[5] No entanto, outros assinalam que a democracia é mais um

---

4 Bardhan (1993) é uma revisão concisa; Rueschmeyer et al. (1992) oferecem uma revisão abrangente; ver também Przeworski & Limongi (1993).

5 Mesmo Rodrik (1999b), que é conhecido por expor a fraqueza intelectual do EIPD, concorda com essa ortodoxia e chega até a argumentar que, sendo a "meta-instituição" que ajuda a edificar instituições melhores, a democracia é a única "condicionalidade institucional" adequada que as IFIs podem vincular à sua assistência financeira.

resultado que uma precondição do desenvolvimento e tampouco é uma variável que se possa manipular, achemos ou não que ela contribui para o desenvolvimento.

Aqui não se faz nenhuma tentativa de resolver essa difícil e prolongada polêmica. Mas, nesse aspecto, a experiência histórica dos países desenvolvidos conta-nos uma coisa interessante, capaz de levar o leitor a pensar duas vezes antes de acatar a ortodoxia corrente, segundo a qual a democracia é uma condição prévia do desenvolvimento.

Quando foi instituído nos PADs, o sufrágio ficou restrito a uma pequeníssima minoria de proprietários do sexo masculino (geralmente maiores de trinta anos), muitas vezes com um número desigual de votos, conforme uma escala baseada no patrimônio, no nível de instrução ou na idade.

Por exemplo, na França, entre 1815 e 1830, só podiam votar os homens com mais de trinta anos que pagassem pelo menos trezentos francos em impostos diretos, o que significava que apenas oitenta-cem mil pessoas (isto é, 0,25%-0,3% de uma população de 32 milhões) iam às urnas. Entre 1830 e 1848, relaxaram-se um pouco as exigências para o direito eleitoral, porém não mais do que 0,6% do povo francês votava (Kent, 1939). Na Inglaterra anterior ao Reform Act de 1832, que foi o divisor de águas na extensão do sufrágio no país, os observadores contemporâneos eram unânimes em dizer que os latifundiários decidiam em 39 de quarenta eleições distritais por causa da influência que tinham sobre os arrendatários, do suborno e da patronagem (Daunton, 1995, p.477-8). Mesmo depois dessa lei, o sufrágio se ampliou apenas de 14% para 18% dos homens, em parte porque muitos artesãos e operários sem ou com pequena propriedade foram eliminados em consequência da lei que estabeleceu um vínculo mais estreito entre patrimônio e direito de voto. Na Itália, mesmo depois de 1832, quando se reduziu a idade do eleitor para 21 anos, assim como os impostos a serem pagos, não mais que dois milhões de homens (o equivalente a 7% da população) estavam habilitados para votar, graças à exigência mais branda, porém ainda em vigor, de ser contribuinte e alfabetizado (Clark, 1996, p.64).

Não foi senão em 1848, o ano em que a França instituiu o sufrágio universal masculino, que começaram a aparecer formas ainda muito limitadas de democracia nos PADs. Como mostra a Tabela 3.1, a maior parte desses países introduziu o sufrágio universal masculino entre a metade do século XIX e as duas primeiras décadas do XX. No entanto, mesmo esse processo não ficou isento de recuos. Por exemplo, no fim do século XIX, quando a vitória eleitoral do Partido Social-Democrata se tornou uma possibilidade, pelo menos nas eleições locais, a Saxônia não hesitou em abandonar o sufrágio universal masculino, anteriormente adotado, e passar para o sistema eleitoral de três classes, ao estilo prussiano (que a própria Prússia utilizou de 1849 a 1918) (Ritter, 1990; Kreuzer, 1996).

Nesse sistema, cada uma das três classes (distribuídas segundo a renda) elegia o mesmo número de representantes no Parlamento, o que significava que as duas superiores (que correspondiam, respectivamente, a 3%-5% e a 10%-15% da população) sempre venciam a mais pobre nas urnas. Em 1909, a Saxônia se afastou ainda mais da democracia ao atribuir de um a quatro votos aos eleitores com mais renda e *status*. Por exemplo, os grandes proprietários tinham três votos adicionais; as pessoas instruídas e maiores de cinquenta anos também eram beneficiadas com votos extras.

Nos Estados Unidos, a partir de 1870, permitiu-se que os homens negros votassem, já que a Quinta Emenda à Constituição proibiu os Estados de negarem esse direito a quem quer que fosse "por conta da raça, da cor ou da anterior condição servil". Posteriormente, no entanto, os Estados do Sul voltaram a retirar-lhes o direito de voto entre 1890 (Mississipi) e 1908 (Geórgia). Não podendo tomar medidas abertamente racistas, adotaram métodos como os impostos eleitorais e as exigências

Tabela 3.1 – Instituição da democracia nos PADs

País	Sufrágio universal masculino	Sufrágio universal
Alemanha	1849[2]	1946
Austrália	1903[1]	1962
Áustria	1907	1918
Bélgica	1919	1948
Canadá	1920[2]	1970
Dinamarca	1849	1915
Espanha	n. d.	1977 (1931)**
Estados Unidos	1965 (1870)*	1965
Finlândia	1919[3]	1944
França	1848	1946
Holanda	1917	1919
Itália	1919[4]	1946
Japão	1925	1952
Noruega	1898	1913
Nova Zelândia	1889	1907
Portugal	n. d.	1970
Reino Unido	1918[5]	1928
Suécia	1918	1918
Suíça	1879	1971

Fonte: Therborn (1977) e Silbey (1995), sobre os indicadores de democracia. Informações adicionais de Foner (1998) acerca dos Estados Unidos e de Carr (1980) sobre a Espanha. Para mais detalhes quanto à instituição do sufrágio universal, ver a Tabela 3.2.

[1] Com restrições raciais.
[2] Com restrições quanto à propriedade.
[3] Com a exclusão dos comunistas.
[4] Com restrições.
[5] Todos os homens e mulheres maiores de trinta anos.
* Instituído em 1870, o sufrágio universal masculino recuou, em 1890 e em 1908, com a exclusão dos negros nos Estados sulistas. Só foi restaurado em 1965. Para mais detalhes, ver o texto.
** Introduzido em 1931, o sufrágio universal foi anulado com o golpe militar do general Franco em 1936. Só foi restaurado em 1977, após a morte de Franco em 1975. Ver outros detalhes no texto.

de propriedade (que também prejudicavam alguns brancos pobres), assim como os testes de alfabetismo (aplicados com extrema indulgência aos brancos). Com isso, não mais do que um punhado de negros podia votar nos Estados sulistas. Por exemplo, na Louisiana, contaram-se 130 mil votos negros nas eleições de 1896, mas, em 1900, esse número não ultrapassou os cinco mil (Garraty & Carnes, 2000, p.445, 473; Foner, 1998, p.154; Kruman, 1991, p.1045). Ademais, a ameaça de violência impedia grande parte dos poucos eleitores qualificados negros de se inscreverem e, dos que se inscreviam, de votar. Esse estado de coisas durou até o Voting Rights Act de 1965, sancionado depois do Movimento pelos Direitos Civis.

Na Espanha, em 1931, quando a instituição do sufrágio universal resultou numa série de governos republicanos de esquerda ou centro-esquerda, as forças conservadoras reagiram com um golpe militar em 1936, suprimindo a democracia até o fim da ditadura de Franco, em 1977 (Linz, 1995; Carr, 1980).

Posto que a maioria dos PADs tivesse adotado o sufrágio universal masculino quando do fim da Primeira Guerra Mundial, dificilmente se poderia chamar esses países de democracias no sentido puramente formal da palavra, pois as mulheres e as minorias étnicas estavam excluídas. Não foi senão em 1946 que a maior parte dos dezenove PADs, que figuram na Tabela 3.1, chegaram ao sufrágio universal.

A Austrália e a Nova Zelândia foram os primeiros países a dar o direito de voto à mulher (respectivamente em 1903 e 1907), se bem que só em 1962 a Austrália o estendeu aos não brancos. A Noruega concedeu-o às mulheres contribuintes ou casadas com contribuintes em 1907, conquanto o sufrágio universal só tenha sido instituído em 1913 (Nerbørvik, 1986, p.125). Nos Estados Unidos, as mulheres só puderam votar em 1920; e no Reino Unido, em 1928. Em muitos outros países (por exemplo, Alemanha, Itália, Finlândia, França e Bélgica), só se outorgou o direito eleitoral às mulheres depois da Segunda Guerra Mundial. No caso da Suíça, o voto feminino só foi permitido quase cem anos depois da instituição do sufrágio universal (1971 e 1879).

Algumas nações também criaram restrições quanto ao credo político: a Finlândia proibiu os comunistas de votar até 1944. Em países com significativos grupos minoritários não brancos, como a Austrália, as restrições eram raciais. No caso dos Estados Unidos, mesmo nos Estados nortistas, o sufrágio negro esteve continuamente limitado até a Guerra de Secessão. Por exemplo, em 1821, o Estado de Nova York cancelou a qualificação patrimonial dos eleitores brancos, mas elevou-a a $250 para os negros, "uma importância além do alcance de quase todos os negros residentes no Estado". Em 1860, os negros (homens, é claro) podiam votar nas mesmas condições que os brancos em apenas cinco Estados da Nova Inglaterra (Foner, 1998, p.74). Mesmo depois da Quinta Emenda (1870), vários obstáculos, tanto formais (por exemplo, a exigência de alfabetismo, de "caráter" e de propriedade) quanto informais (por exemplo, a ameaça da violência), mantiveram os negros longe das urnas.[6]

Mesmo quando os PADs estabeleceram a democracia formal, esta geralmente era de péssima qualidade, como no caso de muitos países em desenvolvimento da atualidade. Já mencionamos o problema da "qualidade" no tocante ao direito eleitoral conforme a raça, o gênero e o patrimônio. Mas isso não era tudo.

Em primeiro lugar, o voto secreto não chegou a ser comum antes do século XX. A Noruega, que já era relativamente avançada em relação a instituições democráticas,[7] só o intro-

---

6 Ver acima; cf. também Therborn (1977) e Silbey (1995).
7 Por exemplo, em 1814, cerca de 45% dos homens já podiam votar na Noruega (Nerbørvik, 1986, p.119). Compare-se com os dados (já citados) sobre o Reino Unido (18% em 1832). Ver Nerbørvik (1986, p.125) e Kreuzer (1996).

duziu em 1884. Na Prússia, os patrões puderam pressionar os empregados para que votassem de determinada maneira até a reforma eleitoral de 1919, uma vez que o voto não era secreto. A França só adotou o envelope e a cabine eleitorais em 1913 – várias décadas depois da instituição do sufrágio universal masculino (Kreuzer, 1996).

Segundo, também muito comuns eram a compra de votos e a fraude eleitoral. Por exemplo, o suborno, as ameaças e as promessas de emprego para os eleitores disseminaram-se nas eleições britânicas até o fim do século XIX. A primeira tentativa séria de controlar a corrupção eleitoral foi o Corruption Practice Act de 1853-1854. Essa lei definiu, pela primeira vez, atividades como o suborno, a "ameaça", a influência indevida e a intimidação, ao mesmo tempo em que estabelecia procedimentos para a contagem de votos e a fiscalização. Mas essas medidas foram inócuas (O'Leary, 1962, p.23-5). O Corrupt and Illegal Practices Act, aprovado em 1883, logrou reduzir significativamente a corrupção eleitoral, mas o problema persistiu até meados do século XX, sobretudo nas eleições locais (Searle, 1979-1980; Howe, 1979-1980). Nas décadas que se seguiram à instituição do sufrágio universal masculino nos Estados Unidos, houve numerosos casos de funcionários públicos usados em campanhas políticas (incluindo doações forçadas para o financiamento de campanhas eleitorais), assim como de fraude eleitoral e compra de votos.[8]

Com eleições tão caras, não era de admirar que os políticos eleitos fossem corruptos. No fim do século XIX, a corrupção legislativa no país, principalmente nas assembleias estaduais,

---

8   Isso também incluía a transformação de estrangeiros em cidadãos mediante o suborno, coisa que se fazia "com a mesma solenidade e com a mesma celeridade com que um frigorífico de Cincinnati transforma um porco em carne de porco", segundo o jornal *New York Tribune,* em 1868 (Cochran & Miller, 1942, p.159). Ver também Cochran & Miller (1942, p.158-9) e Benson (1978).

agravou-se de tal modo que o futuro presidente da República Theodore Roosevelt chegou a lamentar que os parlamentares de Nova York, que praticavam abertamente a venda de votos aos grupos lobistas, "têm da vida pública e do serviço civil a mesma ideia que tem um urubu de um carneiro morto" (Garraty & Carnes, 2000, p.472).[9] A essa luz, o caminho da democracia, nos PADs, mostrou-se áspero e pedregoso. Foi à custa de décadas e décadas de campanhas políticas (por exemplo, pelo sufrágio feminino e o negro) e de reformas eleitorais que esses países adquiriram até mesmo os penduricalhos mais elementares da democracia – o sufrágio universal e o voto secreto –, e, mesmo assim, sua prática foi conspurcada pela fraude eleitoral, pela compra de votos e pela violência.

É interessante observar que, em comparação com os PADs em seus estágios iniciais, os atuais países em desenvolvimento parecem sair-se bem melhor nesse aspecto. Como mostra Tabela 3.2, nenhum PAD concedeu o sufrágio universal antes de ter chegado a um nível de renda *per capita* inferior a US$2.000 (em dólares internacionais de 1990), no entanto a maior parte da ampla seleção de países atualmente em desenvolvimento apresentada na Tabela 3.2 concedeu-o bem abaixo desse nível.

É claro que, tal como os PADs, muitos desses países tiveram recuos no processo democrático, principalmente por meio de golpes militares. Não obstante, é importante notar que, mesmo quando suprimiram totalmente as eleições, nenhum governo

---

9   Essa venda aberta de votos difundiu-se principalmente nas décadas de 1860 e 1870. O grupo de parlamentares corruptos dos dois partidos, chamado "Cavalaria do Cavalo Preto", cobrava US$1.000 por voto em projetos de lei que afetavam o setor ferroviário, e as atuações mais vigorosas chegavam a US$5.000 por voto. O grupo também inaugurou os "projetos bordoada", que, quando aprovados, muito prejudicavam grandes interesses ou empresas, e, então, exigia pagamento para derrubá-los. Em consequência, algumas empresas criaram organizações lobistas que compravam legislação, furtando-se à chantagem. Para mais detalhes, ver Benson (1978, p.59-60).

Chutando a escada

Tabela 3.2 – Renda *per capita* quando da instituição do sufrágio universal

PIB *per capita* (em dólares internacionais de 1990)	PADs (ano da instituição do sufrágio universal; PIB *per capita*)	Países em desenvolvimento (ano em que se adotou o sufrágio universal; PIB *per capita*)
<US$1.000		Bangladesh (1947; US$585)[1] Burma (1948; US$393)[2] Coreia do Sul (1948; US$777) Egito (1952; US$542) Etiópia (1955; US$295) Índia (1947; US$641) Indonésia (1945; US$514) Paquistão (1947; US$631)[1] Quênia (1963; US$713) Tanzânia (1962; US$506) Zaire (1967; US$707)
US$1000-US$1.999		Bulgária (1945; US$1.073) Gana (1957; US$1.159) Hungria (1945; US$1.721) México (1947; US$1.882) Nigéria (1979; US$1.189) Turquia (1946; US$1.129)
US$2.000-US$2.999	Áustria (1918; US$2.572) Alemanha (1946; US$2.503) Itália (1946; US$2.448) Japão (1952; US$2.227)[3] Noruega (1913; US$2.275) Suécia (1918; US$2.533)	Colômbia (1957; US$2.382) Filipinas (1981; US$2.526) Peru (1956; US$2.732)
US$3.000-3.999	Dinamarca (1915; US$3.635) Finlândia (1944; US$3.578) França (1946; US$3.819)	Taiwan (1972; US$3.313) Chile (1949; US$3.715)
US$4.000-4.999	Bélgica (1948; US$4.917) Holanda (1919; US$4.022)	Brasil (1977; US$4.613)
US$5.000-5.999	Austrália (1962; US$8.691) Nova Zelândia (1907; US$5.367)[4] Portugal (1970; US$5.885) Reino Unido (1928; US$5.115)	Argentina (1947; US$5.089) Venezuela (1947; US$6.894)
>$10.000	Canadá (1970; US$11.758)[5] Suíça (1971; US$17.142) EUA (1965; US$13.316)	

Fonte: Therborn (1977); *Elections* (1989); Maddison (1995).

[1] PIB *per capita* em 1948.

[2] PIB *per capita* em 1950.

[3] O sufrágio universal foi instituído em 1946 pela Constituição elaborada pelas forças de ocupação depois da Segunda Guerra Mundial, mas só entrou em vigor em 1952, com o fim da ocupação norte-americana.

[4] Quando obteve o *status* de nação autônoma.

[5] Ano em que o Election Act concedeu pleno direito de voto.

antidemocrático dos atuais países em desenvolvimento reintroduziu o direito eleitoral seletivo, com base em fatores como o patrimônio, o gênero ou a raça – fatores esses amplamente aceitos como critério legítimo de supressão de tal direito nos PADs dos primeiros tempos. Isso mostra que a ideia, quando não necessariamente a prática, do sufrágio universal é aceita muito mais amplamente nos países em desenvolvimento de hoje do que era nos PADs quando se encontravam em semelhantes estágios de desenvolvimento.

3.2.2 A burocracia e o Judiciário

A. A burocracia

Pouca gente, nem mesmo quem vê com restrições o ativismo do Estado, discordaria de que uma burocracia eficiente e limpa é decisiva para o desenvolvimento econômico.[10] Entretanto, hoje se discute muito a questão de como definir exatamente eficiência e limpeza e como elaborar um sistema de incentivos burocráticos para atingir essas características.

No século passado, a visão dominante era a adotada pelo economista-sociólogo alemão Max Weber. Para ele, a burocracia se baseia no recrutamento meritocrático; em planos de carreira a longo prazo, generalistas e fechados; e em coerência empresarial mantida por uma administração comprometida com as normas (Weber, 1968).[11] Mais recentemente, porém, a literatura da "Nova Administração Pública" (NAP) tem questionado a ortodoxia weberiana. Preconiza uma reforma burocrática baseada em planos de carreira mais a curto prazo, mais especializados e mais "abertos; incentivos monetários mais intensos; e um estilo

---

10 World Bank (1997, cap.5) sintetiza o presente debate sobre isso do ponto de vista do EIPD.

11 Quanto à discussão acerca dessa visão, ver também Evans (1995, cap.2).

de administração mais "empresarial" (ou impessoal), baseado num desempenho quantificável e transparente.[12]

Ainda que algumas mudanças advogadas pela NAP possam ser úteis para aprimorar essa burocracia fundamentalmente weberiana que já existe nos países desenvolvidos, a questão mais relevante, para a maioria dos países em desenvolvimento, é como fazer que a sua burocracia consiga chegar ao mais elementar dos "weberianismos".[13] Essa é uma tarefa que os PADs também tiveram de enfrentar na aurora do desenvolvimento.

Sabe-se muito bem que, até o século XVIII, a venda aberta de honras e cargos públicos – às vezes com preços amplamente anunciados – era uma prática comum nos PADs. Antes da vasta reforma burocrática prussiana de Frederico Guilherme I (1713-1740), conquanto não fossem formalmente vendidos, os cargos costumavam ser oferecidos aos que se dispunham a contribuir mais com o imposto habitualmente cobrado sobre o salário do primeiro ano de serviço.[14]

Em parte por serem ostensivamente comprados e vendidos, os cargos públicos eram formalmente encarados como propriedade privada em muitos desses países. Por isso mesmo, até a Terceira República (1873), foi dificílimo introduzir medidas disciplinares contra os burocratas da França. Na Inglaterra, antes da reforma empreendida no começo do século XIX, os ministérios eram estabelecimentos privados que não deviam nenhuma satisfação ao Parlamento, remuneravam o pessoal com honorários em vez de salários e conservavam cargos obsoletos como sinecuras (Finer, 1989). Associada à venda de cargos públicos estava a "terceirização" da coleta de impostos, muito disseminada

---

12 Para uma avaliação crítica da literatura da NAP, ver Hughes (1994) e Hood (1995, 1998).

13 Rauch & Evans (2000) apresentam provas estatísticas disso.

14 Ver Kindleberger (1984, p.160-1 – sobre a Inglaterra; p.168-9 – sobre a França) e Dorwart (1953, p.192 – sobre a Prússia).

na França pré-revolucionária, mas praticada também em outros países, inclusive na Grã-Bretanha e na Holanda (para mais detalhes, ver seção 3.2.5).

O sistema de favorecimento, que consistia em alocar os cargos públicos aos correligionários do partido no poder, tornou-se um componente-chave da política norte-americana desde o surgimento do sistema bipartidário, em 1828, com a eleição do presidente Jackson. Isso piorou muito nas décadas que precederam a Guerra de Secessão (Cochran & Miller, 1941, p.156-60; Garraty & Carnes, 2000, p.253-4; Finer, 1989). Houve um grande clamor pela reforma do serviço público, ao longo de todo o século XIX, para criar uma burocracia profissional e não partidária, mas não se verificou progresso algum até o Pendleton Act de 1883 (para mais detalhes sobre essa lei, ver a seguir) (Garraty & Carnes, 2000, p.472, 581-3). A Itália e a Espanha prosseguiram com o sistema de favorecimento durante todo o século XIX (Anderson & Anderson, 1978).

Ademais da venda de cargos públicos, havia um nepotismo generalizado. Conquanto seja obviamente difícil o acesso a dados históricos concretos sobre isso – e os dados de que dispomos devem ser interpretados com cautela –, Armstrong (1973) relata que uma parcela significativa dos administradores de elite, na França e na Alemanha, tinha pais que também eram altos funcionários, sugerindo um elevado grau de nepotismo. Por exemplo, entre os burocratas do topo da hierarquia da França pré-industrial (começo do século XIX), cerca de 23% eram filhos de administradores de elite. Na metade do século, época do início da industrialização do país, a proporção continuava próxima dos 21%. Na Prússia, os números correspondentes eram, respectivamente, 31% e 26%.[15] Feuchtwanger (1970, p.45) argumenta que, mesmo depois da extensiva reforma burocrática de Frederico Guilherme I

---

15 Naturalmente, isso não implica que o nepotismo fosse o motivo de *todas* essas nomeações.

(ver adiante), "o nepotismo continuou abundante, e muitos cargos eram virtualmente hereditários". Na Prússia, a concorrência da classe média baixa instruída foi eliminada com a alteração dos requisitos de admissão, de modo que, na década de 1860, "um processo de recrutamento cuidadosamente controlado produziu uma elite administrativa que incluía a aristocracia e elementos da classe média mais endinheirada (Armstrong, 1973, p.79-81).[16]

Com a venda de cargos, o sistema de favorecimento e o nepotismo, dificilmente há de surpreender que imperasse uma notória falta de profissionalismo na burocracia da maioria dos PADs, pelo menos até o fim do século XIX. Nos Estados Unidos, os jacksonianos tinham desprezo pelo conhecimento especializado e se opunham à profissionalização da burocracia, alegando que o maior número possível de cidadãos devia ter a possibilidade de participar do ato de governo. Mesmo depois do Pendleton Act de 1883, que criou a Comissão do Serviço Civil para administrar o recrutamento competitivo na burocracia federal, apenas cerca de 10% dos empregos públicos civis se submetiam ao recrutamento competitivo. Os burocratas italianos do fim do século XIX não tinham "garantias legais ou mesmo convencionais de estabilidade, licenças, pensão etc. e nenhum recurso na Justiça". Até o começo do século XX, as carreiras do serviço público, na Espanha, eram basicamente determinadas pelo que se conhecia como *padrinazgo* (apadrinhamento). Mesmo na Bélgica, que, no século XIX, era o país mais industrializado depois da Inglaterra, o serviço público civil não se profissionalizou cabalmente antes de 1933.[17]

---

16 O termo "aristocracia", no entanto, deve ser interpretado com certa cautela nesse contexto. Desde o tempo de Frederico Guilherme, o Grande Eleitor (1640-1688), era habitual, na Prússia, dar títulos de nobreza a plebeus que haviam subido muito no serviço real (Feuchtwanger, 1970, p.45-6).

17 Garraty & Carnes (2000, p.254, 538 – sobre os Estados Unidos); Clark (1996, p.55 – sobre a Itália); Palacio (1988, p.496 – sobre a Espanha); Baudhuin (1946, p.203-4 – sobre a Bélgica).

Foi à custa de um arrastadíssimo processo de reforma que as burocracias dos PADs conseguiram se modernizar. Nesse aspecto, o pioneiro foi a Prússia. A partir de 1713, ano de sua ascensão ao trono, Frederico Guilherme I implementou uma vasta reforma burocrática. As principais medidas foram: a centralização das autoridades dispersas em duas dúzias de entidades territoriais separadas (muitas delas nem mesmo fisicamente contíguas) e dos departamentos sobrepostos; a transformação do *status* dos burocratas de servidores privados da família real para servidores do Estado; o pagamento regular de salários adequados em dinheiro (não mais em gêneros como outrora); e a introdução de um rigoroso sistema de supervisão.[18] Graças a essas medidas e a outras tomadas por seu filho, Frederico, o Grande (1740-1786), no começo do século XIX, podia-se dizer que a Prússia havia instalado os elementos-chave de uma burocracia moderna (weberiana) – um concurso ou exame de admissão, uma organização hierárquica, sistemas de pensão, um procedimento disciplinar e segurança de estabilidade. Outros Estados alemães, como a Baviera, Baden e Hesse, também fizeram importantes progressos por esse caminho no começo do século XIX.[19]

Na Grã-Bretanha, as sinecuras foram eliminadas por meio de uma série de reformas entre 1780 e 1834. Na primeira metade do século XIX, a remuneração burocrática mudou de um sistema baseado em honorários para o salarial. Também foi só então que o *status* dos ministérios do governo deixou de ser o de estabelecimentos privados para transformar-se em ministérios no sentido moderno. Só a partir de 1860 o serviço público britânico se modernizou substancialmente (Hobsbawm, 1999,

---

18 Para mais detalhes, ver Dorwart (1953); Feuchtwanger (1970); Gothelf (2000).

19 Sobre as características da moderna burocracia "weberiana" no contexto dos atuais países em desenvolvimento, ver Rauch & Evans (2000); Anderson & Anderson (1978); Blackbourn (1997, p.76-7, 82-4).

p.209). Os Estados Unidos tiveram progressos importantes com a profissionalização da burocracia nas últimas duas décadas do século XIX, quando a proporção dos empregos públicos federais, sujeitos ao recrutamento competitivo, se elevou de 10% em 1883, quando foi sancionado o Pendleton Act, para quase 50% em 1897 (Benson, 1978, p.81, 85).

O Judiciário

O discurso contemporâneo sobre a "boa governança" dá muita ênfase a um Judiciário politicamente independente, incumbido de administrar o "império da lei".[20] Sem embargo, convém ter cautela ao abraçar essa retórica do "Judiciário independente".

Pode-se argumentar que um Judiciário com um alto grau de independência política (por exemplo, o alemão ou o japonês) não é necessariamente o mais desejável, à medida que lhe falta legitimidade democrática. É por isso que alguns países elegem parte de seus funcionários judiciais – os exemplos mais conhecidos são os Estados Unidos atuais e o Reino Unido do século XIX (ver Upham, 2000). Neste, também são incertos os limites entre o Judiciário e o Legislativo, uma vez que os juízes superiores têm vaga na Câmara dos Lordes; no entanto, pouca gente diria que isso chega a ser um grande problema.

Diante disso, é preciso compreender a qualidade do Judiciário não apenas no que se refere à independência política, e sim em algumas dimensões: o profissionalismo dos funcionários judiciais, a qualidade de seus julgamentos (não apenas do ponto de vista estreito do "império da lei", mas também a partir de um ponto de vista societário mais amplo) e o custo da administração do sistema.

---

20 Para uma crítica da retórica do "império da lei", ver Upham (2000) e Ohnesorge (2000).

Tal como seus equivalentes nos países em desenvolvimento da atualidade, o Judiciário de muitos PADs sofreu excessivamente a influência política e a corrupção nas nomeações (ou, quando aplicável, nas eleições) até o fim do século XIX ou mesmo depois. Também era frequente recrutar exclusivamente homens de extração social privilegiada, com pouco ou nenhum preparo em direito, disso resultando que a justiça era muitas vezes ministrada de modo tendencioso e nada profissional.

Na Inglaterra, nem mesmo as leis anticorrupção de 1853-1854 e de 1883 (ver acima) chegaram a afetar a eleição dos juízes de homicídio, sempre às voltas com a corrupção generalizada e as manobras político-partidárias. As eleições dos juízes de homicídio distritais foram abolidas em 1888, mas só em 1926 a sua qualificação profissional se tornou obrigatória (Glasgow, 1999).

No século XIX, a Alemanha progrediu enormemente rumo ao "império da lei" e, no fim do período, contava com um Judiciário em grande parte independente. Todavia, ainda faltava igualdade perante a lei, já que os crimes militares e da classe média eram levados ao tribunal com menos diligência e punidos com menos rigor. Esse problema de "justiça de classe" também acompanhou outros PADs da época – inclusive a Inglaterra, os Estados Unidos e a França (Blackbourn, 1997, p.384). Na Itália, pelo menos até o fim do século XIX, os juízes geralmente careciam de formação jurídica e "não podiam proteger a si próprios e muito menos aos outros dos abusos políticos" (Clark, 1996, p.54).

3.2.3 Os regimes de direito de propriedade

O discurso da "boa governança" considera decisiva a "qualidade" dos regimes de direito de propriedade, já que se acredita que ela é um determinante-chave do incentivo ao investimento e, portanto, à criação de riqueza. Contudo, não é fácil medir a "qualidade" de um regime de direito de propriedade, pois este apresenta numerosos componentes – Lei de Contrato, Lei de Empresa, Lei de Falência, Lei de Herança, Lei Tributária e leis de regulamentação do uso da terra (por exemplo, leis de zoneamento urbano, de padrões ambientais e as regulações de segurança contra incêndios), para mencionar apenas alguns.

Muitos estudos empíricos tratam de contornar esse "problema de agregação", pedindo aos entrevistados na pesquisa que atribuam um valor numérico à qualidade geral das instituições de direito de propriedade (por exemplo, "segurança de contrato e direito de propriedade" ou "cumprimento dos contratos e direito de propriedade").[21] Não obstante, nem mesmo essa "solução" altamente inadequada do problema está disponível para a comparação histórica que procuramos fazer neste capítulo.

Por esse motivo, ao contrário dos outros aspectos do desenvolvimento institucional aqui discutidos, que são mais "mensuráveis" (por exemplo, a democracia medida pela existência do sufrágio universal, o desenvolvimento das instituições financeiras medido, entre outras coisas, pela existência do banco central), é impossível oferecer uma comparação generalizada da qualidade dos regimes de direito de propriedade ao longo da história e em todos os países.

Um aspecto do sistema de direito de propriedade que se presta facilmente a esse tipo de análise é o dos direitos de propriedade intelectual, definidos por um reduzido número de leis claramente identificáveis (por exemplo, Lei de Patente, e em menor extensão, Lei de Direito Autoral ou *copyright* e Lei de Marca Registrada). Por isso, nesta seção, apresentamos uma análise empírica detalhada da evoluçao dos regimes de direitos de propriedade intelectual nos PADs. Mas antes se fazem necessários alguns comentários teóricos gerais sobre o papel do direitos de propriedade no desenvolvimento econômico (com algumas referências históricas).

---

21 Para alguns exemplos, ver Aron (2000, Tabela 1).

A. Alguns conceitos equivocados sobre direitos de propriedade e desenvolvimento econômico

No discurso ortodoxo atual, acredita-se amplamente que quanto mais forte for a proteção aos direitos de propriedade, tanto melhor para o desenvolvimento econômico, já que essa proteção estimula a criação de riqueza. Ainda que se possa argumentar que a incerteza permanente quanto à segurança de tais direitos é prejudicial ao investimento e ao crescimento a longo prazo, o papel dos direitos de propriedade no desenvolvimento econômico é muito mais complexo do que esse tipo de alegação dá a entender.

A segurança dos direitos de propriedade não pode ser encarada como algo bom em si. A história é pródiga em exemplos de preservação desses direitos que resultou nociva para o desenvolvimento econômico, assim como de violações dos direitos de propriedade existentes (com a criação de outros novos) que foram benéficas para o desenvolvimento econômico.

Provavelmente, o mais conhecido deles é o *enclosure* na Inglaterra, que mesmo desrespeitando o direito de propriedade comunitária vigente, ao cercar as terras comuns, contribuiu para o desenvolvimento da indústria da lã, pois promoveu a ovinocultura nos espaços confiscados. Para tomar outros exemplos, De Soto (2000) mostra que o reconhecimento do direito de posse, numa franca violação do direito dos proprietários existentes, foi decisivo para o desenvolvimento do Oeste norte-americano. Upham (2000) cita o famoso caso Sanderson, de 1868, quando a Suprema Corte da Pensilvânia anulou o direito vigente dos proprietários de terra de exigir o acesso à água limpa, favorecendo a indústria do carvão, que, na época, era uma das mais importantes do estado. Depois da Segunda Guerra Mundial, a reforma agrária no Japão, na Coreia e em Taiwan violou o direito de propriedade dos latifundiários, mas contribuiu para o subsequente desenvolvimento desses países. Muitos alegam que, no pós-guerra, a nacionalização de empresas industriais, em países como Áustria e França, contribuiu para o seu desenvolvimento industrial à medida que transferiu certas propriedades industriais de uma classe capitalista conservadora e indolente para administradores profissionais do setor público, com inclinação para a tecnologia moderna e os investimentos agressivos.

O que importa para o desenvolvimento econômico não é, portanto, a mera proteção de todos os direitos de propriedade em vigor, independentemente de sua natureza, e sim qual direito de propriedade está sendo protegido e em que condições. Havendo grupos capazes de utilizar melhor certas propriedades do que seus proprietários, é possível que convenha mais à sociedade não proteger o direito de propriedade vigente e criar outro, novo, que transfira o patrimônio àqueles grupos. Tendo isso em mente, façamos um exame mais detido das instituições de direito de propriedade intelectual.

B. O direito de propriedade intelectual

O primeiro sistema de patente foi inventado em Veneza, em 1474, concedendo dez anos de privilégio aos inventores de novas artes e máquinas. No século XVI, alguns Estados alemães, sobretudo a Saxônia, usaram as patentes, se bem que não sistematicamente. A Lei de Patente britânica foi criada em 1623, com o Statute of Monopolies, embora muitos pesquisadores argumentem que ele só mereceu o nome "Lei de Patente" depois de passar pela reforma de 1852 (cf. McLeod, 1988). A França adotou uma lei de patente em 1791; os Estados Unidos, em 1993; e a Áustria, em 1794.

Como mencionamos no Capítulo 2, a maior parte dos PADs instituiu leis de patente na primeira metade do século XIX: Rússia (1812), Prússia (1815), Bélgica e Holanda (1817), Espanha (1820), Baviera (1825), Sardenha (1826), Estado do Vaticano (1833), Suécia (1834), Wurttemberg (1836), Portugal (1837),

Saxônia (1843). O Japão instituiu a sua primeira Lei de Patente em 1885 (Penrose, 1951, p.13; Doi, 1980). Na segunda metade do mesmo século, esses países acrescentaram outros elementos aos regimes de direito de propriedade intelectual, como as leis de direito autoral (criadas na Grã-Bretanha em 1709) e de marca registrada (1862).

Convém observar aqui que esses primeiros regimes de direito de propriedade intelectual (DPI) eram muito "deficientes", a julgar pelos padrões atuais.[22] Em muitos países, os sistemas de patente careciam de exigências de *disclosure*, incorriam em custos elevadíssimos para fazer e processar os requerimentos de uso e davam proteção inadequada aos concessionários. A maioria das leis de patente era muito frouxa na verificação da originalidade da invenção. Nos Estados Unidos, por exemplo, até a reforma da lei em 1836, concediam-se patentes sem nenhuma prova de originalidade. Isso levou não só ao patenteamento de tecnologias importadas, como animou muitos escroques a tratar de "ganhar dinheiro" patenteando artefatos já em uso ("falsas patentes") e cobrando os usuários mediante a ameaça de processo.[23] Poucos países autorizavam patentes de substâncias químicas e farmacêuticas (ao contrário dos processos), muito embora essa prática tenha sido condenada pelo Trips (Acordo sobre Aspectos dos Direitos de Propriedade Intelectual Relacionados com o Comércio) da OMC, a não ser no

---

22 Ponho o termo "deficiente" entre aspas porque, pelo menos em parte, o que é deficiente depende do ponto de vista de cada um. Por exemplo, há quem acredite que não se devem patentear substâncias químicas e farmacêuticas, ao passo que outras acham isso desejável.

23 Segundo Cochran & Miller (1942, p.14), o fato de os Estados Unidos terem produzido 535 patentes por ano, entre 1820 e 1830, enquanto a Inglaterra não gerava mais do que 145, deveu-se principalmente a diferenças em "escrúpulos". Compare-se com a argumentação de Sokoloff & Khan (2000, p5), segundo a qual foi graças ao "bom" sistema de patenteamento que, em 1810, os Estados Unidos excederam muito a Inglaterra em patenteamento *per capita*.

Chutando a escada

caso dos países muito pobres (e, mesmo assim, estes só estarão isentos até 2006).[24]

Tais leis não ofereciam senão uma proteção muito inadequada, particularmente ao DPI estrangeiro, que agora, com o Trips, está se tornando um importante ponto de litígio (para mais detalhes, ver as referências citadas na seção 2.3.3). Como já indicado, na maior parte dos países, incluindo Grã-Bretanha (até 1852), Holanda, Áustria e França, o patenteamento de invenções importadas muitas vezes era explicitamente permitido. Com relação à Lei de Patente, o caso da Suíça e da Holanda merece mais atenção.[25]

Como mencionei no Capítulo 2 (seção 2.2.6 B), em 1869, a Holanda aboliu a Lei de Patente de 1817 em consequência tanto de sua natureza bastante deficiente (mesmo para os padrões da época)[26] quanto da influência do movimento antipatente que grassava na Europa da época. Estreitamente relacionado com os movimentos livre-cambistas, ele condenava as patentes por não se distinguirem das outras práticas monopolistas (Machlup & Penrose, 1950; Penrose, 1951).

Até 1888, quando se instituiu uma lei de proteção apenas às invenções mecânicas ("invenções que possam ser representadas por modelos mecânicos"), a Suíça não reconhecia nenhum DPI sobre invenções (Schiff, 1971, p.85). Só em 1907, em parte pela ameaça de sanções comerciais da Alemanha relacionadas com

---

24 Ficou proibido patentear substâncias químicas até 1967 na Alemanha Ocidental, até 1968 nos países nórdicos, até 1976 no Japão, até 1978 na Suíça e até 1992 na Espanha. O mesmo valeu para os produtos farmacêutica até 1967 na Alemanha e na França, até 1979 na Itália, até 1992 na Espanha. Os produtos farmacêuticos também ficaram proibidos de ser patenteados no Canadá durante a década de 1990. Para mais detalhes, ver Patel (1989, p.980).

25 Para mais detalhes, ver Schiff (1971).

26 A Lei de Patente holandesa de 1817 não exigia a divulgação dos detalhes das patentes. Isso permitia o patenteamento de invenções importadas. Anulava as patentes nacionais de invenções que adquiriam patentes estrangeiras. E não havia punição para terceiros que, sem autorização, usassem produtos patenteados, contanto que fosse para o seu próprio negócio.

o uso, pela Suíça, de suas invenções químicas e farmacêuticas, aprovou-se uma lei de patente digna de tal nome. Todavia, mesmo esta tinha muitas exclusões, particularmente a recusa de conceder patentes a substâncias químicas (ao contrário dos processos químicos). Só em 1954 a Lei de Patente suíça tornou-se comparável às dos outros PADs, posto que as substâncias químicas tenham continuado excluídas do patenteamento até 1978 (Schiff, 1971; Patel, 1989, p.980).

Com a introdução de leis de DPI em um número cada vez maior de países, do século XIX em diante, começaram a crescer naturalmente as pressões por um regime internacional de DPI.[27] Houve uma série de encontros para discutir o assunto, a começar pelo Congresso de Viena de 1873; por fim, em 1883, onze países firmaram a Convenção de Paris da União Internacional para a Proteção da Propriedade Industrial. Os signatários originais foram a Bélgica, Portugal, a França, a Guatemala, a Itália, a Holanda, El Salvador, a Sérvia, a Espanha e a Suíça.

A convenção abrangeu não só as patentes, como também leis de marca registrada (o que possibilitou à Suíça e à Holanda assiná-la mesmo sem ter lei de patente). Em 1886, firmou-se a Convenção de Berna sobre direito autoral ou *copyright*. Subsequentemente, a Convenção de Paris foi revisada algumas vezes (sobretudo em 1911, 1925, 1934, 1958 e 1967), inclinando-se a reforçar o direito de patente; juntamente com a Convenção de Berna, formou a base do regime internacional de DPI até o acordo Trips (Shell, 1998; Chang, 2001a). No entanto, como vimos no Capítulo 2 (seção 2.3.3), apesar da emergência de um regime internacional de DPI, mesmo os PADs mais desenvolvidos seguiam violando rotineiramente o DPI dos cidadãos dos outros em pleno século XX.

O exposto deve mostrar como eram falhos os regimes de DPI dos PADs (quando estes eram países em desenvolvimento).

---

27 Para mais detalhes, ver Chang (2001a).

Mesmo nos mais avançados deles, houve sérias e generalizadas violações até o fim do século XIX e depois, principalmente quando se tratava de proteger o DPI de estrangeiros.

3.2.4 A governança empresarial

A. A sociedade por cotas de responsabilidade limitada

Atualmente, inclinamos-nos a tomar o princípio da responsabilidade limitada como ponto pacífico. Não obstante, durante alguns séculos, depois de ter sido inventada, no século XIX, para os grandes projetos comerciais arriscados (sendo a Companhia das Índias Orientais Britânica o exemplo mais conhecido), ela tendia a ser encarada com desconfiança. Muitos acreditavam que levava tanto proprietários quanto administradores a riscos excessivos (ou ao que hoje denominamos "risco moral"). Encaravam-na como uma instituição que solapava aquilo que então era visto – juntamente com a ambição – como um dos principais mecanismos disciplinares do capitalismo, nomeadamente, o medo ao fracasso e à destituição, especialmente diante da severidade das leis de falência da época (ver seção 3.2.4 C).

Adam Smith dizia que a responsabilidade limitada só podia levar os administradores à vadiagem. John McCulloch, o influente economista do começo do século XIX, alegava que ela tornaria os proprietários negligentes no monitoramento dos administradores contratados (Gilman & Eade, 1995). Também se acreditava, não sem razão, que era uma causa importante da especulação financeira. Foi com base nisso que a Inglaterra, mediante o Bubble Act de 1720, proibiu a formação de novas sociedades de responsabilidade limitada, se bem que voltou a autorizá-la em 1825, com a revogação dessa lei.[28]

---

28 Sem embargo, Kindleberger (1984, p.70) afirma que o Bubble Act foi "um expediente para salvar a South Sea Company, detendo o desvio de subscri-

Não obstante, nos últimos séculos, provou-se reiteradamente que a responsabilidade limitada fornece um dos mecanismos mais poderosos para "socializar o risco", o que possibilitou investimentos de escala sem precedentes. É por isso que, apesar do seu potencial de criar "risco moral", todas as sociedades acabaram aceitando a responsabilidade limitada como uma pedra angular da moderna governança empresarial (Rosenberg & Birdzell, 1986; Chang, 2000).

Em muitos países europeus, as companhias de responsabilidade limitada – ou *joint stock companies*, como eram conhecidas nesse tempo – existiram desde o século XVI graças a licenças reais *ad hoc* (Kindleberger, 1984, p.196). Contudo, só no meado do século XIX ela passou a ser concedida como algo lógico ou natural, não como um privilégio.

A responsabilidade limitada generalizada foi introduzida pela primeira vez na Suécia, em 1844. A Inglaterra a seguiu de perto com o Joint Stock Company Act de 1856, se bem que a responsabilidade limitada para os bancos e para as companhias de seguro tenha sido instituída um pouco mais tarde (1857 e 1862, respectivamente), refletindo o então disseminado temor de que viessem a criar um sério "risco moral". Rosenberg & Birdzell (1986, p.200) mostram que, mesmo algumas décadas depois da introdução da responsabilidade limitada generalizada (fim do século XIX), criticavam-se os pequenos empresários "que, estando ativamente a cargo das empresas de que eram proprietários, procuravam limitar a responsabilidade por suas dívidas mediante o expediente da incorporação".

Na Bélgica, a primeira sociedade por cotas de responsabilidade limitada foi fundada em 1822, e a década de 1830 pre-

---

ções em dinheiro para promoções rivais, não um ataque a ela", como sugiro aqui. Independentemente do motivo por trás dessa lei, o fato de ela ter sobrevivido um século pressupõe que a ideia – certa ou errada – de que a responsabilidade limitada promove a especulação era amplamente aceita.

senciou a formação de um grande número de tais empresas. No entanto, elas só se generalizaram em 1873. Na década de 1850, introduziu-se uma forma restrita em vários Estados alemães, na qual os proprietários principais tinham responsabilidade ilimitada, mas podiam vender cotas com responsabilidade limitada. Só na década de 1860, vários Estados alemães descartaram ou enfraqueceram as tradicionais leis das guildas, abrindo a porta para a institucionalização plena da responsabilidade limitada (a Saxônia em 1861, Wurtemberg em 1862 e a Prússia em 1868-1869). Na França, a responsabilidade limitada só se generalizou em 1867, mas, na Espanha, embora tenham começado a surgir já em 1848, as *sociedades anônimas* só se estabeleceram plenamente em 1951. É interessante observar que, em Portugal, a responsabilidade limitada generalizou-se cedo, em 1863, apesar do atraso econômico do país na época.[29]

Nos Estados Unidos, a primeira lei de responsabilidade limitada geral foi aprovada no Estado de Nova York em 1811. Sem embargo, caiu em desuso por volta de 1816, em razão da generalizada apatia com as sociedades de responsabilidade limitada, já que os demais Estados não as autorizaram antes de 1837. Mesmo depois disso, tal como nos países europeus da época, o preconceito contra as sociedades de responsabilidade limitada perdurou pelo menos até o fim da década de 1850. Só no decênio seguinte, a manufatura passou a ser empreendida por empresas não incorporadas, e ainda não havia nenhuma lei federal autorizando a responsabilidade limitada generalizada (Garraty & Carnes, 2000, p.231-2, 244, 362).

---

29 Dechesne (1932, p.381-401 – sobre a Bélgica); Tilly (1994); Millward & Saul (1979, p.416 – sobre a Alemanha); Bury (1964, p.57 – sobre a França); Volts (1979, p.32-5 – sobre a Espanha); Mata & Valério (1994, p.149 – sobre Portugal).

B. A Lei de Falência

Há cerca de vinte anos que as leis de falência vêm chamando cada vez mais a atenção. Nesse período, a bancarrota de grandes conglomerados, que se seguiu a várias crises econômicas, levou as pessoas a terem mais consciência da necessidade de mecanismos eficazes para reconciliar reivindicações concorrentes, transferências de ativos e a preservação do emprego. Particularmente importantes nesse aspecto foram a crise industrial nos países da OCDE nas décadas de 1970 e 1980, o colapso do comunismo e o lamentável fracasso da "transição" a partir das crises asiáticas do fim da década de 1980 e de 1997.

Posto que ainda não se tenha encerrado o debate sobre qual é a melhor lei de falência – a dos Estados Unidos, que favorece o devedor, a do Reino Unido, que beneficia o credor, ou a da França, que protege o empregado –, ninguém discorda de que uma lei de falência eficaz é desejável.[30]

Na Europa pré-industrial, a Lei de Falência era encarada principalmente como um meio de estabelecer procedimentos tanto para transferir aos credores os ativos do negociante falido quanto para punir-lhe a desonestidade e o perdularismo. No Reino Unido, a primeira Lei de Falência, aplicável aos mercadores com débitos de certa importância, foi introduzida em 1542, embora só se tenha consolidado com a legislação de 1571. Entretanto, a lei era muito rigorosa com os negociantes falidos, já que considerava que todo o seu patrimônio futuro podia ficar comprometido com as dívidas antigas (Duffy, 1985, p.7-9).

Com o desenvolvimento industrial, passou-se a admitir que as empresas podem falir em razão de circunstâncias que escapam ao controle individual, e não só como resultado da desonesti-

---

30 Sobre o atual estado do debate, especialmente com relação aos Estados Unidos, ao Reino Unido e ao Leste Asiático, ver Carruthers & Halliday (1998).

dade e do esbanjamento. Consequentemente, a Lei de Falência também passou a ser vista como um meio de anistiar os falidos. Juntamente com a responsabilidade limitada generalizada, essa transformação da Lei de Falência foi um dos elementos-chave no desenvolvimento de mecanismos para "socializar o risco", os quais permitiram assumir riscos maiores, coisa tão necessária às modernas indústrias em larga escala. Por exemplo, em 1705-1706, introduziram-se medidas, no Reino Unido, para permitir que os falidos cooperativados conservassem 5% dos ativos, chegando até a desonerar alguns de todos os débitos futuros se os credores consentissem (ibidem, p.10-2).

Não obstante, pelos padrões modernos, a Lei de Falência do Reino Unido continuou sendo altamente deficiente até a metade do século XIX, pois a recuperação da falência era privilégio de uma reduzidíssima classe de homens de negócio, a responsabilidade de processar era inteiramente dos credores e o sistema não era uniforme em todo o país. Havia, igualmente, problemas na concessão de desencargo, que estava unicamente nas mãos dos credores, não dos tribunais, o que privava muitos negociantes da oportunidade de recomeçar. Também havia falta de profissionalismo e uma tendência à corrupção entre os comissários de falência (Duffy, 1985, p.16-17; Hoppit, 1987, p.32-7).

A era vitoriana presenciou uma série de reformas dessa lei, a começar pelo estabelecimento do Tribunal de Falência em 1831. Com a emenda de 1842, o desencargo do ônus passou a ser atribuição da Justiça, não mais dos credores, facilitando uma segunda chance para os falidos. Sem embargo, o alcance da lei continuou limitado até 1849, quando ela se tornou aplicável a qualquer um que ganhasse a vida "trabalhando com bens ou mercadorias" (Duffy, 1985, p.52-3; Marriner, 1980). Nos Estados Unidos, as primeiras leis de falência tomaram por modelo a antiga lei inglesa (pró-credor) e administradas no âmbito estadual. No entanto, até o fim do século XIX, somente alguns Estados tinham leis de falência, e estas variavam de um para outro. Instituíram-se algumas leis federais no século XIX (1800, 1841 e 1867), mas todas foram de curta duração por sua natureza imperfeita e foram revogadas em 1803, 1841 e 1878, respectivamente. Por exemplo, a de 1800 desonerou muitos débitos justos em que se havia incorrido pelos pedágios e pela especulação imobiliária do fim da década de 1790, e o alívio que proporcionou não fez senão estimular ainda mais a especulação. A de 1841 foi criticada por transferir aos credores apenas 10% dos bens imóveis, a maior parte dos quais era absorvida pelas custas processuais e administrativas. Também foi censurada por determinar que a propriedade fosse vendida imediatamente para levantar fundos, o que prejudicava os credores. Ademais, os tribunais não davam conta do grande acúmulo de processos; no primeiro quadriênio após a aprovação da lei de 1867, houve 25 mil casos por ano. Outro ponto controverso dessa lei foi o relaxamento da exigência de que os falidos pagassem pelo menos a metade das dívidas contraídas antes da Guerra de Secessão, o que suscitou a crítica dos credores, segundo a qual tal concessão protegia a irresponsabilidade (Coleman, 1974, p.6-16, 19-20, 23-6).

Só em 1898 o Congresso conseguiu adotar uma lei de falência federal duradoura. As disposições incluíam o pagamento de todas as dívidas, a autorização da falência involuntária e da voluntária, a exclusão dos agricultores e assalariados da falência involuntária, a proteção de todas as propriedades isentas de embargo pela lei estadual e a concessão de um período de moratória para que os insolventes reorganizassem os negócios ou entrassem em acordo com os credores.

C. Auditoria, relatório financeiro e transparência de informação (disclosure)

A importância da auditoria e da *disclosure* financeiras tem chamado muito a atenção desde a recente crise das economias asiáticas. Os emprestadores estrangeiros queixam-se da opacidade da contabilidade das empresas, da frouxa regulamentação da auditoria e da *disclosure* nos países em crise por terem tomado decisões erradas quanto aos empréstimos. Uma restrição óbvia a tais argumentos é que, mesmo antes da crise, aceitava-se amplamente que, nesses países, a informação no âmbito da empresa já apresentasse os ditos problemas; em semelhante situação, a atitude natural e sensata do emprestador seria a de não emprestar. Nesse contexto, o argumento da "falta de informação" apresentado pelos emprestadores parece bastante tendencioso.[31]

À parte isso, não há dúvida de que são desejáveis instituições que aprimorem a qualidade e a *disclosure* da informação empresarial. Porém, mesmo assim, é preciso comparar o custo financeiro e em recursos humanos do desenvolvimento dessas instituições com o seu benefício, principalmente nas nações em que os recursos são escassos.

Examinando a história dos PADs, chama a atenção o fato de que, mesmo nesses países e já em pleno século XX, as instituições de regulamentação da obrigatoriedade do relatório e da *disclosure* financeiros eram de péssima qualidade.

Pelo Company Act de 1844, o Reino Unido tornou compulsória a auditoria externa das empresas, mas esta voltou a ser opcional a partir do Joint Stock Act de 1856, contrariando as recomendações de críticos da estatura de John Stuart Mill (Amsler et al., 1981). Dado que as companhias limitadas requerem mais transparência para que se controlem os comportamentos oportunistas dos acionistas majoritários e dos administradores contratados, esse foi um grande recuo.

Com a introdução do Company Act de 1900, a auditoria externa tornou a ser obrigatória para as empresas britânicas.

---

31 Para mais detalhes, ver Chang (2000).

Todavia, continuou inexistente a imposição direta de que as firmas preparassem e publicassem relatórios anuais para os acionistas, embora isso fosse implicitamente exigido, uma vez que o auditor tinha o dever de informá-los. Só o Company Act de 1907 tornou compulsória a publicação de um balancete. Mesmo assim, muitas empresas trataram de explorar uma brecha da lei, que não especificava o prazo de apresentação do relatório, apresentando sempre o mesmo, ano após ano. Essa brecha só foi corrigida com a lei de 1928, que dispunha que, antes da reunião anual, as empresas deviam fazer circular balancetes atualizados e dar informações detalhadas, como sobre a composição dos ativos (Edwards, 1981). Não obstante, até o Company Act de 1948, as normas da *disclosure* continuaram sendo precárias, coisa que transformou o mercado do fim da era vitoriana num verdadeiro "abacaxi" (Kennedy, 1987, apud Crafts, 2000).[32] Crafts (2000, p.5) conclui que "o desenvolvimento dos mercados de capital, baseado em direitos extensivos do acionista e na ameaça de aquisição hostil, é um fenômeno relativamente recente no Reino Unido, muito embora os britânicos tenham sido pioneiros do relatório financeiro moderno e contassem com a tradição da Common Law".

Na Alemanha, foi somente com a lei da empresa de 1884 que se implementaram regulamentações no tocante ao listamento das firmas no mercado de ações. Na Noruega, a legislação tardiamente aprovada em 1910 obrigou as empresas a prestarem conta de seus orçamentos e ganhos duas vezes por ano para que os acionistas e o Estado ficassem mais bem informados sobre o estado do negócio. Só com o Federal Securities Act de 1933 foi que os Estados Unidos tornaram compulsória a *disclosure* com-

---

32 *"A market for lemons"* no original: referência a um trabalho do economista George Akerlof (Prêmio Nobel de 2001), analisando o mercado de automóveis usados (*lemons*) nos Estados Unidos. A expressão designa um mercado assimétrico, que funciona precariamente. (N. T.)

pleta de informações acerca da empresa, para os investidores, referentes às ofertas públicas de ações. Na Espanha, o exame da contabilidade por auditores independentes só se tornou obrigatório em 1988.[33]

D. A Lei da Concorrência

Ao contrário do que supõe grande parte da atual literatura sobre o tema, a governança empresarial está longe de ser uma simples questão interna desse tipo de empresa. Os atos dos grandes conglomerados, com significativo poder de mercado, podem ter consequências para o conjunto da economia (por exemplo, sua bancarrota é capaz de gerar pânico financeiro) ou solapar a base da própria economia de mercado (por exemplo, mediante a exploração nociva de uma posição de monopólio). Nesse contexto, a governança empresarial é uma questão da sociedade como um todo, não só dos acionistas particulares da empresa.

A governança empresarial, portanto, não envolve apenas as leis de âmbito empresarial, por exemplo, as que especificam os deveres do conselho diretor perante os acionistas. Também envolve uma grande quantidade de outras regulamentações – por exemplo, as setoriais, as de comércio exterior e investimento –, além das normas informais que regem as práticas empresariais, como as convenções referentes ao tratamento dos subcontratadores.

Nesta seção, revemos a evolução das instituições de governança empresarial "societária" mais facilmente identificáveis, nomeadamente a Lei da Concorrência (a legislação antimonopólio e/ou antitruste) em alguns PADs. Convém sublinhar que essa discussão não adere à ortodoxia atual, que supõe que os países

---

33 Tilly (1994 – sobre a Alemanha); o *website* do governo norueguês: http://www.lovdata.no (sobre a Noruega); Atack & Passel (1994); Garraty & Carnes (2000, p.750); Newton & Donaghy (1997, p.25) (sobre a Espanha).

em desenvolvimento precisam de uma política antitruste ao estilo norte-americano.[34]

Já em 1810, a França adotou o artigo 419 do Código Penal, proscrevendo as coalizões de vendedores. Tais associações haviam resultado na elevação e na redução dos preços acima ou abaixo da "concorrência natural e livre". Entretanto, não tendo sido implementada com uniformidade, a lei caiu em desuso em 1880. A partir da década de 1890, os tribunais franceses passaram a aceitar combinações (cartéis) "defensivas" e a apoiar-lhes os acordos. Só em 1986 o país revogou o artigo 419, adotando uma lei antitruste mais "moderna" e abrangente (Cornish, 1979; Gerber, 1998, p.36).

Os Estados Unidos foram os pioneiros da "moderna" Lei de Concorrência. Instituíram o Sherman Antitrust Act em 1890, se bem que, cinco anos depois, ele foi mutilado pela Suprema Corte, no famoso caso do Truste do Açúcar. E o fato é que, até 1902, quando o presidente Theodore Roosevelt o aplicou contra o *holding* ferroviário de J. P. Morgan, a Northern Securities Company, o *act* foi usado principalmente contra os sindicatos, não contra os grandes conglomerados. Roosevelt criou o Bureau of Corporations em 1905 a fim de investigar as práticas viciosas das grandes empresas; esse birô foi promovido à Federal Trade Commission pelo Clayton Antitrust Act de 1914, que também proscreveu o uso da legislação antitruste contra os sindicatos (Brogan, 1985. p.458, 464; Garraty & Carnes, 2000, p.518, 613-4, 622).

No século XIX, o Estado britânico não apoiava nem condenava os trustes ou quaisquer outros arranjos prejudiciais à concorrência. Não obstante, até a Primeira Guerra Mundial, os tribunais se mostraram bastante dispostos a confirmar a validez dos acordos comerciais restritivos. A primeira iniciativa antitruste a ser tomada foi o efêmero Profiteering Act de 1919 (abandonado em 1921), criado para enfrentar a escassez do pós-

---

34 Para uma crítica dessa visão ortodoxa, ver Singh & Dhumale (1999).

-guerra. Durante a depressão dos anos 30, o Estado endossou a racionalização e a cartelização. Somente com o Monopolies e Restrictive Practices Act de 1948 buscou-se uma séria legislação antimonopólio/antitruste, mas ela se conservou amplamente ineficaz. O Restrictive Practices Act de 1956 foi a primeira legislação verdadeiramente antitruste, no sentido de que partia do príncípio – pela primeira vez – de que as práticas restritivas eram contrárias ao interesse público, a menos que os industrialistas provassem o contrário. A lei de 1956 se opôs efetivamente aos cartéis, mas não teve tanto sucesso contra a monopolização por meio de fusões (Cornish, 1979; Mercer, 1995, p.44-6, 49-50, 99-115, 125-6; Hannah, 1979).

Como já se mencionou no Capítulo 2 (seção 2.2.3), inicialmente, o Estado alemão apoiou decididamente os cartéis, garantindo-lhes os acordos no período inaugural de sua existência (o fim do século XIX e o começo do XX). O ponto culminante disso foi uma decisão da mais elevada corte do país, em 1897, segundo a qual os cartéis eram legais. Da Primeira Guerra Mundial em diante, a cartelização se difundiu, passando a ser o meio pelo qual o governo planejava as atividades econômicas. A Lei do Cartel de 1923, que deu à Justiça o poder de anular os cartéis, foi a primeira lei geral de concorrência da Europa. Mas não teve eficácia, uma vez que os definia de modo muito estreito, e os que obtiveram o poder de controlá-los – o ministério econômico e o tribunal do cartel – mal chegaram a aplicá-la. O tribunal do cartel foi abolido em 1930, quando uma série de leis de emergência deu ao Estado o poder de dissolver todo e qualquer cartel que julgasse necessário. Em 1933, o ministro de Assuntos Econômicos obteve o poder de anular qualquer cartel ou de impor a sua formação compulsória (Bruck, 1962, p.93, 96, 196-7, 222; Hannah, 1979; Gerber, 1998, p.115, 129-31, 134, 147).[35]

---

35 Sabe-se que, depois da Segunda Guerra Mundial, a Autoridade de Ocupação Norte-americana obrigou a Alemanha e o Japão a adotar uma severa Lei de

Na Noruega, a primeira Lei do Truste foi introduzida em 1926, mas o conselho dela encarregado operava partindo do princípio de que devia monitorar o comportamento monopolista, mas não impedi-lo categoricamente. Posto que ulteriormente, em 1953, ela tenha sido substituída pela Lei do Preço e pela Lei da Concorrência, que tinha disposições um pouco mais rigorosas (por exemplo, as empresas passaram a ser obrigadas a notificar as fusões e aquisições importantes), o efeito principal da lei antitruste norueguesa continuou sendo o de publicidade e controle, não tanto o da imposição de proibições diretas. A lei da concorrência dinamarquesa de 1955 (Lei dos Monopólios e das Práticas Restritivas) operava no mesmo princípio de "publicidade e controle".[36]

3.2.5 As instituições financeiras

A. O sistema bancário e sua regulamentação

Com o sensível aumento das crises bancárias no mundo nas últimas duas décadas, principalmente nos países em desenvolvimento, o estabelecimento de um bom sistema de regulamentação do setor passou a ser um tema importante no esforço do EIPD pelo desenvolvimento institucional. Entretanto, na história dos PADs, a criação de instituições para regular a atividade bancária foi deveras tardia, já que o desenvolvimento do próprio sistema

---

Concorrência ao estilo dos Estados Unidos. Contudo, as posteriores alterações dessa lei, especialmente em 1953, facilitaram os acertos conluiados, sobretudo entre as pequenas empresas, quando relacionados com metas como a "racionalização", a "especialização" (isto é, a segmentação negociada do mercado), as atividades de exportação conjuntas e os ajustes estruturais (Shin, 1994, p.343-55).

36 Hodne (1981, p.514-5 – sobre a Noruega); Dahl (1982, p.298 – sobre a Dinamarca).

bancário foi um processo lento e desigual, com a possível exceção da Grã-Bretanha.

O sistema bancário dos PADs se estabeleceu vagarosamente.[37] Mesmo na Inglaterra, país com o mais avançado sistema bancário do mundo até a metade do século XX, só se chegou à integração financeira total na década de 1920, quando os índices de depósitos se tornaram uniformes nas cidades e no país. Na França, o desenvolvimento do sistema bancário foi ainda mais moroso, o uso dos títulos de crédito não se generalizou antes do meado do século XIX (ao passo que, na Grã-Bretanha, isso ocorrera no século XVIII), e, ainda em 1863, três quartos da população não tinham acesso ao sistema bancário. A Prússia contou apenas com um punhado de bancos até o século XVIII, e lá o primeiro banco de sociedade anônima só foi fundado em 1848. Na Suécia, os bancos não apareceram senão no fim do século XIX. Passaram por uma grande expansão, mas, antes disso, o crédito aos produtores e exportadores era fornecido pelas associações mercantis, e eles só se estabeleceram cabalmente na década de 1890. Em Portugal, o sistema bancário não teve desenvolvimento importante antes das décadas de 1860 e 1870, quando se permitiu a formação de bancos de sociedade anônima.[38]

Nos PADs, os bancos só se tornaram instituições profissionais de crédito no começo do século XX. Antes disso, eram as conexões pessoais que influenciavam as decisões de empréstimo dos bancos. Por exemplo, na maior parte do século XIX, os estabelecimentos emprestavam o grosso do dinheiro aos próprios diretores ou aos seus parentes e conhecidos (Lamoureux,

---

37 Quando não especificados diferentemente, os detalhes no parágrafo seguinte são de Kindleberger (1984).

38 Os detalhes acerca da Prússia foram extraídos de Tilly (1994); sobre a Suécia, de Chang & Kozul-Wright (1994, p.872); sobre Portugal, de Mata & Valério (1994, p.147-8).

1994).[39] Os bancos escoceses do século XVIII e os ingleses do XIX não passavam de associações de autoajuda de mercadores que precisavam de crédito; nada tinham de banco no sentido moderno (Munn, 1981; Cottrell, 1980).

A regulamentação da atividade bancária era altamente inadequada. Os Estados Unidos permitiam uma atuação financeiramente irresponsável, que "em princípio, pouco se distinguia das operações dos falsificadores" (Atack & Passell, 1994, p.103). Esse tipo de atividade foi particularmente problemático no período de trinta anos que viu o declínio do efêmero banco "semicentral", o Second Bank of the USA, entre 1836 e 1865 (ver seção 3.2.5 B). Embora se estime que, na época, o custo geral da falência desses bancos não regulamentados tenha sido modesto, tais colapsos se disseminaram muito (ibidem, p.104). Ainda em 1929, o sistema bancário norte-americano era constituído de "milhares e milhares de pequenos bancos e casas de corretagem administrados de forma amadorística e sem nenhuma supervisão". Isso significa que, mesmo no próspero período do governo Coolidge (1923-1929), nada menos que seiscentos bancos pediam falência todo ano (Broagan, 1985, p.523).

Na Itália, houve um grande escândalo no fim do século XIX (1889-1892), quando a bancarrota de um dos seis bancos emissores de papel-moeda, a Banca Romana, revelou uma rede de corrupção (concessão de crédito a políticos importantes e a seus parentes, inclusive a dois ex-primeiros-ministros), um sistema contábil absolutamente defeituoso e a emissão "irregular" de títulos de crédito (por exemplo, duplicatas) no próprio centro da indústria bancária do país (Clark, 1996, p.97-9).

Na Alemanha, a regulamentação direta dos bancos comerciais só foi introduzida em 1934, com a Lei de Controle de Cré-

---

39 No entanto, Lamoureux (1994) argumenta que, em vista do alto grau de concorrência e do baixo nível de uso do crédito prevalecente na indústria bancária dos Estados Unidos, essa prática foi benéfica.

dito, ao passo que, na Bélgica, não foi instituída senão em 1935, com a criação da Comissão Bancária.[40]

B. O banco central

Atualmente, o banco central – com o monopólio da emissão de dinheiro, da intervenção no mercado financeiro e da função de emprestador de último recurso – é considerado uma pedra angular da economia capitalista estável. É acalorada a polêmica sobre até que ponto ele deve ser politicamente independente, assim como sobre as metas, os alvos e os instrumentos que lhe são mais adequados.[41] Todavia, por inflamado que seja esse debate, pouca gente discute a necessidade de um banco central. Mas não era bem assim na aurora do capitalismo.

Já a partir do século XVIII, os bancos dominantes, como o Bank of England ou os grandes estabelecimentos bancários de Nova York, eram obrigados a fazer o papel de emprestador de último recurso em tempos de crise financeira. A capacidade desenvolvida por essas instituições de lidar com o pânico financeiro sistêmico a curto prazo, assim como a consequente estabilidade que isso ajudava a gerar a longo prazo, acabou apontando naturalmente para a criação de um banco central plenamente amadurecido.

Na época, porém, não eram poucos os que acreditavam que a criação de um banco central estimularia a assunção de riscos excessivos, à medida que daria proteção aos devedores imprudentes nos períodos de comoção financeira (ou o que atualmente

---

40 Tilly (1994 – sobre a Alemanha); Van der Wee (1987, p.56 – sobre a Bélgica).

41 Grabel (2000) é uma avaliação lúcida dessa polêmica; Helleiner (2001), uma análise fascinante da história desse debate no contexto dos países em desenvolvimento.

chamamos de "risco moral").[42] Esse sentimento está muito bem sintetizado na observação de Herbert Spencer, segundo a qual "proteger as pessoas contra os efeitos da loucura resulta, em última instância, em povoar o mundo de loucos" (apud Kindleberger, 1996, p.146).[43] Consequentemente, o desenvolvimento do banco central foi um processo deveras lento e hesitante nos PADs.[44] O Riksbank sueco (fundado em 1688) foi, nominalmente, o primeiro banco central do mundo. Não obstante, só conseguiu funcionar propriamente como tal no meado do século XIX, pois lhe faltava, entre outras coisas, o monopólio da emissão de dinheiro, o qual só obteria em 1904.[45]

O Bank of England foi criado em 1694 e, do século XVIII em diante, assumiu o papel de emprestador de último recurso (conquanto alguns sugiram que isso só veio a acontecer de fato na primeira metade do século XIX). Entretanto, só se tornou um banco central completo em 1844. Fundado em 1800, o banco central francês (Banque de France) só obteve o monopólio da emissão monetária em 1848. Mas, até 1936, esteve mais sob o controle dos próprios banqueiros que do governo. O banco central da Holanda, o Nederladsche Bank, foi fundado em 1814 pelo rei Guilherme I, calcado no modelo do Bank of England. Mas até 1830 teve de lutar obstinadamente para pôr suas cédulas em circulação e, até 1860, não deixou de ser um banco "local" com sede em Amsterdã.[46]

---

42 E, aliás, esse é o rumo tomado por Friedrich von Hayek ao propor o abandono dos bancos centrais e advogar a concorrência livre entre os bancos emissores de títulos.

43 A fonte original é H. Spencer, "State Tampering with Money and Banks" in *Essays: Scientific, Political, and Speculative*. London: Williams & Northgate, 1891. v.3, p.354.

44 Para mais detalhes, ver Kindleberger (1984) e Cameron (1993).

45 Kindleberger (1984, p.50); Larsson (1993, p.47-8); *site* do Banco Central da Suécia: http:/www.riksbank.se.

46 Sobre o Bank of England, ver Kindleberger (1984, p.90-2, 277-80); sobre o Banque de France, ver Plesis (1994); sobre o Nederlandische Bank, ver 'T Hart et al. (1997, p.4); Jonker (1997, p.95).

Fundado em 1829, Banco de España só em 1874 obteve o monopólio da emissão de papel-moeda e foi propriedade privada até 1862. O Banco de Portugal foi criado em 1847, mas seu monopólio da emissão restringia-se à região de Lisboa. Adquiriu o monopólio integral da emissão monetária em 1887, porém, pela resistência dos outros bancos emissores, só em 1891 esse monopólio se realizou na prática. O Banco de Portugal continua sendo propriedade inteiramente privada e não pode intervir no mercado monetário.[47]

O banco central da Bélgica (Banque Nationale de Belgique), embora tardiamente fundado em 1851, foi um dos primeiros bancos centrais genuínos, com o monopólio da emissão monetária, que lhe foi conferido na época de sua criação (Dechesne, 1932, p.402). Entre os onze países que examinamos nesta seção, somente os bancos centrais britânico (1844) e francês (1848) tiveram o monopólio da emissão monetária antes do belga. O alemão só foi criado em 1871 e obteve o monopólio da emissão em 1905. Na Itália, o banco central, fundado em 1893, não teve o monopólio da emissão de dinheiro antes de 1926. O Banco Nacional da Suíça, fundado em 1907, formou-se a partir da fusão de quatro bancos emissores.

Nos Estados Unidos, o desenvolvimento do banco central foi ainda mais vagaroso. As primeiras tentativas de introduzir um grau – mesmo limitado – de banco central fracassaram espetacularmente. O First Bank of the USA (do qual 80% eram de proprietários particulares) foi criado em 1791 com todo o apoio de Alexander Hamilton, então secretário do Tesouro, e apesar da oposição do secretário de Estado Thomas Jefferson. Sem embargo, o Congresso não renovou sua licença em 1811; o Second Bank of the USA, fundado em 1816, teve o mesmo destino vinte anos depois. Em 1863, o país finalmente adotou uma moeda única

---

47 Pérez (1997, p.67 – sobre a Espanha); Mata & Valério (1994, p.139-48 – sobre Portugal).

mediante o National Banking Act, mas o banco central ainda estava longe de ser criado (Garraty & Carnes, 2000, p.154-5; Atack & Passel, 1994; Brogan, 1985, p.266, 277).

Diante de tal situação, como já mencionamos, os grandes bancos de Nova York eram obrigados a exercer a função de emprestador de último recurso a fim de garantir a estabilidade sistêmica, mas isso tinha limitações óbvias. Por fim, em 1913, nasceu o US Federal Reserve System por meio do Owen-Glass Act, na esteira do espetacular pânico financeiro de 1907. No entanto, até 1915, somente 30% dos bancos (com 50% do total dos ativos bancários) estavam no sistema, e, em 1929, 65% continuavam fora dele, já que na época não representavam mais do que 20% dos ativos. Isso significa que, em 1929, a lei "seguia deixando uns dezesseis mil bancos pequenos fora de sua jurisdição". Algumas centenas deles faliam quase todo ano (Cochran & Miller, 1942, p.295). Ou seja, até a Grande Depressão, o Federal Reserve Board era controlado de fato por Wall Streeet (Brogan, 1985, p.477).[48]

A seguir, na Tabela 3.3, apresentamos um sumário da descrição que acabamos de fazer da evolução dos bancos centrais nos PADs. A primeira coluna representa o ano em que se fundaram os vários bancos centrais; a segunda indica quando eles se tornaram propriamente bancos centrais, obtendo o monopólio da emissão monetária e outras responsabilidades legais. A tabela mostra que a maioria dos onze países que nela figuram tinha, nominalmente, bancos centrais no fim da década de 1840. Entretanto, só no começo do século XX eles se tornaram verda-

---

48 A mais expressiva evidência da história de Charles E. Mitchell, chefe do National City Bank e um dos diretores do Federal Reserve Bank de Nova York. Mitchell, na tentativa de minimizar o estrago em suas atividades especulativas nas vésperas da Grande Depressão, conseguiu pressionar o Federal Reserve Board para que revertesse a política de contenção monetária anunciada no começo de 1929 (Brogan, 1985, p.525-6).

deiros bancos centrais. Não foi senão em 1891, quando da instituição do monopólio da emissão monetária do Banco de Portugal, que a maioria dos onze bancos centrais adquiriu tal monopólio.

Tabela 3.3 – Desenvolvimento dos bancos centrais nos PADs

	Ano da fundação	Ano da obtenção do monopólio da emissão monetária
Suécia	1688	1904
Reino Unido	1694	1844
França	1800	1848[1]
Holanda	1814	após a década de 1860
Espanha	1829	1874
Portugal	1847	1891[2]
Bélgica	1851	1851
Alemanha	1871	1905
Itália	1893	1926
Suíça	1907	1907
EUA	1913	após 1929[3]

[1] Controlado pelos próprios banqueiros até 1936.

[2] O monopólio legal da emissão monetária foi estabelecido em 1887, mas o monopólio de fato só se efetivou em 1891, por causa da resistência dos outros bancos emissores. O banco continua sendo totalmente privado e não pode interferir no mercado monetário.

[3] Ficaram fora do Federal Reserve System até 1929 65% dos bancos, representando 20% dos ativos bancários.

C. A regulamentaç]ão dos títulos

Na atual fase da globalização financeira, liderada pelos Estados Unidos, o mercado acionário passou a ser o símbolo do capitalismo. Quando o comunismo ruiu, muitas economias em transição se precipitaram a erigir bolsas de valores e a enviar jovens promissores ao exterior para que fossem treinados como corretores, mesmo antes de haver fundado outras instituições mais básicas do capitalismo. De modo semelhante, diversos governos de países em desenvolvimento empenharam-se em estabelecer e promover o mercado de capitais e abri-lo aos investidores estrangeiros, convencidos de que isso lhes permitiria extrair recursos financeiros de uma fonte até então inacessível.[49]

Naturalmente, muitos argumentam – como fez o famoso John Maynard Keynes na década de 1930 – que o capitalismo funciona melhor quando o mercado de capitais tem um papel secundário. Aliás, desde os anos 80 se discutem os méritos relativos dos sistemas financeiros dirigidos pelo mercado de capitais dos países anglo-americanos e os conduzidos pelos bancos, como no Japão e nos países da Europa Continental.[50] No entanto, a ortodoxia continua insistindo em asseverar que um mercado de capitais em bom funcionamento é uma instituição-chave necessária ao desenvolvimento econômico – visão essa que ganhou força, recentemente, graças ao *boom* impulsionado pelo mercado de capitais dos Estados Unidos, muito embora tal *boom* esteja arrefecendo em virtude da rápida desaceleração da economia norte-americana.

Seja qual for a importância atribuída ao mercado de capitais e a outros mercados de títulos, criar instituições que os regulamentem efetivamente é, sem dúvida alguma, uma tarefa importantíssima. Visto que, ultimamente, esses mercados se tornaram uma fonte extra de instabilidade financeira nos países em desenvolvimento, sobretudo nos que estavam abertos para os fluxos externos; o estabelecimento de instituições que os regulamentem bem é agora uma tarefa urgente. Mas como foi que os PADs conseguiram desenvolver tais instituições?

O desenvolvimento inicial do mercado de capitais na Inglaterra (estabelecido em 1692) levou à emergência também precoce da regulamentação dos títulos. A primeira tentativa nesse sentido, feita em 1697, limitou o número de corretores, mediante o licenciamento, e impôs um teto à sua remuneração. Em 1734,

---

49 Singh (1997) faz uma crítica poderosa desse ponto de vista.

50 Zysman (1983), Cox (1986), Hutton (1995) e Dore (2000) apresentam discussões sofisticadas e atualizadas desse debate.

o Parlamento aprovou o Barnard's Act, que procurou limitar o extremo mais especulativo do mercado de títulos, proscrevendo as opções, proibindo as partes de estabelecer contratos mediante o pagamento de diferenciais de preço e estipulando que os títulos deviam ser realmente possuídos caso os contratos que haviam levado à sua venda tivessem de ser arbitrados em um tribunal. Mas essa lei não teve eficácia e acabou sendo revogada em 1860 (Banner, 1998, p.161-3, 170-1, 174-5, 281).

Subsequentemente, com exceção do Banking Companies (Shares) Act de 1867, proibindo a venda a curto prazo de ações de bancos – que, em todo caso, tampouco teve eficácia –, foram escassas as tentativas de regulamentar os títulos até 1939, quando se legislou o Prevention of Fraud (Investments) Act, que introduziu um sistema de licenciamento para pessoas físicas e jurídicas que negociassem títulos por parte do Board of Trade [Departamento de Comércio e Indústria], o qual tinha o poder de cassar uma licença ou recusar-lhe a renovação se a parte desse informação falsa ou inadequada ao requerê-la ou ao negociar. Essa lei foi se fortalecendo com o tempo, e se outorgou ao Board of Trade a atribuição de estabelecer normas referentes à quantidade de informação que os negociantes deviam dar nas ofertas de vendas (1944) e de designar inspetores para investigar a administração dos fundos mútuos (1958) (Pennington, 1990, p.31, 38-42).

Somente em 1986, com o Financial Service Act, o governo britânico instituiu um sistema abrangente de regulamentação de títulos (que entrou em vigor em 29 de abril de 1988). Essa lei exigiu a listagem oficial dos investimentos na bolsa de valores e a publicação de itens específicos antes de qualquer listagem; também estabeleceu responsabilidade penal para quem desse informação falsa ou enganosa e proibiu a todos de ter empresas de investimentos sem autorização explícita (ibidem, p.54-5).

Nos Estados Unidos, os mercados organizados de títulos datam da década de 1770. As primeiras tentativas de regulamentação visaram às negociações internas. Por exemplo, em 1789, o

Congresso aprovou uma lei proibindo os funcionários do Tesouro de especular com títulos; colocou-se à frente do Reino Unido ao introduzir essa legislação. Conquanto o governo federal fizesse ameaças periódicas de introduzir regulamentações de títulos, isso ficou por conta dos Estados individuais ao longo do século XIX. Todavia, nem todos eles tinham leis regulando as transações com títulos (sendo o melhor exemplo a Pensilvânia, um dos Estados economicamente mais importantes na época), e as leis que porventura existiam eram fracas na teoria e ainda mais fracas na aplicação (Banner, 1998, p.161-3, p.170-1, 174-5, 281).

No meado do século XIX, a fraude nas transações de títulos, principalmente a informação falsa, passou a ser considerada esbulho, mas a transparência (*disclosure*) total de informação só se tornou obrigatória com o Federal Securities Act de 1933. No começo do século XX, vinte Estados instituíram as chamadas *blue sky laws*, leis que obrigavam os bancos de investimentos a registrar os títulos junto às autoridades estaduais antes de vendê-los e criminalizavam a informação falsa, mas foram ineficazes e tinham muitas brechas. A primeira regulamentação federal efetiva de títulos chegou com o Federal Securities Act de 1933, que deu à Federal Trade Commission [Comissão Federal de Comércio] autoridade para regulamentar as transações de títulos – autoridade essa que, em 1934, foi transferida para a nova Securities and Exchange Commission [Comissão de Valores Mobiliários] (Geisst, 1997, p.169, 228; Atack & Passel, 1994; Garraty & Carnes, 2000, p.750).

D. As instituições financeiras públicas

Pelo menos desde a década de 1970, a crise fiscal permanente é um grande obstáculo para o progresso de muitos países em desenvolvimento. O EIPD acredita que a natureza desse problema está ligada ao esbanjamento, porém, na maior parte dos casos, o problema é mais profundo, trata-se da incapacidade de tributar.[51] Esse argumento também encontra apoio no fato de as despesas orçamentárias dos países em desenvolvimento serem, proporcionalmente, muito menores do que as dos desenvolvidos, cujos governos podem gastar – e tributar – muito mais.

No nível mais profundo, a capacidade tributária requer legitimidade política tanto do próprio governo quanto dos impostos cobrados. Por exemplo, a Community Charge ("imposto individual"), que Margaret Thatcher tentou introduzir na Inglaterra, fracassou muito mais porque a maioria dos contribuintes britânicos o considerou "injusto" (e, portanto, ilegítimo) do que por considerar que a carga tributária era excessiva ou que o governo era ilegítimo.

Não obstante, garantir a legitimidade política de um regime tributário e dos impostos individuais não basta para aumentar a capacidade de arrecadação. Também é necessário o desenvolvimento de instituições competentes e de novos mecanismos fiscais e administrativos para melhorar a coleta. Como foi que os PADs administraram esse processo?

Na aurora do desenvolvimento, os PADs tinham capacidade fiscal muito limitada; nesse aspecto, é provável que seus problemas fossem maiores que os dos atuais países em desenvolvimento. Seu poder de tributar era tão restrito que, nos séculos XVII e XVIII, se aceitava amplamente a atividade dos coletores particulares como um modo vantajoso de aumentar a renda do governo. Muitos contemporâneos a justificavam como um meio de abater as despesas administrativas, estabilizar a arrecadação e reduzir a corrupção na coleta de impostos; é bem provável que tais argumentos não fossem de todo insensatos, visto que, na

---

51 Di John & Putzel (2000) e Toye (2000) oferecem uma análise muito lúcida e atualizada das questões fiscais nos países em desenvolvimento.

época, as instituições financeiras públicas eram precariamente desenvolvidas nesses países.[52]

Em geral, as finanças dos governos de muitos PADs – sobretudo as das administrações locais – viviam em grande dificuldade no período em questão. Um exemplo expressivo é a incapacidade de alguns Estados norte-americanos de saldar empréstimos britânicos em 1842. Diante de sua inadimplência, os financistas ingleses trataram de pressionar o governo federal dos Estados Unidos para que assumisse as dívidas (o que lembra os acontecimentos no Brasil com a inadimplência do Estado de Minas Gerais em 1999). Como tais pressões não surtiram efeito, *The Times* escarneceu do governo federal quando, ainda no mesmo ano, este tentou obter um novo empréstimo, dizendo que "[o] povo dos Estados Unidos pode se persuadir plenamente de que, a certa classe de títulos, nenhuma abundância de dinheiro, por maior que seja, é capaz de conferir valor; e, nessa classe, seus próprios títulos têm preeminência" (apud Cochran & Miller, 1942, p.48).

O que exacerbou particularmente os problemas das finanças públicas da época foi a combinação de guerras frequentes, que requeriam um substancial financiamento público extra, com a incapacidade de arrecadar impostos diretos, principalmente o de renda (Di Johne & Putzel, 2000). A inexistência desse tributo (alguns países passaram a cobrar relativamente cedo impostos de propriedade e/ou riqueza) refletia, em parte, a sub-representação política das classes mais pobres, mas também a limitada capacidade administrativa da burocracia. Aliás, essa restrita capacidade burocrática é um dos motivos pelo qual as tarifas (os impostos mais fáceis de coletar) eram tão importantes como fonte de arrecadação dos PADs nos primeiros tempos, assim como para muitos dos países em desenvolvimento mais pobres de hoje.

---

52 Sobre Inglaterra e França, ver Kindleberger (1984, p.161-2, p.168-70); sobre Holanda, ver 'T Hart (1997, p.29) e Kindleberger (1996, p.100).

Inicialmente, recorreu-se ao imposto de renda como um tributo de emergência para financiar guerras. Em 1799, a Inglaterra instituiu um imposto de renda graduado para fazer face à guerra com a França, mas o abandonou no fim do conflito, em 1816. A Dinamarca lançou mão do mesmo expediente, como financiamento de emergência, durante a Guerra Revolucionária de 1789 e a Guerra Napoleônica de 1809. Os Estados Unidos o introduziram temporariamente durante a Guerra de Secessão, mas o abandonaram assim que ela terminou em 1872.[53]

Em 1842, a Inglaterra foi o primeiro país a dar caráter permanente ao imposto de renda. Mas este enfrentou uma oposição feroz, que o considerava uma medida injusta e invasiva; John McCulloch, um dos economistas mais influentes da época, argumentava que os impostos de renda "requerem uma interferência e uma inspeção constantes na vida dos indivíduos, de modo que, independentemente de sua iniquidade, geram um perpétuo sentimento de irritação" (apud Bonney, 1995, p.434). Em 1874, a abolição do imposto de renda ainda era um artigo importante na plataforma eleitoral de Gladstone, mas ele perdeu a eleição (Hobsbawm, 1999, p.213).

A Dinamarca introduziu um imposto de renda progressivo permanente em 1903. Nos Estados Unidos, a Lei do Imposto de Renda de 1894 foi considerada "inconstitucional" pela Suprema Corte. Um projeto subsequente foi derrotado em 1898, e a Décima Sexta Emenda constitucional, permitindo o imposto de renda federal, só foi adotada em 1913. No entanto, a alíquota era apenas de 1% da renda líquida tributável acima de três mil dólares, subindo para 7% nas rendas superiores a quinhentos mil dólares. A Bélgica adotou o imposto de renda em 1919, ao passo que, em Portugal, tendo sido instituído em 1922, ele foi abolido

---

53 Sobre a Inglaterra, ver Bonney (1995, p.443-5) e Deane (1979, p.228-9); sobre a Dinamarca, ver Mørch (1982, p.160-1); sobre os Estados Unidos, ver Garraty & Carnes (2000, p.408, 468) e Carson (1991, p.540).

em 1928 para ser restaurado apenas em 1933. Embora posteriormente tenha ficado conhecida pela tendência a impor altas alíquotas de imposto de renda, a Suécia o instituiu tardiamente, em 1932. Na Espanha, a primeira tentativa de introduzi-lo pelo ministro das Finanças Calvo Sotelo, em 1926, foi frustrada por uma campanha contrária, "liderada pela aristocracia financeira do mundo dos bancos".[54]

3.2.6 O bem-estar social e as instituições trabalhistas

A. As instituições de bem-estar social

Com o progresso da liberalização e da desregulamentação, que pode gerar um deslocamento econômico em larga escala, assim como o aumento da frequência das crises econômicas, cresce a preocupação em proporcionar meios de sustento para os mais prejudicados por esses processos nos países em desenvolvimento. Até mesmo o FMI e o Banco Mundial, que se opunham à introdução de instituições de bem-estar social nos países em desenvolvimento, as quais eles consideravam "prematuras" (sobretudo dada a sua preocupação com os déficits orçamentários), agora andam falando na necessidade de providenciar uma "rede de seguridade". Assim, embora os padrões exigidos tendam a ser bastante baixos, atualmente os países em desenvolvimento estão sendo pressionados para adotar algumas instituições mínimas de bem-estar social – se bem que tal pressão seja muito mais fraca do que a que se exerce em prol dos outros itens da agenda da "boa governança".

---

54 Sobre a Dinamarca, ver Mørch (1982, p.160-1); sobre os Estados Unidos, ver Baack & Ray (1985) e Carson (1991, p.540); sobre a Bélgica, ver Baudhuin (1946, p.113-6); sobre Portugal, ver Mata & Valério (1994, p.186-92); sobre a Suécia, ver Larsson (1993, p.79-80); sobre a Espanha, ver Carr (1980, p.101).

Não obstante, as instituições de bem-estar social são muito mais do que "redes de seguridade"; quando bem projetadas e implementadas, podem aumentar o crescimento da eficiência e da produtividade (Chang & Rowthorn, 1995, cap.2).[55] A provisão pública custo-eficaz de saúde e educação pode gerar melhoras na qualidade da força de trabalho, que, por sua vez, aumenta a eficiência e acelera o crescimento da produtividade. As instituições de bem-estar social reduzem as tensões sociais e dão mais legitimidade ao sistema político, criando um ambiente mais estável para os investimentos a longo prazo. As estabilizações inter-sazonais do consumo, mediante dispositivos como o salário-desemprego, pode até mesmo contribuir para minimizar os efeitos dos ciclos econômicos. E assim por diante.

Todos esses benefícios potenciais das instituições de bem-estar social devem ser confrontados com o seu custo potencial. Primeiro, essas instituições têm efeito potencialmente corrosivo sobre a ética do trabalho e o senso de autoestima dos que recebem os benefícios. Segundo, questões aparentemente técnicas podem determinar significativamente a eficiência e a legitimidade de tais instituições. Isso inclui avaliar se o benefício e a contribuição estão adequadamente fixados, se a administração do sistema é considerada justa e eficiente e se há um mecanismo efetivo para detectar fraudes no sistema. Terceiro, tentar criar mais impostos para financiar um programa de bem-estar social, num contexto em que a legitimidade política não está firmemente estabelecida, pode levar a "greves de investimento" por parte dos ricos – ou até mesmo ao apoio a um retrocesso violento, como no caso do Chile de Allende.

Sejam quais forem os benefícios e os custos exatos de determinada instituição de bem-estar social, o fato de todos os PADs terem desenvolvido, com o tempo, um conjunto comum dessas instituições (com exceção da prolongada e persistente ausência

---

55 Rodrick (1999) apresenta um ponto de vista semelhante.

de um sistema de saúde abrangente nos Estados Unidos) sugere a existência de algumas necessidades comuns que precisam ser levadas em conta em todos os países. Entretanto, é importante notar que as instituições de bem-estar social tendem a ser estabelecidas num estágio de desenvolvimento bastante tardio na maior parte dos países.

As instituições que dão certo amparo aos segmentos mais fracos da sociedade sempre foram necessárias para garantir a estabilidade social. Antes da industrialização, esse amparo era oferecido pelas famílias, pelas comunidades locais e pelas organizações religiosas. Nos PADs, com o enfraquecimento dessas instituições a partir da industrialização e da urbanização no século XIX, as tensões sociais começaram a aumentar, como se pode ver pelo medo permanente à revolução que dominou muitos países nesse século.

Sem embargo, antes da década de 1870, as instituições de bem-estar social, nos PADs, eram muito precárias e tinham em seu núcleo uma legislação ao estilo da Poor Law inglesa. Na época, as leis de auxílio aos pobres estigmatizavam os receptores da ajuda do Estado, e muitos países os privavam do direito de voto. Por exemplo, a Noruega e a Suécia instituíram o sufrágio universal masculino respectivamente em 1898 e 1918, mas só em 1918 e 1921, respectivamente, permitiu-se que os beneficiários da assistência pública passassem a votar (Pierson, 1998, p.106-7).

Como mostra a Tabela 3.4, as instituições de bem-estar social, nos PADs, só começaram a emergir no fim do século XIX. Seu desenvolvimento foi estimulado pela crescente demonstração de força das classes populares após a significativa ampliação do sufrágio nesse período (ver seção 3.2.1) e pela militância dos sindicatos. No entanto, não houve nenhuma relação entre a ampliação do sufrágio e a das instituições de bem-estar social. Se, em países como a Nova Zelândia, houve um claro nexo entre a precoce ampliação do sufrágio e o desenvolvimento das instituições de bem-estar social, em casos como o da Alemanha, as

Tabela 3.4 – Adoção de instituições de bem-estar social pelos PADs

	Acidente industrial	Saúde	Pensão	Desemprego
Alemanha	1871	1883	1889	1927
Suíça	1881	1911	1946	1924
Áustria	1887	1888	1927	1920
Noruega	1894	1909	1936	1906
Finlândia	1895	1963	1937	1917
Reino Unido	1897	1911	1908	1911
Irlanda*	1897	1911	1908	1911
Itália	1898	1886	1898	1919
Dinamarca	1898	1892	1891	1907
França	1898	1898	1895	1905
Nova Zelândia	1900	1938	1898	1938
Espanha	1900	1942	1919	n. d.
Suécia	1901	1891	1913	1934
Holanda	1901	1929	1913	1916
Austrália	1902	1945	1909	1945
Bélgica	1903	1894	1900	1920
Canadá	1930	1971	1927	1940
EUA	1930	não	1935	1935
Portugal	1962	1984[+]	1984[+]	1984[+]

Fonte: Pierson (1998, p.104, tabela 4. 1). A informação sobre a Espanha é de Voltes (1979), Maza (1987) e Soto (1989). A informação sobre Portugal é de Wiener (1977) e Magone (1997).

1. Os países estão dispostos na ordem pela qual instituíram o seguro de acidente industrial (a começar pela Alemanha, em 1871). Se ele tiver sido instituído em mais de um país no mesmo ano, arrolamos aquele que primeiro adotou o seguro-saúde.

2. As cifras incluem tanto os esquemas inicialmente voluntários, mas apoiados pelo Estado, quanto os compulsórios.

* A Irlanda era colônia da Inglaterra nos anos mencionados.

+ Embora Portugal tenha adotado algumas instituições de bem-estar social a partir da década de 1960, foram sistemas fragmentados, constituídos de regimes parciais, que regularam o seguro social de certos grupos sociais até 1984.

instituições cresceram rapidamente num período de sufrágio relativamente limitado.

Aliás, a Alemanha teve um papel pioneiro nessa área. Foi o primeiro país a introduzir o seguro de acidente industrial (1871), o seguro-saúde (1883) e as pensões estatais (1889), conquanto a França tenha sido o primeiro país a instituir o seguro-desemprego (1905) (ibidem, p.105, Tabela 4.3). As primeiras instituições de bem-estar social da Alemanha já eram muito "modernas" no caráter (por exemplo, tinham cobertura universal) e, aparentemente, suscitaram grande admiração na esquerda francesa da época. É importante notar que, sob a liderança de Gustav Schmoller, os estudiosos da Escola Histórica Alemã (ver Capítulo 1) formaram a influente *Verein fur Sozialpolitik* (União para a Política Social) e pressionaram muito para que se instituísse uma legislação de bem-estar social no país (Blackbourn, 1997, p.346-7).[56]

Essas instituições tiveram um progresso impressionante, nos PADs, nos cinquenta anos entre o último quartel do século XIX e o primeiro do XX. Em 1875, nenhum dos dezenove países listados na Tabela 3.4 tinha uma das quatro instituições de bem--estar social nela incluídas, com exceção da Alemanha, que havia adotado o seguro de acidente industrial em 1871. Contudo, em 1925, dezesseis países tinham esse seguro, treze contavam com seguro-saúde, doze com um sistema de pensão e doze haviam adotado o seguro-desemprego.

B. As instituições que regulamentam o trabalho infantil

O trabalho infantil tem gerado um debate particularmente inflamado desde os primórdios da industrialização, como veremos adiante. Mais recentemente, porém, a controvérsia ganhou uma nova dimensão internacional. Atualmente se exige que os

---

56 Para detalhes da Escola Histórica Alemã, ver Balabkins (1988).

países desenvolvidos pressionem os em desenvolvimento para que eliminem o trabalho infantil. Particularmente polêmica é a proposta de reduzir o trabalho infantil mediante a imposição de sanções comerciais, pela OMC, aos países que violarem os padrões internacionais de trabalho.[57]

Há um temor bastante generalizado de que tais sanções venham a impor padrões institucionais a países em desenvolvimento sem condições de sustentá-los, posto que seja difícil determinar exatamente quais deles seriam "sustentáveis". Alguns receiam que se abuse dessas medidas no interesse de um "desleal" protecionismo velado; outros argumentam que, economicamente viáveis ou não, questões como a regulamentação do trabalho infantil não devem, em hipótese alguma, ser objetos de sanções internacionais. Certos comentaristas afirmam que é insensato esperar uma rápida erradicação do trabalho infantil nos países em desenvolvimento de hoje, já que os PADs levaram séculos para chegar a tanto. O trabalho infantil se disseminava nos PADs na aurora da industrialização. Relata-se que, na década de 1820, as crianças inglesas trabalhavam entre 12,5 e dezesseis horas por dia. Entre 1840 e 1846, cerca de 20% da força de trabalho industrial da Alemanha era constituída de crianças com menos de quatorze anos de idade. Na Suécia, até 1837, podiam-se empregar meninos de cinco ou seis anos.[58]

Nos Estados Unidos, o trabalho infantil se propagou no começo do século XIX: na década de 1820, cerca da metade dos operários da indústria têxtil do algodão tinham menos de dezesseis anos. Na época, era muito comum contratar famílias inteiras como uma unidade. Por exemplo, em 1813, um fabricante de algodão anunciou num jornal provinciano do Estado, o *Utica Patriot*,

---

57 Basu (1999a) é uma avaliação abrangente e sofisticada do debate, Basu (1999b) oferece uma versão mais simplificada e Engerman (2001) apresenta um exame abrangente da história dessa questão.

58 Sobre a Inglaterra, ver Hammond & Hammond (1995, p.169); sobre a Alemanha, Lee (1978, p.466); sobre a Suécia, Montgomery (1939, p.219-22).

que "[a] Cotton Factory procura algumas famílias sóbrias e industriosas, que tenham pelo menos cinco filhos maiores de oito anos" (Garraty & Carnes, 2000, p.227, n.1). E mesmo em 1900, o número de crianças com menos de dezesseis anos que trabalhavam em tempo integral (1,7 milhão), nos Estados Unidos, era superior ao da totalidade dos membros da American Federation of Labour [Federação Americana do Trabalho], o principal sindicato do país (ibidem, p.229, 600). Na Inglaterra, as primeiras tentativas de introduzir instituições para regulamentar o trabalho infantil encontraram muita resistência. Na controvérsia em torno ao Cotton Factories Regulation Act de 1819, que proibia o emprego de crianças menores de nove anos e reduzia a jornada de trabalho infantil, alguns membros da Câmara dos Lordes argumentaram que "o trabalho deve ser livre", ao passo que outros asseveraram que as crianças não eram "agentes livres". As primeiras leis (1802, 1819, 1825 e 1831) ficaram praticamente sem eficácia, em parte porque o Parlamento não votava a alocação de verbas necessária à sua implementação. Por exemplo, a de 1819 contou com apenas duas adesões em 1825 (Blaug, 1958; Marx, 1976, p.390; Hammond & Hammond, 1995, p.153-4).

A primeira tentativa séria de regulamentar o trabalho infantil, na Inglaterra, foi o Factory Act de 1833, mas este só se aplicava às industrias do algodão, da lã, do linho e da seda.[59] A lei proibiu o emprego de crianças com menos de nove anos de idade, reduziu para oito horas a jornada de trabalho das crianças entre nove e doze anos e para doze a dos "jovens" (entre treze e dezoito anos) e proibiu o trabalho infantil noturno (entre as 20h30 e as 5h30). Em 1844, outro Factory Act reduziu a jornada dos menores de treze anos para seis horas e meia (ou sete, em circunstâncias especiais) e tornou obrigatórias as pausas para refeição. No entanto,

---

59 Os detalhes seguintes são de Marx (1976, p.390-5), a menos que se especifique diferentemente; para mais detalhes, ver também Mathias (1969, p.203-4).

isso foi parcialmente compensado pela redução de nove para oito anos a idade mínima para trabalhar. O Factory Act de 1847 (o "Ten Hours Act") baixou para dez horas a jornada de trabalho das crianças com idade entre treze e dezoito anos.

De 1853 em diante, as leis atingiram uma série de outras indústrias, e, com a legislação de 1867, a mais importante nesse aspecto, todas elas passaram a vigorar simultaneamente. Sem embargo, a jornada de trabalho infantil nas minas só foi incluída no Factory Act em 1872. Contudo, mesmo o Factory and Workshop Act de 1878 permitia que crianças maiores de dez anos trabalhassem até trinta horas semanais, sendo as condições ainda menos rigorosas nas fábricas não têxteis (Hobsbawm, 1999, p.103, 634-5, 636, n.47).

Na Alemanha, a Prússia instituiu a primeira lei do trabalho infantil em 1839, que proibia o emprego "regular" das crianças menores de nove anos e das analfabetas com menos de dezesseis nas fábricas e nas minas. Em 1853-1854, quando se instituiu a inspeção fabril e a idade mínima legal subiu para doze anos, a lei passou a ser aplicada em certa medida. Todavia, só em 1878, quando a fiscalização se tornou mais rigorosa, foi que o trabalho de crianças menores de doze anos finalmente caiu na ilegalidade. Na Saxônia, o labor infantil abaixo dos dez anos de idade foi proibido em 1861, e, quatro anos depois, elevou-se para doze anos a idade mínima do trabalhador. A França introduziu a regulamentação do trabalho infantil em 1841, e, no ano seguinte, a Áustria elevou de nove (nível estabelecido em 1787) para doze anos a idade mínima para o trabalho nas fábricas (Lee, 1978, p.467; Engerman, 2001).

Em 1846, a Suécia aprovou uma lei proibindo o trabalho de crianças com menos de doze anos, ao passo que outra, de 1881, reduziu para seis horas a jornada de trabalho infantil. Mas essas leis foram amplamente violadas até 1900, quando se estabeleceu uma fiscalização especial para impô-las; no mesmo ano, caiu para dez horas a jornada máxima de trabalho de crianças com idade entre treze e dezoito anos (Hadenius et al., 1996, p.250; Montgomery, 1939, p.225-6).

A Dinamarca adotou a primeira regulamentação do trabalho infantil em 1873. Ficou proibido o emprego de menores de dez anos na indústria e, para os grupos etários de dez a quatorze e de quatorze a dezoito anos, estabeleceu-se uma jornada máxima de trabalho de 6,5 e de doze horas, respectivamente. Em 1925, determinou-se que não se podiam contratar crianças menores de quatorze anos que não tivessem concluído legalmente os estudos; no entanto, essa lei excetuava a faina na agricultura, nas florestas, na pesca e na navegação. Sua aprovação foi relativamente fácil, já que, na época, o Parlamento dinamarquês estava dominado pelos interesses agrícolas, que não opuseram nenhuma objeção à legislação, contanto que ela não os afetasse (Mørch, 1982, p.364-7).

Na Noruega, a primeira legislação a regulamentar o trabalho infantil foi criada em 1892 (Nerbørvik, 1986, p.210; Engerman, 2001, apêndice I). Proibiu o emprego de menores de doze anos nos estabelecimentos industriais e regulamentou com mais rigor o trabalho de crianças entre doze e quatorze anos, assim como restringiu a dez horas a jornada dos que tinham entre quatorze e dezoito anos de idade. Também proibiu o turno noturno para menores de dezoito anos, a não ser nas fábricas que operavam 24 horas por dia.

Em 1873, o governo espanhol aprovou uma lei vetando o emprego de menores de dez anos, mas ela não teve eficácia. Uma nova lei, introduzida em 1900, limitava a seis horas a jornada de trabalho das crianças entre dez e quatorze anos nos estabelecimentos industriais, e a oito nos comerciais. A primeira regulamentação do trabalho infantil foi instituída em 1874 na Holanda e em 1877 na Suíça.[60]

---

60 Sobre Espanha, ver Soto (1989, p.702-4); sobre Holanda e Suíça, ver Engerman (2001, Tabela 1).

Na Bélgica, a primeira tentativa de regulamentar o trabalho infantil foi a lei de 1878, referente ao emprego nas minas. Em 1909, instituiu-se um regime de doze horas diárias e seis dias por semana para os maiores de doze anos. Ficou proibido o emprego de crianças abaixo desse teto. Em 1914, a idade mínima para o trabalho infantil subiu para quatorze anos. Na Itália, só em 1902 se introduziu uma lei proibindo o emprego de crianças menores de doze anos, ao passo que, em Portugal, a regulamentação da jornada de trabalho infantil (e feminino) só foi instituída em 1913.[61]

Nos Estados Unidos, já na década de 1840, alguns Estados introduziram a regulamentação do trabalho infantil: Massachusetts em 1842, New Hampshire em 1846, o Maine e a Pensilvânia em 1848 (Engerman, 2001, apêndice 1). Na época da Primeira Guerra Mundial, quase todos os Estados haviam adotado leis proibindo o emprego de crianças pequenas e limitando a jornada das mais velhas. Nessa transição, considera-se decisiva a iniciativa do National Child Labour Committee [Comitê Nacional do Trabalho Infantil]. Infelizmente, as leis se aplicavam muito precariamente. O Congresso aprovou uma lei do trabalho infantil em 1916, porém, dois anos depois, a Suprema Corte a declarou inconstitucional. Outra tentativa, em 1919, teve o mesmo destino. A legislação federal, proibindo o trabalho infantil, teve de esperar até 1938 a introdução do Fair Labour Standard Act (Garraty & Carnes, 2000, p.607, 764).[62]

A Tabela 3.5 sumaria a informação referente à evolução da regulamentação do trabalho infantil, nos PADs, ao longo do século XIX e no começo do XX. Embora a informação contida na tabela seja incompleta, e a datação dos fatos, aproximada, parece claro

---

61 Sobre a Bélgica, ver Dechesne (1932, p.494-5) e Blanpain (1996, p.180-2); sobre a Itália, Clark (1996, p.137); sobre Portugal, Serrão (1979, p.413).

62 Agradeço a carta de Stanley Engerman, que me chamou a atenção para a tentativa de legislação de 1919.

Tabela 3.5 – Adoção da regulamentação do trabalho infantil nos PADs

	Primeira tentativa de regulamentação (geralmente ineficaz)	Primeira regulamentação "séria"	Regulamentação relativamente abrangente e bem aplicada
Áustria	1787	1842?	?
Reino Unido	1802	1833	1878
Prússia	1839	1853-1854	1878
França	1841	?	?
EUA	1842*	1904-1914	1938
Suécia	1846	1881	1900
Saxônia	1861	?	?
Dinamarca	1873	1925	?
Espanha	1873	1900	?
Holanda	1874	?	?
Suíça	1877	?	?
Bélgica	1878	1909	1914?
Noruega	1892	?	?
Itália	1902	?	?
Portugal	1913	?	?

Fonte: Texto.
* Quando Massachussetts instituiu sua regulamentação estadual.

que, até o meado da década de 1870, não existia nem mesmo uma legislação cosmética do trabalho infantil na maioria dos quinze países mencionados. Só no começo do século XX passou a prevalecer uma regulamentação "razoavelmente séria".

C. *As instituições que regulamentam a jornada e as condições do trabalho adulto*

Por certo, as instituições que regulamentam a jornada e as condições de trabalho adulto não suscitam tantos comentários quanto as que se ocupam do infantil. Contudo, as questões substantivas envolvidas na implementação de um são essencialmente as mesmas que regulamentam o outro.

Na maioria dos PADs, as longas jornadas de trabalho foram comuns em todo o século XIX. Na Inglaterra anterior ao Factory Act de 1844, a jornada normal excedia as doze horas. Nos Estados Unidos, até a tardia década de 1890, só um número reduzidíssimo de empregadores esclarecidos se dispunha a reduzir a jornada habitual de dez horas. Muitos operários recém-imigrados trabalhavam até dezesseis horas por dia no século XIX (Cochram & Miller, 1942, p.245). Na Alemanha, a semana média foi de 75 horas entre 1850 e 1870, de 66 em 1890 e de 54 em 1914, ao passo que a jornada dos padeiros da Noruega, nas décadas de 1870 e 1880, geralmente chegava a dezesseis horas. Na Suécia, a média foi de onze-doze horas até a década de 1880 e, até o primeiro decênio do século XX, podia alcançar dezessete horas em algumas ocupações, principalmente na panificação. Mørch (1982) estima que, em 1880, a semana de trabalho dinamarquesa era de cerca de setenta horas distribuídas em seis dias e meio.[63]

Malgrado essas jornadas extremamente longas, a legislação regulamentando a duração do trabalho diário adulto não surgiu senão na metade do século XIX (recorde-se que, em alguns países, já se vinham fazendo algumas tentativas de regulamentar o trabalho infantil desde o fim do século XVIII e o começo do XIX). Uma das primeiras leis a controlar a jornada adulta foi o Factory Act de 1844 na Inglaterra. Entre outras coisas, ela reduziu a jornada de trabalho feminino de mais dc dezoito horas para doze, além de excluí-lo do turno noturno (Marx, 1976, p.394). Ainda que sem estipulação legal, a jornada de trabalho adulto masculino aceitável também passou a ser de doze horas com a introdução dessa lei. O Factory Act de 1847, que entrou em vigor no ano seguinte, limitou a dez horas a jornada feminina e a infantil. Contudo, os empregadores trataram de explorar as diversas brechas legais a fim de minimizar o impacto de tal legislação.

---

63 Lee (1978, p.483-3 – sobre a Alemanha); Pryser (1985, p.194-5 – sobre a Noruega); Hadenius et al. (1996, p.250 – sobre a Suécia); Mørch (1982 – sobre a Dinamarca).

Por exemplo, muitos deles não permitiam pausas para a refeição no trabalho – entre as nove da manhã e as sete da noite (Marx, 1976, p.395, 398-9; Hobsbawm, 1999, p.102).

Nos Estados Unidos, a limitação da jornada foi instituída primeiramente em âmbito estadual. Massachusetts adotou uma legislação pioneira em 1847, que reduziu a dez horas a jornada das mulheres e crianças (Garraty & Carnes, 2000, p.607).[64] Mas só na década de 1890 essa lei tornou-se comum em todo o país. Na virada do século, alguns outros Estados diminuíram a jornada em certas indústrias especiais (como a ferroviária e a da mineração), nas quais o cansaço podia provocar acidentes graves. Não obstante, antes de 1900, "o impacto coletivo de tal legislação não chegou a impressionar", principalmente porque muitos juízes conservadores procuravam restringir-lhe a aplicação. Em 1905, por exemplo, no famoso caso Lochner *versus* Nova York, a Suprema Corte sentenciou que a lei adotada pelo Estado de Nova York, estabelecendo o limite de dez horas de trabalho para os bancários, era inconstitucional porque "privava-os da liberdade de trabalhar quanto quisessem". Mesmo em 1908, questionou-se na Suprema Corte uma lei de Oregon, que reduzia a dez horas a jornada das lavadeiras, se bem que nesse caso a lei foi confirmada.

Somente por volta de 1910 a maioria dos Estados norte--americanos "modificou a tradição da *common law*, segundo a qual o operário assumia todo e qualquer risco de acidente ao aceitar o emprego e, portanto, não tinha nenhum direito a compensação se se machucasse, a menos que provasse que o patrão havia sido negligente" (Garraty & Carnes, 2000, p.607). Mas, na época, as leis de segurança do trabalho ainda eram aplicadas muito precariamente, e só em 1930 se estabeleceu o seguro federal de acidente industrial (ver a Tabela 3.4).

---

64 Toda a informação no resto do parágrafo procede de Garraty & Carnes (2000, p.607-8).

Por fragmentária que seja a informação sobre os demais PADs, parece sensato dizer que, em muitos deles, nem mesmo as regulamentações mínimas da jornada e das condições de trabalho adulto surgiram antes do fim do século XIX ou mesmo do começo do XX. Em 1848, a França já contava com uma lei que reduzia a onze horas a jornada de trabalho feminino, no entanto, no começo do século XX, a elite francesa continuava se opondo vigorosamente a qualquer regulamentação do trabalho dos homens adultos. Até a Primeira Guerra Mundial, nenhum país escandinavo tinha leis regulamentando a jornada das mulheres adultas. Na Itália, o trabalho feminino ficou limitado a onze horas em 1902, mas só em 1907 se impôs a obrigatoriedade de um dia de descanso por semana. Na Espanha, o descanso semanal (domingo) não foi instituído antes de 1904; a Bélgica também o adotou tardiamente, em 1905, nas empresas industriais e comerciais.[65]

Já no século XX, presenciaram-se as primeiras regulamentações "modernas" da jornada de trabalho. A Espanha introduziu a jornada de oito horas em 1902 – relativamente cedo em vista do seu nível de desenvolvimento – em âmbito regional, mas só a estabeleceu amplamente em 1919. Na Suécia, a semana de 48 horas foi instituída em 1920. A Dinamarca também tornou obrigatória a jornada de oito horas em 1920, mas a agricultura e a indústria marítima, que, juntas, empregavam cerca de um terço da força de trabalho, ficaram excluídas dessa lei. A Bélgica adotou a semana de 48 horas em 1921 e a de quarenta em 1936. Foi somente com o Fair Labour Standards Act, de 1938, que se implementou a semana máxima de quarenta horas nos Estados Unidos.[66]

---

65 Kuisel (1981, p.4 sobre a França); Engerman (2001, apêndice 1 sobre os países escandinavos); Clark (1996, p.137 sobre a Itália); Soto (1989, p.591 sobre a Espanha); Dechesne (1932, p.496 sobre a Bélgica).

66 Soto (1989, p.585-6 sobre a Espanha); Norborg (1982, p.61 sobre a Suécia); Mørch (1982, p.17-18 sobre a Dinamarca); Blanpain (1996, p.180-2 sobre a Bélgica); Garraty & Carnes (2000, p.764 sobre os Estados Unidos).

3.3 O progresso institucional nos países em desenvolvimento: outrora e hoje

Diante da nossa discussão neste capítulo, que dizer sobre o desenvolvimento institucional dos PADs no passado? Sei perfeitamente que, em tal contexto, qualquer generalização seria temerária em vista da escassez de registros históricos (especialmente dos países menores) e das diferenças entre um país e outro. Não obstante, a generalização é necessária ao propósito deste livro, de modo que, nesta seção, tentarei abordar a questão, oferecendo primeiramente tomadas instantâneas de três diferentes estágios de desenvolvimento dos PADs (seção 3.3.1): (i) 1820, visando aos primórdios da industrialização mesmo nos PADs mais avançados; (ii) 1875, visando ao auge da industrialização nos PADs adiantados e ao início dela nos menos desenvolvidos; e (iii) 1913, visando ao começo da maturidade industrial nos PADs mais desenvolvidos e ao seu auge nos menos. Na seção seguinte, mostro que o processo de desenvolvimento institucional desses países foi lento e irregular (seção 3.3.2). Comparo seus níveis de progresso institucional, nos primeiros tempos, com os hoje encontrados nos países em desenvolvimento (seção 3.3.3). E concluo que estes, na verdade, têm níveis muito mais elevados de progresso institucional do que tinham os PADs em estágios comparáveis de desenvolvimento.

3.3.1 Um apanhado do desenvolvimento histórico-institucional dos PADs

A. 1820 – O começo da industrialização

Em 1820, nenhum PAD tinha sufrágio universal masculino. O direito de votar, quando e se outorgado, foi destinado unicamente aos homens que fossem donos de um patrimônio substancial – e muitas vezes somente para os maiores de trinta anos. Em todos esses países, o nepotismo, o favoritismo, as sinecuras e a venda de cargos públicos eram comuns nas nomeações burocráticas. Com muita frequência, esses cargos eram formalmente tratados como propriedade privada, e, na maior parte dos países, não existia uma burocracia profissional e assalariada no sentido moderno (constituindo a Prússia e alguns outros Estados alemães notáveis exceções).

O direito de propriedade em vigor tinha de ser violado rotineiramente para dar lugar a outros, novos, sobretudo nos países novos como os Estados Unidos. Não mais que um punhado de países tinha leis de patente (a Inglaterra, os Estados Unidos, a França e a Áustria), e a sua qualidade era péssima, virtualmente sem verificação da originalidade das invenções que solicitassem patenteamento. A emergência de algo vagamente parecido com a Lei de Patente "moderna" precisou aguardar mais uma década e meia para ver a reforma da Lei de Patente dos Estados Unidos em 1836.

A responsabilidade limitada, uma condição institucional decisiva para o desenvolvimento da parceria moderna, não se havia generalizado em parte alguma e, portanto, era mais um privilégio que um direito. Mesmo os países com os sistemas financeiros empresariais mais desenvolvidos careciam de regulamentações que exigissem auditorias externas ou a transparência total das informações. As leis de falência porventura existentes eram muito deficientes e não cobriam senão uma classe restrita de empresas; ademais, tinham uma capacidade limitadíssima de "socializar o risco" e de "limpar o nome" dos falidos. A Lei de Concorrência simplesmente não existia, sendo um exemplo limitado e precariamente aplicado o artigo 419 do Código Penal francês, legislado em 1810.

Em sua maior parte, os bancos ainda eram uma novidade, talvez com exceção de algumas regiões da Itália (Veneza e Gênova, entre outras), da Inglaterra e, em grau menor, dos Estados Unidos; todavia, nenhum desses países contava com um banco central adequado, com o monopólio da emissão monetária e a função formal de emprestador de último recurso. A regulamentação do mercado de títulos existia em alguns países, mas era altamente inadequada e raramente aplicada. Nenhum deles recolhia imposto de renda, a não ser como medida de "emergência" em caso de guerra (por exemplo, a Inglaterra no período 1799-1816, a Dinamarca nas guerras napoleônicas).

Além disso, nenhum PAD tinha instituições de bem-estar social ou regulamentações da jornada, do trabalho infantil, nem sistema de saúde ou de segurança no trabalho. As únicas exceções eram uma ou duas leis mínimas e ineficazes, regulamentando o trabalho infantil em algumas indústrias têxteis da Grã-Bretanha (a de 1802 e a de 1819), e a que reduziu para nove anos a idade legal para trabalhar na Áustria, introduzida em 1787.

B. 1875 – A industrialização a todo vapor

Em 1875, com o desenvolvimento da industrialização, os PADs tiveram um avanço institucional considerável, mas a qualidade das instituições continuou muito abaixo do que se cobra dos países em desenvolvimento que hoje se encontram em níveis comparáveis de progresso (quanto a essa comparação, ver seção 3.3.3).

Nenhum deles tinha sufrágio universal, posto que uns poucos – como a França, a Dinamarca e os Estados Unidos – houvessem instituído, pelo menos teoricamente, o sufrágio universal masculino, se bem que, posteriormente, ele tenha regredido nos Estados Unidos. Não obstante, mesmo nesses países, faltavam algumas instituições básicas da democracia, como o voto secreto, e a fraude eleitoral era generalizada. As burocracias apenas começavam a adquirir as principais características modernas, como o recrutamento meritocrático e as medidas disciplinares, porém, mesmo assim, somente em alguns países pioneiros, como a Prússia e a Inglaterra (mas não, por exemplo, nos Estados Unidos), e os sistemas de favoritismo continuavam grassando em muitos deles.

Conquanto a maioria dos PADs tivesse instituído leis de patente (sendo a Suíça e a Holanda exceções notáveis), a qualidade dessa legislação deixava muito a desejar. Particularmente ruim era a proteção aos direitos de propriedade intelectual dos estrangeiros, em parte porque não havia um sistema internacional de proteção a esses direitos. Por exemplo, embora preconizassem vigorosamente um sistema internacional de patente, os Estados Unidos continuavam se negando a reconhecer os direitos autorais dos estrangeiros, e muitas empresas alemãs ainda se dedicavam a produzir falsificações de produtos ingleses.

A responsabilidade limitada pode ter se generalizado em vários países nessa época (na Suécia, na Inglaterra, em Portugal, na França e na Bélgica), mas nenhum deles dispunha de regulamentações concernentes à auditoria e aos procedimentos de *disclosure* de informação. Ainda não fazia três décadas que o Reino Unido criara uma lei de falência relativamente "moderna", permitindo alguma chance de "recomeço" aos falidos (1849), e os Estados Unidos não contavam com uma lei federal de falência. Tampouco existiam leis de concorrência, apesar da rápida ascensão das grandes empresas e das atividades de truste (na época, o artigo 419 do Código Penal francês de 1810 tinha caído em desuso).

Os bancos seguiam como instituições novas em muitos PADs, e alguns destes – notadamente a Itália, a Suíça e os Estados Unidos – careciam de banco central. Mesmo nos que, nominalmente, tinham banco central (por exemplo, Portugal, Suécia e Alemanha), em geral a eficiência era limitadíssima, pois lhes faltava o monopólio da emissão monetária. As regulamentações bancárias continuavam uma raridade, imperava o favorecimento pessoal nos empréstimos, e as falências eram frequentes. Nem mesmo a Grã-Bretanha, o país com o mercado de títulos mais desenvolvido, tinha uma regulamentação adequada no setor, e, em consequência, abundavam as negociações internas e a manipulação de preços nos mercados de títulos. O imposto de renda permanente, introduzido em 1842, era uma grande novidade.

Nesse período, nenhum PAD contava com um esquema moderno de previdência social; a única exceção foi o seguro de acidente industrial na Alemanha, em 1871. Em alguns países, como Inglaterra, Prússia e Suécia, existiam instituições regulamentando o trabalho infantil, se bem que seu funcionamento geralmente fosse precário. Muitas nações continuavam permitindo o emprego de crianças relativamente pequenas, entre nove e doze anos de idade. Outras, como Bélgica, Itália e Noruega, não tinham nenhuma regulamentação do trabalho infantil. Tampouco se haviam imposto limites à jornada de trabalho adulto nos PADs da época, ainda que alguns deles tivessem legislação restringindo a feminina; mesmo nestes, a jornada era relativamente longa, de dez a doze horas. As leis de segurança no trabalho, quando existiam, dificilmente eram cumpridas.

C. 1913 – O começo da maturidade industrial

Mesmo em data tardia como 1913, quando o mais rico dos PADs chegou ao nível dos países em desenvolvimento mais ricos de hoje (Brasil, Tailândia, Turquia, México, Colômbia), dos quais se cobram instituições de "padrão mundial", os PADs, então em desenvolvimento, tinham instituições de má qualidade por esses mesmos padrões.

O sufrágio universal ainda era uma novidade – existia apenas na Noruega e na Nova Zelândia –, e não era comum nem mesmo o sufrágio universal masculino autêntico, no sentido de "um voto por cabeça". Por exemplo, os Estados Unidos e a Austrália tinham qualificações raciais, enquanto, na Alemanha, o número de votos variava conforme o patrimônio, o grau de instrução e a idade do eleitor. O voto secreto acabava de ser instituído na França (1913); os alemães ainda não o conheciam. A modernização burocrática progredira significativamente, sobretudo na Alemanha, mas o sistema de favorecimento continuava disseminado em muitos países (particularmente nos Estados Unidos e na Espanha); entrementes, o profissionalismo burocrático apenas começava a surgir em países como os Estados Unidos: ainda não fazia três décadas que se havia introduzido um grau mínimo de recrutamento competitivo na burocracia federal, em 1883.

Mesmo neste país e na Inglaterra, as instituições de governança empresarial estavam miseravelmente longe dos padrões modernos. Pouco mais de uma década antes (1900), a Inglaterra instituíra a auditoria externa obrigatória nas companhias limitadas, mas, em razão de uma brecha da legislação, as empresas se furtavam a atualizar os balancetes. Em ambos os países, ainda não era obrigatória a transparência cabal na oferta pública de ações. Inexistia Lei de Concorrência: embora, nos Estados Unidos, o Sherman Act de 1890 fizesse referência a ela, só a partir de 1914, com o Clayton Act, foi que se pôde falar em uma lei antitruste digna desse nome. A Europa teve de esperar mais uma década para contar com uma lei de concorrência: na forma da lei do cartel alemã de 1923.

O setor bancário continuava subdesenvolvido – por exemplo, ainda não se autorizavam as filiais bancárias. A regulamentação do setor continuava sendo feita de remendos na maioria dos países. Os bancos centrais começavam a se tornar uma instituição comum, mas sua qualidade ainda estava longe do que hoje em dia se espera. Nos Estados Unidos, por exemplo, a recém-nascida atividade dos bancos centrais (1913) não chegava a cobrir mais do que 30% dos bancos do país. O banco central italiano estava pelejando pelo monopólio da emissão monetária. As transações internas e a manipulação do preço das ações ainda não tinham sido adequadamente regulamentadas. Nem a Inglaterra nem os Estados Unidos, os dois países com os mercados de títulos mais desenvolvidos da época, tinham regulamentações no setor (precisaram esperar até 1939 e 1933, respectivamente). O imposto de renda era uma novidade. Os Estados Unidos só o introduziram em 1913, após duas décadas de lutas políticas e demandas judiciárias, ao passo que a Suécia, apesar do uso extensivo do imposto de renda em períodos ulteriores, ainda não o havia adotado na época.

Possivelmente, o único setor em que os PADs foram bem, em comparação com os países atualmente em níveis semelhantes de desenvolvimento, foi o das instituições de bem-estar social, que teve um crescimento deveras impressionante a partir de 1880. Em 1913, a maioria deles (com exceção do Canadá, dos Estados Unidos e de Portugal) tinha seguro de acidente industrial, seguro-saúde (com exceção da Holanda, da Nova Zelândia, da Espanha, da Finlândia, da Austrália e de Portugal) e pensões estatais (com exceção da Noruega, da Finlândia, da Suíça, da Espanha e de Portugal). Não obstante, o seguro-desemprego ainda era uma novidade: só foi instituído em 1905 na França e em 1913 na Irlanda, na Inglaterra, na Dinamarca e na Noruega. Mesmo assim, países como este último e a Suécia continuavam discriminando os que recebiam auxílio social.

Nessa época, também se haviam instituído muitas leis regulamentando a jornada e a segurança do trabalho, o trabalho feminino e o infantil, mas os padrões eram baixos, a cobertura, limitada, e a aplicação, precária. Por exemplo, nos Estados Unidos, os empregadores e os juízes resistiam ferozmente até mesmo ao limite de dez horas para a jornada de trabalho, e foi necessário aguardar mais um quarto de século para que se proibisse o trabalho infantil em âmbito federal (1938). Nenhum país havia chegado à semana de 48 horas (muito menos à de quarenta).

3.3.2 O longo e tortuoso caminho do desenvolvimento institucional

A primeira coisa que se constata, ao fim da minuciosa discussão da seção 3.2 e do apanhado geral da 3.3.1, é que, a partir do momento em que começaram a perceber que as instituições eram necessárias, os PADs levaram décadas ou mesmo séculos para desenvolvê-las. Convém indicar que, no processo, esses países sofreram frequentes retrocessos. Tomemos alguns exemplos para ilustrar esse ponto.

A democracia tardou muito a se desenvolver. Para tomar apenas dois exemplos, a França e a Suíça levaram quase cem anos (respectivamente, de 1848 a 1946 e de 1879 a 1971) para passar do sufrágio universal masculino para o sufrágio universal. Já no começo do século XVIII, muitos PADs se deram conta, plenamente, da necessidade de uma burocracia profissionalizada e moderna, mas só no início do século XIX foi que a instituíram. O valor das instituições de responsabilidade limitada já tinha sido reconhecido no fim do século XVI, quando as cartas régias concediam responsabilidade limitada aos grandes e arriscados empreendimentos (por exemplo, a Companhia Britânica das Índias Orientais); no entanto, mesmo nos países mais avançados, ela só passou a ter uso generalizado no meado do século XIX. Certos círculos reconheceram a necessidade de um banco central já no século XVII, mas o primeiro banco central "verdadeiro", o Bank of England, foi fundado só em 1844. Os Estados Unidos sentiram a necessidade de pelo menos certo grau de banco central já nos primeiros dias de sua existência, como mostra o estabelecimento do (efêmero) First Bank of the USA em 1791, mas só em 1913 criaram o Federal Reserve System, e, mesmo assim, a sua abrangência era limitadíssima.

Também demorou muito a difusão de instituições novas, nos PADs, por inspiração das nações inovadoras. Na medida do possível, a Tabela 3.6 mostra quando e onde as diferentes instituições surgiram pela primeira vez, quando foram adotadas pela maioria dos PADs e até que ponto foram aceitas por todos eles. Também mostra que, mesmo excluindo-se o caso excepcional da lei de patente "pré-moderna", decorreram de vinte (como no caso de pensão estatal e no do seguro-desemprego) a 150 anos (como o banco central moderno) entre uma inovação institucional e a sua adoção pela maioria dos PADs. A tabela mostra ainda que, tratando-se do período entre uma inovação institucional e sua adoção como "padrão internacional" (isto é, com uma vasta maioria de países a adotá-la), não se pode falar em décadas, e sim em gerações. São vários os motivos desse ritmo tão lerdo no progresso institucional dos PADs.

Em primeiro lugar, principalmente nos estágios iniciais de desenvolvimento, muitas instituições deixaram de ser adotadas ou, quando adotadas, não tiveram eficácia porque eram "insustentáveis". Quanto a isso, a ausência de bem-estar social e de regulamentações trabalhistas são os exemplos mais óbvios, porém muitas instituições de governança e finanças empresariais também ficaram sem efeito, nos primeiros tempos, porque não havia recursos suficientes para administrá-las e impô-las.

Segundo, em muitos casos, as instituições não foram aceitas, mesmo depois de terem se tornado "sustentáveis", em virtude da resistência daqueles que (pelo menos a curto prazo) sairiam perdendo com a sua introdução. Provavelmente, o melhor exemplo é a resistência das classes abastadas à democracia, à regulamentação do trabalho e ao imposto de renda.

Terceiro, por vezes, as instituições não eram adotadas porque seus contemporâneos não compreendiam bem a lógica econômica por trás delas. Um bom exemplo disso é a resistência à responsabilidade limitada ou ao banco central, mesmo por parte daqueles que teriam lucrado com tais instituições.

Quarto, também houve instituições rejeitadas em razão de certos "preconceitos da época", mesmo quando se tornaram obviamente "sustentáveis" e se compreendeu a lógica por trás delas.

Tabela 3.6 – Síntese da evolução institucional nos PADs

	Primeira adoção	Adoção majoritária	Última adoção	Grã-Bretanha (GB)	EUA
Democracia					
Sufrágio masculino	*1848 (França)*	*1907* *	*1925 (Japão)* *	*1918*	*1870*
Sufrágio universal	1907 (Nova Zelândia)	1946[a]	1971 (Suíça)[a]	1928	1965
Burocracia moderna	começo do séc. XIX (Prússia)			meado do séc. XIX anos 1930?	começo do séc. XX
Judiciário moderno					
Direito de Propriedade Intelectual					
Lei de Patente	*1474 (Veneza)*	*anos 1840[b]*	*1912 (Holanda)[b]*	*1623*	*1793*
Lei de Patente "moderna"[1]	1836 (EUA)	anos 1960[b]	anos 1990 (Espanha, Canadá)[b]	1852	1836
Lei de *copyright* "moderna"[2]					1891 (1988)[3]
Lei de marca registrada	1862 (GB)			1862	

Fonte: O texto.

* As instituições grafadas em itálico denotam variedade "pré-modernas", que ficam tanto a dever para os padrões modernos, quanto a cobertura e aplicação, que em geral é melhor encará-las numa categoria diferente da de seus descendentes "modernos".

[a] A partir dos dezenove países cuja informação está disponível (Alemanha, Austrália, Áustria, Bélgica, Canadá, Dinamarca, Espanha, Estados Unidos, Finlândia, França, Holanda, Inglaterra, Itália, Japão, Noruega, Nova Zelândia, Portugal, Suécia e Suíça).

[b] A partir dos dezessete países cuja informação está disponível (Alemanha, Áustria, Bélgica, Canadá, Dinamarca, Espanha, Estados Unidos, Finlândia, França, Holanda, Inglaterra, Itália, Japão, Noruega, Portugal, Suécia e Suíça). Na época, os Estados alemães que tinham leis de patente eram Prússia, Baviera, Wurtemberg e Saxônia. Os Estados italianos que as tinham eram a Sardenha e o Estado do Vaticano.

Instituições de governança empresarial

Responsabilidade limitada generalizada	1844 (Suécia)			1856 (1862)[4]	
Lei de Falência				*1542*	*1800*
Lei de Falência "moderna"[5]				1849	1898
Auditoria e *disclosure* "modernas"[6]				1948	1933
Lei da Concorrência	*1890 (EUA)*			*1919*	*1890*
Lei da concorrência efetiva	1914 (EUA)			1956	1914

Instituições financeiras

Sistema bancário "moderno"[7]	anos 1920 (GB)			anos 1920	
Sistema bancário central	*1688 (Suécia)*	*1847[c]*	*1913 (EUA)[c, 9]*	*1694*	*1913*
Sistema "moderno" de banco central[8]	1844 (GB)	1891[c]	1929 (EUA)[c, 9]	1844	1929
Regulamentação de títulos	*1679 (GB)*			*1679*	*meio do séc. XIX*
Regulamentação de títulos "moderna"[10]				1939	1933
Imposto de renda	1842 (GB)			1842	1913

[c] A partir dos onze países cuja informação está disponível (Alemanha, Bélgica, Espanha, Estados Unidos, França, Holanda, Inglaterra, Itália, Portugal, Suécia e Suíça).

[d] A partir dos dezessete países cuja informação está disponível (Alemanha, Austrália, Áustria, Bélgica, Canadá, Dinamarca, Estados Unidos, Finlândia, França, Holanda, Inglaterra, Irlanda, Itália, Noruega, Portugal, Suécia e Suíça).

[e] A partir dos quinze países cuja informação está disponível (Áustria, Bélgica, Dinamarca, Espanha, Estados Unidos, França, Holanda, Inglaterra, Itália, Noruega, Portugal, Prússia, Saxônia, Suécia e Suíça).

[1] Lei de Patente "moderna" define-se como uma lei de patente que tem disposições como a verificação rigorosa da originalidade da invenção, proteção igual às invenções de "cidadãos' estrangeiros e patentes de substâncias químicas e farmacêuticas.

[2] Lei de *copyright* "moderna" define-se como a lei de direito autoral que, acima de tudo, oferece proteção igual ao direito autoral dos "cidadãos" estrangeiros.

[3] Até 1988, os Estados Unidos não reconheciam o direito autoral de cidadãos estrangeiros, a menos que o material tivesse sido impresso nos país.

[4] Aos bancos, só se concedeu a responsabilidade limitada em 1857, e às companhias de seguro, em 1862.

Ha-Joon Chang

Instituições de bem-estar social e trabalhistas					
Seguro de acidente industrial	1871 (Alemanha)	1898[d]	1930 (USA, Canadá)[d]	1897	1930
Seguro-saúde	1883 (Alemanha)	1911[d]	Inexistente nos EUA[d]	1911	Inexistente
Pensão estatal	1889 (Alemanha)	1909[d]	1946 (Suíça)[d]	1908	1946
Seguro-desemprego	1905 (França)	1920[d]	1945 (Austrália)[d]	1911	1935
Regulamentação do trabalho infantil	*1787 (Áustria)*	*1873[e]*	*1913 (Portugal)[e]*	*1802*	*1904*
Regul. "moderna" do trabalho infantil[11]	1878 (GB/Prússia)			1878	1938

5   Lei de falência "moderna" define-se como a lei de falência que se aplica a todos, sem nenhum bem disponível, e dá uma segunda chance ao devedor.

6   Regras "modernas" de auditoria e *disclosure* exigem auditoria externa, a apresentação de balancetes atualizados e a transparência da informação detalhada.

7   Sistema bancário "moderno" é o que tem cobertura muito vasta, poucos empréstimos internos e um só preço em diferentes regiões.

8   Sistema "moderno" de banco central é o que tem o monopólio da emissão monetária, funciona como emprestador de último recurso e controla todos os bancos.

9   Embora os Estados Unidos tenham fundado o Federal Reserve System em 1913, ainda em 1915 somente 30% dos bancos (correspondentes a 50% do total dos ativos bancários) estavam submetidos ao sistema. Até 1919, o Federal Reserve System ainda não cobria 65% dos bancos (que, no entanto, representavam apenas 20% dos ativos bancários).

10   Define-se regulação "moderna" de títulos como aquela que exige a representação sincera de informação, transparência (*disclosure*) total, licenciamento dos negociantes e poder de autoridade regulamentária para iniciar investigações.

11   Regulamentação "moderna" do trabalho infantil é aquela com cobertura abrangente e aplicação efetiva.

Exemplo disso é a demora da instituição da burocracia profissional, nos Estados Unidos, por causa do preconceito jacksoniano contra o profissionalismo, ou o atraso na introdução do sufrágio feminino na Suíça.

Quinto, por vezes, o desenvolvimento institucional foi adiado em virtude da interdependência de certas instituições, de modo que foi necessário que as instituições relacionadas se desenvolvessem simultaneamente. Por exemplo, sem o desenvolvimento de instituições de finanças públicas para coletar impostos, era difícil remunerar adequadamente uma burocracia profissional; mas sem uma burocracia fiscal desenvolvida, era difícil desenvolver instituições de finanças públicas. Não foi por coincidência que o desenvolvimento da burocracia moderna avançou ombro a ombro com o da capacidade fiscal do Estado.

É necessário um conhecimento histórico mais detalhado para explicar por que determinada instituição não foi adotada em determinado país em determinada época; infelizmente, não há espaço neste livro para empreendermos tal discussão. No entanto, o que parece claro para a nossa análise é que as instituições, tipicamente, levaram décadas ou mesmo gerações para se desenvolver. Nesse contexto, a exigência atual e tão generalizada de que os países em desenvolvimento adotem, imediatamente ou nos próximos cinco a dez anos, instituições de "padrão mundial", ou que sofram punições por não o terem feito, parece contrariar a experiência histórica dos próprios PADs que fazem tal exigência.

3.3.3 Comparação com os atuais países em desenvolvimento

Vimos que o progresso institucional nos PADs, no passado, foi um processo prolongado e tortuoso. Ainda mais pertinente aqui é o fato de os PADs, geralmente, terem sido institucionalmente muito menos avançados, naquela época, do que os países

Chutando a escada

que atualmente se encontram em estágios similares de desenvolvimento.

Para demonstrá-lo, precisamos, primeiramente, comparar os níveis de progresso dos PADs então em desenvolvimento com os atuais países em desenvolvimento. Na Tabela 3.7, comparamos as rendas *per capita* dos PADs no século XIX e no começo do XX (em dólares internacionais de 1990) com as rendas de 1992 dos atuais países em desenvolvimento. Obviamente, trata-se de uma comparação muito grosseira, visto que são bem conhecidos os problemas do uso dos números de renda para medir o nível de desenvolvimento de um país, principalmente quando isso inclui o recurso a estatísticas históricas em dois séculos. No entanto, a tabela nos dá uma ideia geral da situação dos PADs, quando estavam em desenvolvimento, em relação a dos atuais países em desenvolvimento.

A comparação mostra que, na década de 1820, a maior parte dos PADs se achava, falando em termos gerais, em um nível de desenvolvimento correspondente a algo entre Bangladesh (renda *per capita* de US$720) e o Egito (renda *per capita* de US$1.927) de hoje – tal grupo inclui países como Mianmá (Burma), Gana, a Costa do Marfim, o Quênia, a Nigéria, a Índia e o Paquistão. Em 1875, a maioria dos PADs havia ultrapassado o nível de renda Nigéria-Índia, porém mesmo os mais ricos deles (Inglaterra, Nova Zelândia e Austrália) estavam no nível da China (US$3.098) ou do Peru (US$3.232) atuais. O resto, inclusive os Estados Unidos, a Alemanha e a França, encontrava-se entre o Paquistão (US$1.642) e a Indonésia (US$2.749) de agora. Em 1913, os PADs mais ricos (Inglaterra, Estados Unidos, Austrália e Nova Zelândia) tinham chegado ao nível dos países em desenvolvimento mais ricos da atualidade (por exemplo, Brasil, México, Colômbia e Tailândia). Sem embargo, a maioria, da Finlândia à França e à Áustria, ainda se achava no nível dos atuais países em desenvolvimento de renda média (como as Filipinas, o Marrocos, a Indonésia, a China e o Peru).

201

Se confrontarmos as comparações de renda com os instantâneos históricos dos PADs apresentados anteriormente (seção 3.3.1), veremos de pronto que, no passado, os PADs tinham níveis relativamente baixos de progresso institucional em comparação com os países atualmente em níveis equivalentes de desenvolvimento. Por exemplo, em 1820, a Grã-Bretanha estava em um nível de desenvolvimento ligeiramente superior ao da Índia de hoje, mas não contava nem mesmo com as instituições mais "elementares" existentes na Índia, como o sufrágio universal (na época, a Grã-Bretanha não tinha sequer o sufrágio universal masculino), o banco central, o imposto de renda, a responsabilidade limitada generalizada, a lei de falência "moderna", uma burocracia profissionalizada ou regulamentações significativas do mercado de capitais. Com exceção de um par de regulamentações mínimas e dificilmente aplicáveis do trabalho infantil em algumas indústrias, a Grã-Bretanha de 1820 não dispunha nem mesmo das regulamentações trabalhistas mais elementares.

De modo semelhante, em 1875, a Itália se encontrava em um nível de desenvolvimento comparável ao do Paquistão de hoje. Contudo, carecia de sufrágio universal masculino, de burocracia profissionalizada, de um Judiciário que fosse remotamente independente e profissional, de um banco central com o monopólio da emissão monetária ou de uma lei de concorrência – instituições que o Paquistão já tem há décadas. (A democracia é uma exceção óbvia, mas, apesar da suspensão frequente das eleições, o sufrágio, no Paquistão, quando permitido, nunca deixou de ser universal.)

Para dar outro exemplo, em 1913, os Estados Unidos estavam num nível de desenvolvimento correspondente ao do México de hoje, no entanto seu grau de desenvolvimento institucional era muito inferior: as mulheres seguiam formalmente excluídas do direito de votar, tal como, aliás, estavam *de fato* os negros e outras minorias étnicas em muitas regiões do país. Fazia pouco mais de uma década que se instituíra uma lei federal de falência (1898) e menos de vinte anos que o país havia reconhecido os direitos autorais dos estrangeiros em 1891. Ademais, nesse estágio, os Estados Unidos ainda tinham um sistema de banco central altamente incompleto, e o imposto de renda acabava de ser criado (1913), e o estabelecimento de uma lei de concorrência significativa ainda teria de aguardar o Clayton Act de 1914. Tampouco havia regulamentação federal das transações federais de títulos ou do trabalho infantil, e a escassa legislação estadual existente sobre a matéria era de péssima qualidade e cumprida muito precariamente.

A partir desses exemplos, podemos concluir que, na aurora do desenvolvimento econômico, os PADs operavam com estruturas institucionais muito menos desenvolvidas dos que as hoje existentes nos países em níveis de desenvolvimento comparáveis. É ocioso dizer que o nível de desenvolvimento institucional dos PADs estava muito abaixo dos "padrões globais" ainda mais elevados com os quais os países em desenvolvimento têm sido exortados a se conformar.

Tabela 3.7 – Onde estavam os países atualmente desenvolvidos quando em fase de desenvolvimento? (em dólares de 1990)

Renda per capita	PADs (1750)	PADs (1820)	PADs (1875)	PADs (1913)	Países em desenvolvimento (1992)
Abaixo de 1.000	França (921)	Japão (704) Finlândia (759) Canadá (893) Irlanda (954)			Etiópia (300) Bangladesh (720) Burma (748)
1.000-1.500	GB (1.328)	Noruega (1.002) Espanha (1.063) Itália (1.092) Alemanha (1.112) Suécia (1.198) França (1.218) Dinamarca (1.225) EUA (1.287) Bélgica (1.291) Áustria (1.295)	Finlândia (1.176) Noruega (1.469)	Japão (1.334) Portugal (1.354)	Gana (1.007) Quênia (1.055) Costa do Marfim (1.134) Nigéria (1.152) Índia (1.348)
1.500-2.000		Austrália (1.528) Holanda (1.561) GB (1.756)	Itália (1.516) Canadá (1.690) Suécia (1.835) Áustria (1.986)	Grécia (1.621)	Paquistão (1.642) Egito (1.927)

2.000-3.000	Dinamarca (2.031)	Finlândia (2.050)	Filipinas (2.213)
	França (2.198)	Espanha (2.255)	
	Alemanha (2.198)	Noruega (2.275)	Marrocos (2.327)
	EUA (2.599)	Itália (2.507)	Indonésia (2.749)
	Bélgica (2.800)	Irlanda (2.733)	
	Holanda (2.829)		
3.000-4.000	Nova Zelândia (3.707)	Suécia (3.096)	Peru (3.232)
	GB (3.511)	França (3.452)	China (3.098)
		Áustria (3.488)	
		Dinamarca (3.764)	
		Alemanha (3.833)	
		Holanda (3.950)	
4.000-5.000	Austrália (4.433)	Bélgica (4.130)	Turquia (4.422)
		Suíça (4.207)	Tailândia (4.422)
		Canadá (4.231)	Brasil (4.862)
5.000-6.000		GB (5.032)	México (5.098)
		Nova Zelândia (5.178)	Colômbia (5.359)
		EUA (5.307)	
		Austrália (5.505)	

Fonte: Maddison (1995). Os dados de 1750 são extrapolados dos de 1820, com taxa de crescimento anual de 0,4% tanto para a Grã--Bretanha quanto para a França. Essa porcentagem corresponde à média ponderada das estimativas de historiadores econômicos da Inglaterra (Vries, 1984). Entre eles, aceita-se amplamente que o índice de crescimento francês, na época, era semelhante ao da Inglaterra (Crouzet, 1967).

4
Lições para o presente

4.1 Introdução

Até aqui, a discussão mostra que as políticas e instituições utilizadas pelos países atualmente desenvolvidos, nos estágios iniciais de desenvolvimento, diferem significativamente das que normalmente se supõe que eles utilizaram e mais ainda das diretrizes que recomendam, ou melhor, que frequentemente exigem dos atuais países em desenvolvimento.

Na segunda seção deste capítulo, sintetizo as principais conclusões dos Capítulos 2 e 3 e discuto se é deveras possível concluir que a atual pressão dos países desenvolvidos pelas "boas políticas" e a "boa governança" significa, de fato, "chutar a escada". A seção 4.4 considera algumas possíveis objeções à minha argumentação, ao passo que a última tira algumas conclusões e propõe novas direções de pesquisa, resultantes do presente estudo.

4.2 Repensando políticas econômicas para o desenvolvimento

No Capítulo 2, examinei as políticas aplicadas pelos países atualmente desenvolvidos (PADs) no seu período de desenvolvimento, desde a Inglaterra do século XIV até os NPIs asiáticos do fim do século XX.

Minha discussão confirma grande parte da observação feita por List há 150 anos – numa época em que muitos achariam graça se alguém sugerisse que, dentro de duas gerações, a Alemanha seria um desafio econômico para Inglaterra ou que os Estados Unidos viriam a ser a principal potência industrial do planeta. Emerge um padrão consistente, no qual todas as economias em *catching-up* usam políticas industrial, comercial e tecnológica (ICT) ativistas – mas não simplesmente a proteção tarifária, como assinalei reiteradamente – para promover o desenvolvimento econômico, como tem ocorrido desde antes da época de List. De lá para cá, os instrumentos políticos envolvidos em tal esforço promocional tornaram-se mais variados, complexos e efetivos, mas o padrão geral permaneceu notavelmente fiel a si mesmo.

Seja qual for o método político empregado, parece haver alguns princípios comuns à longa série de bem-sucedidos estrategistas do desenvolvimento, a começar por Eduardo III, no século XIV, passando por Robert Walpole, Frederico, o Grande, e Alexander Hamilton, no século XVIII, até os criadores de políticas norte-americanos, alemães e suecos do século XIX e seus equivalentes asiáticos ou franceses do século XX.

Como se observou inúmeras vezes nos últimos séculos, o problema comum enfrentado por todas as economias em *catch-up* é que a passagem para atividades de maior valor agregado, que constitui a chave do processo de desenvolvimento econômico, não se dá "naturalmente".[1] Isso ocorre porque, por diversas

---

1 É claro que essas atividades de alto valor agregado hão de depender do país e do período em questão. Assim, para tomar um exemplo extremo, a manu-

razões, há discrepâncias entre o retorno social e o individual de investimentos nas atividades de alto valor agregado – ou indústrias nascentes – nas economias em *catch-up*.[2]

Ante tais discrepâncias, é necessário estabelecer alguns mecanismos para socializar o risco envolvido nesses investimentos. Ao contrário da visão popular, isso não implica necessariamente a intervenção de políticas diretas, como a proteção tarifária ou os subsídios, também é possível por meio de instituições que socializem o risco envolvido em tais projetos (mais detalhes sobre isso, ver seção 4.3). Todavia, a solução institucional tem limitações importantes. Em primeiro lugar, as instituições são, por natureza, encarnações de regras gerais e, por isso, podem não ter eficácia ao lidar com problemas relativos a indústrias isoladas. Segundo, conforme procurei mostrar no Capítulo 3, implantar novas instituições costuma levar tempo, e isso tende a limitar a capacidade dos países de reagir prontamente a novas mudanças. Consequentemente, em muitos casos, uma política de intervenção mais enfocada e ágil pode ser preferível a soluções institucionais.

---

fatura de tecido de algodão, que era *a* atividade de alto valor agregado na Europa dos séculos XIV e XV, é hoje uma das atividades de baixo valor agregado. Além disso, as atividades de alto valor agregado não são necessariamente as "indústrias (manufatureiras)" no sentido convencional, tal como pressupõe a expressão "promoção da indústria nascente". Dependendo do lugar onde estão ocorrendo os avanços tecnológicos, as atividades de alto valor agregado podem ser as oficialmente classificadas como "serviços".

2   Sobre os motivos pelos quais pode haver tais discrepância, ver Chang (1994, cap.3), Stiglitz (1996) e Lall (1998). Muito amiúde, o problema é que os empresários do setor privado, cujos perfis custo-benefício o Estado deve tentar influenciar, simplesmente não existem. Foi por esse motivo que Frederico, o Grande, por exemplo, teve de recorrer (com sucesso) a um número reduzido de empresários-burocratas para desenvolver suas indústrias na Silésia ou que muitos países em desenvolvimento tiveram de usar empresas estatais (muitas vezes sem sucesso) quando de sua independência depois da Segunda Guerra Mundial.

O fato de a intervenção direta do Estado, sobretudo na forma de políticas ICT, ser frequentemente necessária para socializar os riscos envolvidos no desenvolvimento de indústrias nascentes não significa, contudo, que só haja um modo de fazê-lo – quer dizer, por meio da proteção tarifária.[3] Como mostra a minha argumentação no Capítulo 2, há uma grande multiplicidade de instrumentos políticos usados com esse propósito, pelos diversos países, em consequência das diferenças em seu relativo atraso tecnológico, na situação internacional, na disponibilidade de recursos humanos etc. É ocioso dizer que, até num mesmo país, o foco da promoção pode – aliás, deve – evoluir com o tempo, de acordo com as mudanças da situação interna e internacional. Os países bem-sucedidos são, tipicamente, os que se mostraram capazes de adaptar o foco de suas políticas às mudanças da situação.

Evidentemente, o fato de o uso de políticas ICT ativistas ser necessário não implica que todos os países que as usam estejam com o sucesso econômico garantido. Como sabemos pelas experiências de vários países em desenvolvimento no período do pós-guerra, o sucesso é basicamente determinado, por um lado, pelas formas detalhadas dessas políticas e, por outro, pela disposição e capacidade do Estado de implementá-las.[4]

O quadro resultante do nosso apanhado histórico parece suficientemente claro. Na tentativa de alcançar as economias de fronteira, os PADs recorreram a políticas industrial, comercial e tecnológica intervencionistas a fim de promover as indústrias nascentes. As formas e a ênfase dessas políticas podem ter variado de país para país, mas é inegável que todos as aplicaram ativamente. Em termos relativos (isto é, levando em consideração

---

3   Shafaeddin (2000, p.9-10) observa que List também via nas tarifas e nos subsídios apenas duas de muitas políticas de desenvolvimento industrial.

4   Para mais detalhes, ver Evans (1995), Stiglitz (1996) e Chang & Cheema (2002).

Chutando a escada

a defasagem de produtividade com os países mais avançados), a verdade é que muitos deles protegeram suas indústrias com muito mais vigor do que os atuais países em desenvolvimento.

Assim sendo, o pacote de "boas políticas" atualmente recomendado, que enfatiza os benefícios do livre-comércio e de outras políticas ICT do *laissez-faire*, parece conflitar com a experiência histórica. Com uma ou duas exceções (por exemplo, Holanda e Suíça), os PADs não tiveram sucesso com base nesse pacote de políticas. As que usaram para chegar ao lugar em que estão hoje – ou seja, as políticas ICT ativistas – são precisamente aquelas que eles mandam os países em desenvolvimento não usarem, por causa de seu efeito negativo sobre o desenvolvimento econômico.

Quer dizer que os países desenvolvidos e o *establishment* internacional de política de desenvolvimento (EIPD), por eles controlado, recomendam políticas que os beneficiam, mas não os países em desenvolvimento? Haverá algum paralelo entre isso e a pressão exercida pela Grã-Bretanha, no século XIX, em prol do livre-comércio e contra as políticas protecionistas dos Estados Unidos e de outros PADs que estavam tentando avançar por meio delas? Será justo afirmar que o acordo da OMC, que restringe a capacidade dos países em desenvolvimento de pôr em prática políticas ICT ativistas, não passa de uma versão moderna, multilateral, dos "tratados desiguais" que a Inglaterra e outros PADs costumavam impor aos países semi-independentes? Em outras palavras, acaso os países desenvolvidos estão "chutando a escada", pela qual subiram ao topo, para longe do alcance dos países em desenvolvimento? Infelizmente, a resposta a todas essas perguntas é sim.

A única maneira de os países desenvolvidos repelirem a acusação de que estão "chutando a escada" seria argumentar que as políticas ICT ativistas, de que eles se valeram no passado, foram benéficas ao desenvolvimento econômico, mas deixaram de ser, pois "os tempos mudaram". Em outras palavras, seria argumentar que as "boas políticas" de ontem talvez não sejam tão "boas" assim hoje em dia.

À parte a escassez de razões convincentes para explicar por que seria esse o caso,[5] o ínfimo crescimento econômico verificado nos países em desenvolvimento, nas últimas duas décadas, sugere que essa linha de defesa é simplesmente insustentável. Nesse período, a maioria dos países em desenvolvimento passou por "reformas políticas" e implementou "políticas boas" – ou pelo menos "melhores" – que deviam ter promovido o crescimento. Em poucas palavras: o resultado foi uma grande decepção.

O fato patente é que as "reformas políticas" neoliberais se mostraram incapazes de cumprir a sua grande promessa: o crescimento econômico. Quando da sua implementação, garantiram-nos que, embora essas "reformas" talvez aumentassem a desigualdade a curto e, possivelmente, também a longo prazo, elas gerariam um crescimento mais rápido e, enfim, alçariam a todos mais efetivamente do que as políticas intervencionistas do imediato pós-guerra. Os dados das últimas duas décadas mostram que só a parte negativa dessa previsão se confirmou. A desigualdade da renda aumentou tal como se previu, mas a prometida aceleração do crescimento não se verificou. Aliás, em comparação com o período 1960-1980, no qual predominaram as políticas "ruins", o crescimento se desacelerou acentuadamente nas últimas duas décadas, sobretudo nos países em desenvolvimento.

---

5   O'Rourke (2000, p.474-5) apresenta um argumento plausível. Cita alguns estudos de Jeffrey Williamson e seus parceiros, alegando que, no século XIX, a proteção tarifária aumentou os investimentos à medida que reduziu o preço relativo dos bens de capital, dado que estes raramente eram comercializados na época. E prossegue dizendo que, no século XX, os bens de capital são mais amplamente comercializados e que há evidências de que a proteção lhe aumenta o preço relativo, retardando o investimento. Mas admite que, para o século XIX, o resultado é demasiado sensível à amostra e se associa a uma correlação totalmente implausível de que a participação do investimento se relaciona negativamente com o crescimento, num ampliado modelo Solow. Ele reconhece que o argumento não é conclusivo.

De acordo com os números fornecidos por Weisbrot et al. (2000), nos 116 países (desenvolvidos e em desenvolvimento) de cujos dados eles dispunham, entre 1960 e 1980, o PIB *per capita* cresceu num ritmo de 3,1% anuais, ao passo que, entre 1980 e 2000, a taxa de crescimento reduziu-se a apenas 1,4% a. a. Somente em quinze dos 116 países da amostra – treze dos 88 países em desenvolvimento[6] – o índice de crescimento foi superior a 0,1 ponto percentual por ano entre esses dois períodos.[7]

Mais especificamente, segundo Weisbrot et al. (2000), no período 1960-1980, o PIB *per capita* dos países latino-americanos cresceu 2,8% a. a., mas ficou estagnado entre 1980 e 1998, com um crescimento 0,3% a. a. Entre 1980 e 1998, o PIB *per capita* da África Subsaariana caiu 15% (ou cresceu -8% a. a.), já que havia

---

6 Weisbrot et al. (2000) não definem "países em desenvolvimento" como uma categoria, mas eu os defino (algo arbitrariamente) como os que têm renda *per capita* inferior a dez mil dólares (de 1999). Isso significa que países como Chipre, Taiwan, Grécia, Portugal e Malta (classificados do 24º ao 28º lugar) se incluem entre os desenvolvidos, enquanto Barbados, Coreia, Argentina, Seychelles e Arábia Saudita (classificados do 29º ao 33º lugar) figuram entre os países em desenvolvimento.

7 Os dois únicos países desenvolvidos nos quais o crescimento se acelerou entre os dois períodos são Luxemburgo e Irlanda. Os treze países em desenvolvimento em que se verificou aceleração do crescimento foram o Chile, Maurício, Tailândia, Sri Lanka, China, Índia, Bangladesh, Mauritânia, Uganda, Moçambique, Chad, Burkina Faso e Burundi. No entanto, no caso de Burundi, o que ocorreu foi mais uma desaceleração do encolhimento da renda do que uma real aceleração do crescimento (25% de contra 7% de encolhimento). Ora, em pelo menos três países – Uganda, Moçambique e Chad –, pode-se explicar a aceleração do crescimento muito mais pelo fim (ou pelo menos o abrandamento significativo) da guerra civil do que pela mudança de políticas. Nesse contexto, foram, na verdade, apenas nove os países em desenvolvimento nos quais se verificou uma aceleração do crescimento que, teoricamente, se pode atribuir à adoção de "políticas boas". Naturalmente, mesmo nesse caso, convém lembrar que o melhor desempenho das duas maiores dessas economias, isto é, a China (de 2,7% para 8,2% ao ano) e a Índia (de 0,7% para 3,7% ao ano), não pode ser atribuído a "políticas boas" tal como as define o Consenso de Washington.

crescido 36% entre 1960-1980 (ou a uma taxa de 1,6% a. a.). Os dados das antigas economias comunistas (as "economias em transição") – com exceção da China e do Vietnã, que não acolheram as recomendações neoliberais – são ainda mais desanimadores. Stiglitz (2001b) assinala que, dentre as dezenove economias em transição na Europa Oriental e na antiga União Soviética,[8] somente na Polônia o PIB de 1997 superou o de 1989, ano em que se iniciou a transição. Em quatro dos dezoito países restantes, o PIB *per capita* de 1997 foi 40% menor que o de 1989 (Geórgia, Azerbaidjão, Moldávia e Ucrânia). Em apenas cinco deles, o PIB *per capita* de 1997 foi superior a 80% do de 1989 (Romênia, Usbequistão, República Checa, Hungria e Eslováquia).

Assim, parece que estamos diante de um "paradoxo" – pelo menos para quem não é economista neoliberal. Todos os países, mas principalmente os países em desenvolvimento, cresceram muito mais rapidamente no período em que aplicaram políticas "ruins", entre 1960-1980, do que nas duas décadas seguintes, quando passaram a adotar as "boas". A resposta óbvia para tal paradoxo é reconhecer que as políticas supostamente "boas" nada têm de benéfico para os países em desenvolvimento, pelo contrário, na verdade é provável que as políticas "ruins" lhes façam bem quando efetivamente implementadas.

Agora, o mais interessante é que essas políticas "ruins" são basicamente as que os PADs aplicaram quando eram países em desenvolvimento. Diante disso, só podemos concluir que, ao recomendar as tão proclamadas políticas "boas", os PADs estão, efetivamente, "chutando a escada" pela qual subiram ao topo.

---

8   Em ordem ascendente quanto à taxa de crescimento (ou taxa de contração em todos os casos, fora a Polônia), elas são a Geórgia, o Azerbaidjão, a Moldávia, a Ucrânia, a Letônia, o Casaquistão, a Rússia, o Quirguizstão, a Bulgária, a Lituânia, a Bielo-Rússia, a Estônia, a Albânia, a Romênia, o Usbesquistão, a República Tcheca, a Hungria, a Eslováquia e a Polônia.

4.3 Repensando o desenvolvimento institucional

O processo de desenvolvimento institucional, assim como o papel que ele tem no desenvolvimento econômico em geral, é uma questão ainda pouco compreendida. Embora seja preciso continuar pesquisando o papel das instituições no desenvolvimento econômico, a fim de chegar a conclusões mais inquestionáveis – o que escapa ao escopo deste livro –, os pontos seguintes emergem da discussão do Capítulo 3.

A maioria das instituições atualmente recomendadas aos países em desenvolvimento como parte do pacote de "boa governança" foram, na verdade, resultados, e não causas, do desenvolvimento econômico dos PADs. Nesse sentido, não está claro quais delas são deveras "necessárias" aos atuais países em desenvolvimento – acaso são necessárias, de acordo coma visão do EIPD, a ponto de precisarem ser impostas a esses países por meio de fortes pressões externas, bilaterais e multilaterais?

Além do mais, ainda que concordemos que certas instituições são "boas" ou mesmo "necessárias", é preciso ter cautela ao especificar os seus formatos exatos. No Capítulo 3, mostrei que, para praticamente todas as instituições, há um debate acerca do exato formato que ela deve ter. Que tipo de burocracia é boa para o desenvolvimento? Até que ponto os regimes de direitos de propriedade devem proteger os direitos de propriedade existentes? Até que ponto convém que uma lei de falência favoreça o devedor? Até que ponto o banco central há de ser independente? As perguntas poderiam prosseguir. Decidir exatamente que variedade de que instituição é necessária para que tipo de país ultrapassa o alcance deste livro. Entretanto, espero que a discussão do Capítulo 3 tenha conseguido demonstrar que a atual visão dominante, segundo a qual não há senão um único conjunto de instituições "da melhor prática" (o que geralmente significa instituições anglo-americanas) a ser adotado por todos, é altamente problemática.

Não obstante, o argumento segundo o qual muitas das instituições atualmente recomendadas pelo discurso da "boa governança" podem não ser necessárias ou nem mesmo benéficas para os países em desenvolvimento não deve ser entendido como afirmar que as instituições não têm importância ou que os países em desenvolvimento não precisam aperfeiçoar as suas. Pelo contrário, o aprimoramento da qualidade das instituições parece estar historicamente associado ao melhor desempenho de crescimento, observação esta que se apoia facilmente na evidência histórica e na contemporânea.

Como vemos na Tabela 4.1, as taxas de crescimento anual da renda *per capita* dos onze PADs, cujos dados do período 1820-1875 estão disponíveis, oscilavam entre 0,6% (Itália) e 2% (Austrália), com a média não ponderada e o valor médio de 1,1%. A tabela também mostra que, entre 1875 e 1913, as taxas de crescimento da renda *per capita* oscilaram entre 0,6% (Austrália) e 2,4% (Canadá), com a média não ponderada de 1,7% e o valor médio de 1,4%. Dado que os PADs tiveram um desenvolvimento institucional significativo a partir da metade do século XIX (ver a seção 3.3.1), é muito plausível que pelo menos uma parte dessa aceleração do crescimento tenha ocorrido em razão do aprimoramento da qualidade das instituições.

O desempenho econômico imensamente superior dos PADs, na chamada "Idade de Ouro do Capitalismo" (1950-1973), em comparação com os períodos anterior e posterior, também realça a importância das instituições na geração do crescimento econômico e da estabilidade. Na Idade de Ouro, os PADs cresceram, tipicamente, 3%-4% a. a., em termos *per capita*, em contraste com a taxa de 1%-2% que prevalecera anteriormente (ver Tabela 4.1) e também em contraste com a taxa de 2%-2,5% que passou a ser típica desde o seu fim (ver Tabela 4.3 – voltaremos a isso mais adiante). Segundo a estimativa de Maddison (1989), a renda *per capita* nos dezesseis maiores PADs aumentou 3,8% a. a. nesse período, e países como o Japão (8%), a Alemanha, a Áustria (ambas 4,9%) e a Itália (4,8%) atingiram taxas de crescimento até então impensáveis.[9] Em sua maior parte, os comentaristas atribuem a Idade de Ouro dos PADs à introdução de melhores instituições depois da Segunda Guerra Mundial, como as instituições orçamentárias ativistas (keynesianas), os *welfare states* plenamente amadurecidos, as regulamentações mais rigorosas do mercado financeiro, as instituições corporativistas de negociação salarial, as instituições de coordenação de investimento e, em certos casos, as indústrias nacionalizadas (especialmente na França e na Áustria). Aceita-se amplamente que essas instituições ajudaram os PADs a crescer rapidamente, proporcionando-lhes maior estabilidade macroeconômica e financeira, melhor alocação de recursos e mais paz social (Marglin & Schor, 1990; Armstrong et al., 1991; Cairncross & Cairncross, 1992).

A comparação entre o crescimento dos PADs nos primeiros tempos com o dos países em desenvolvimento no período do pós-guerra também nos fornece alguns *insights* importantes sobre a relação entre as políticas, as instituições e o crescimento econômico.

Eu diria que os países em desenvolvimento conseguiram crescer mais rapidamente, no período do pós-guerra (1960-1980), do que os PADs quando estavam em estágios comparáveis de desenvolvimento, em parte porque contavam com instituições muito melhores que estes (ver seção 3.3.3 do Capítulo 3).[10]

---

9 Os dezesseis países são: Alemanha, Austrália, Áustria, Bélgica, Canadá, Estados Unidos, Dinamarca, Finlândia, França, Holanda, Inglaterra, Itália, Japão, Noruega, Suécia e Suíça.

10 Outro motivo por trás desse crescimento mais acelerado é que a economia mundial, como um todo, estava crescendo mais depressa, graças ao rápido crescimento dos países desenvolvidos, que explica o vulto da economia do mundo. Agradeço a John Grieve Smith por ter levantado esse ponto. No entanto, cabe notar, como já indiquei, que esse rápido crescimento das eco-

Tabela 4.1 – Desempenho do crescimento anual *per capita* entre os PADs nos primeiros tempos

	1820-1875 (%)	1875-1913 (%)
Alemanha	1,2	1,5
Austrália	2,0	0,6
Áustria	0,8	1,5
Bélgica	1,4	1,0
Canadá	1,2	2,4
Dinamarca	0,9	1,6
Finlândia	0,8	1,5
França	1,1	1,2
Itália	0,6	1,3
EUA	1,3	1,9
Holanda	1,1	0,9
Noruega	0,7	1,2
Reino Unido	1,3	1,0
Suécia	0,8	1,4
Média não ponderada	1,1	1,7
Média	1,1	1,4

Fonte: Cálculo de Maddison (1995).

A Tabela 4.2 mostra que, durante o período 1960-1980, os países em desenvolvimento cresceram aproximadamente 3% a. a., em termos *per capita*. É um desempenho muito superior ao obtido pelos PADs no seu "século de desenvolvimento" (1820-1913), como mostra a Tabela 4.1, cujos índices médios de crescimento ficaram em torno de 1%-1,5% a. a.

---

nomias em desenvolvimento também se deve ao aperfeiçoamento de suas instituições. Sobre o papel da demanda mundial no crescimento dos países em desenvolvimento, nas décadas de 1960 e 1970, ver Kravis (1970) e Lewis (1980).

Tabela 4.2 – Crescimento anual do PIB *per capita* nos países em desenvolvimento

	1960-1970 (%)	1970-1980 (%)	1960-1980 (%)
Países de baixa renda	1,8	1,7	1,8
África Subsaariana	1,7	0,2	1,0
Ásia	1,8	2,0	1,9
Países de renda média	3,5	3,1	3,3
Leste Asiático e Pacífico	4,9	5,7	5,3
América Latina e Caribe	2,9	3,2	3,1
Oriente Médio e Norte da África	1,1	3,8	2,5
África Subsaariana	2,3	1,6	2,0
Sul da Europa	5,6	3,2	4,4
Todos os países em desenvolvimento	3,1	2,8	3,0
Países industrializados	3,9	2,4	3,2

Fonte: Banco Mundial (World Bank, 1980, tabela apêndice da parte I).
Nota: Os números de 1979 e 1980 não são os finais, e sim estimativas do Banco Mundial. Dado que as estimativas tendem a ser otimistas, os números atualizados correspondentes a 1970-1980 e a 1960-1980 devem ser ligeiramente inferiores aos apresentados na tabela.

Esses números sugerem que a tarefa de melhorar a qualidade das instituições é importante para os países em desenvolvimento dispostos a acelerar o crescimento econômico e o progresso. Mas é preciso fazer duas importantes ressalvas.

Em primeiro lugar, ao preconizar o aprimoramento institucional nos países em desenvolvimento, devemos compreender que o processo é demorado e tratar de ser mais pacientes. A discussão do Capítulo 3 mostra que os PADs levaram décadas ou mesmo séculos para desenvolver as instituições, e que não faltaram contratempos nem retrocessos ao longo do processo. Visto nessa perspectiva, são altamente inadequados os prazos de cinco a dez anos de transição que atualmente se dão aos países em desenvolvimento para que adaptem suas instituições aos "padrões globais". Ademais, visto que eles são institucionalmente mais avançados que os PADs quando se encontravam em estágios de desenvolvimento comparáveis, é irrealista pedir-lhes que instalem a curto prazo toda uma gama de novas instituições de "padrão global". É claro que isso não significa que os países em desenvolvimento devam adotar os padrões institucionais do século passado. Nem que os desenvolvidos tenham de aceitar o argumento "nós ainda não estamos preparados" apresentado pelos governos das nações em desenvolvimento (mais sobre esse ponto, ver seção 4.4). Contudo, é claro que se deve fazer uma avaliação mais apurada da velocidade – ou da lentidão – com que se podem desenvolver as instituições nos países em desenvolvimento.

A segunda restrição que eu gostaria de fazer é que as instituições "boas" só produzem crescimento quando associadas a políticas igualmente "boas". Como o leitor já deve ter percebido, quando digo "políticas boas", estou me referindo àquelas que a maioria dos PADs aplicaram quando estavam em processo de desenvolvimento, não às que atualmente recomendam aos países em desenvolvimento. O fato é que, apesar da contínua e presumível aceleração do aperfeiçoamento de suas instituições nas últimas duas décadas, os países hoje em desenvolvimento têm experimentado acentuadas desacelerações no crescimento (ver seção 4.2). Na minha opinião, isso se deve a que a sua capacidade de recorrer às políticas (genuinamente) boas foi significativamente reduzida em razão das "reformas políticas" implementadas no período.

A Tabela 4.3 mostra que a taxa média de crescimento *per capita*, nos países em desenvolvimento, declinou de aproximadamente 3% a. a., no período 1960-1980 (ver a Tabela 4.1), para 1,5% a. a., no período 1980-1999.[11] Esta última é basicamente a

---

11 As cifras nas duas tabelas não são rigorosamente comparáveis, já que a categoria "países em desenvolvimento" é composta de dois conjuntos ligeiramente diferentes de países em cada uma delas.

taxa de crescimento dos PADs no fim do século XIX e no começo do XX (1875-1913), quando eles estavam às voltas com condições institucionais menos favoráveis do que as vividas pelos países em desenvolvimento de hoje (ver a Tabela 4.2). Nesse período, os únicos subgrupos que conseguiram taxas de crescimento acima do nível foram os do Leste Asiático (e do Pacífico) e os do Sul da Ásia, cujas taxas de crescimento são dominadas, respectivamente, pelas da China e da Índia. O interessante é que esses dois países são frequentemente censurados pelo EIPD por causa da má qualidade de suas instituições e de suas políticas. Se os houvéssemos excluído do cálculo da média dos países em desenvolvimento, teríamos chegado a uma taxa média de crescimento muito inferior.[12]

Tabela 4.3 – Crescimento anual do PIB *per capita* dos países em desenvolvimento durante a "época das reformas"

	1980-1990	1990-1999	1980-1999
Países em desenvolvimento	1.4	1,7	1,5
Leste da Ásia e Pacífico	6,4	6,1	6,3
Europa e Ásia Central	1,5	-2,9	-0,6
América Latina e Caribe	-0,3	1,7	0,6
Oriente Médio e Norte da África	-1,1	0,8	-0,2
Sul da Ásia	3,5	3,8	3,6
África Subsaariana	-1,2	-0,2	-0,7
Países desenvolvidos	2,5	1,8	2,2

Notas: Dados do Banco Mundial (World Bank, 2001). Os números são aproximados, uma vez que foram elaborados deduzindo-se as taxas de crescimento populacional das taxas de crescimento do PIB. Isso teve de ser feito porque, a partir de 1998, o Banco Mundial deixou de publicar os levantamentos decenais de crescimento do PIB *per capita* no *Relatório mundial de desenvolvimento*. Para a classificação dos países ver tabela na página 334 do Relatório.

---

12 Será uma taxa de crescimento mais parecida com as dos PADs entre o começo e o meado do século XIX (quando eles quase não tinham as instituições hoje recomendadas pelo EIPD) do que com as do fim do século XIX e do começo do XX (quando eles tiveram uma melhora significativa na qualidade de suas instituições).

Parece, pois, bastante plausível argumentar que, no período 1960-1980, em parte graças aos fundamentos institucionais bem melhores – em comparação com os dos PADs em estágios comparáveis de desenvolvimento –, os atuais países em desenvolvimento cresceram muito mais depressa do que aqueles porque puderam implementar "políticas ruins". Entretanto, com a descontinuidade dessas políticas na década de 1980, as instituições melhores – e presumivelmente em vias de aperfeiçoamento – não foram suficientes para permitir que eles obtivessem uma *performance* melhor do que a dos PADs na aurora do seu desenvolvimento e muito menos para que melhorassem o próprio desempenho que tiveram no período 1960-1980.[13]

Que tem isso a ver com a ideia de "chutar a escada"? Eu concordaria que, exercidas de maneira realista e combinadas com as políticas certas, as pressões internacionais pelo aperfeiçoamento institucional podem ter um papel positivo no processo de desenvolvimento. No entanto, a atual pressão para que os países em desenvolvimento aprimorem suas instituições não está sendo

---

13 Outra prova de que as "boas instituições" não bastam para gerar crescimento é o fato de as maiores economias em desenvolvimento da Ásia terem ficado virtualmente estagnadas na primeira metade do século XX, muito embora tivessem introduzido muitas instituições modernas durante o domínio colonial (formal ou informal). Segundo a estimativa de Maddison (1989), a taxa média de crescimento do PIB *per capita* dos nove maiores países em desenvolvimento da Ásia (Bangladesh, China, Coreia do Sul, Filipinas, Índia, Indonésia, Paquistão, Tailândia e Taiwan), no período 1900-1950, foi de 0% a. a. Nesse período, Taiwan e Filipinas cresceram -0,3% a.a., a Coreia e a Tailândia, 0,1% a. a. A China cresceu -0,3% a. a., os países do Sul da Ásia e a Indonésia, -0,1% a. a. Não obstante, esses países conseguiram gerar um crescimento muito mais rápido com o fim da dominação colonial. A taxa média de crescimento do PIB *per capita* desses países, no período 1950-1987, foi de 3,1% a. a. Em parte, isso se deveu, naturalmente, à melhora da qualidade de suas instituições, porém a mudança mais importante foi eles terem a possibilidade de adotar as políticas "certas", ou seja, as políticas ICT ativistas. Para outra exposição desse ponto, ver Amsden (2001).

exercida desse modo e é bem provável que resulte em mais um ato de "chutar a escada".

Ao exigir dos países em desenvolvimento padrões institucionais que eles mesmos não tinham quando estavam em estágios comparáveis de desenvolvimento, os PADs estão usando, efetivamente, dois pesos e duas medidas e lesando-os com a imposição de muitas instituições de que eles não precisam e as quais não podem sustentar.[14] Por exemplo, para manter um "padrão global" de direitos de propriedade e instituições de governança empresarial, os países em desenvolvimento serão obrigados a formar (ou, o que é pior, a contratar no exterior) um gigantesco exército de advogados e contadores de nível internacional. Isso significa que terão, inevitavelmente, menos dinheiro (deles próprios ou de doadores) para gastar em coisas como a formação de professores ou engenheiros industriais, que podem ser muito mais necessários em seu estágio de desenvolvimento. Nesse sentido, os PADs estão "chutando a escada" não só na área das políticas, como também na das instituições.

Sem embargo, em se tratando de instituições, o quadro é mais complicado do que no tocante às políticas. Ao contrário do que ocorre com estas, muitas das instituições recomendadas podem beneficiar os países em desenvolvimento, independentemente das formas precisas que venham a ter. Todavia, esses benefícios potenciais só podem ser realizados plenamente se estiverem combinados com as políticas "certas". O aprimoramento das instituições também tem custos genuínos. Portanto, se a campanha pelas "instituições boas" há de redundar num ato de "chutar a escada" depende muito das formas e da qualidade exatas das

---

14 Um caso, aliás lamentável, que apoia o meu ponto de vista é o fato de, logo depois do colapso do socialismo na Mongólia, o governo dos Estados Unidos ter pago uma fortuna à Harvard University para treinar dezenas de inteligentes jovens mongóis como corretores da bolsa – dinheiro que podia ter sido empregado em coisas bem mais úteis para o desenvolvimento.

instituições exigidas, assim como da velocidade em que essas exigências devem ser atendidas. Nos dois aspectos, a pressão atual pela reforma institucional parece não ser muito positiva para os países em desenvolvimento.

4.4 Possíveis objeções

Podem-se erguer pelo menos três objeções contra a argumentação deste livro. A primeira – e mais óbvia – é o raciocínio segundo o qual os países em desenvolvimento, queiram ou não, têm de adotar as políticas e instituições recomendadas pelos desenvolvidos, porque o mundo é assim mesmo: os fortes mandam e os fracos obedecem.

Em certo nível, é difícil negar a força desse argumento. Aliás, a minha discussão na seção 2.3 do Capítulo 2, sobre as táticas de "avanço" outrora empregadas pelos PADs (por exemplo, o colonialismo, os tratados desiguais, a proibição da exportação de máquinas), apoia amplamente esse raciocínio. Tampouco faltam evidências, mesmo na atualidade, que já não aceita o colonialismo nem os tratados desiguais, de que os países desenvolvidos têm meios de exercer uma influência enorme sobre os que ainda estão em fase de desenvolvimento. E exercem uma influência bilateral direta por meio dos mecanismos de ajuda e das políticas comerciais; também exercem uma influência coletiva mediante o controle das instituições financeiras internacionais, das quais os países em desenvolvimento são dependentes. E exercem uma influência desproporcional na gestão de vários organismos internacionais, até mesmo sobre a ostensivamente "democrática" OMC, que é regida pelo princípio de um voto por país (ao contrário das Nações Unidas, em que os membros permanentes do Conselho de Segurança têm poder de veto, ou do Banco Mundial e do FMI, em que o poder de voto corresponde grosseiramente ao número de cotas). Além disso, nas últimas duas décadas, o colapso da União Soviética, que de certo modo contrabalançava o poder dos países desenvolvidos, e o fim do movimento dos "não alinhados" diminuíram o poder de barganha dos países em desenvolvimento.

Não obstante, em outro nível, é um equívoco alegar que estes têm de observar as "novas regras" da economia mundial porque é isso que querem os países desenvolvidos e o EIPD sob o seu comando. Afirmo que justamente essas "novas regras" precisam mudar. Concordo, sem dúvida, que é remotíssima a chance de elas mudarem num futuro próximo. Mas isso está longe de significar que é insensato discutir como deve ser essa mudança. Uma vez que estamos convencidos de que as regras precisam mudar, é necessário discutir a melhor maneira de chegar a tanto, por remotas que sejam as chances de mudança. Ao identificar as "regras" pelas quais os PADs se desenvolveram, este livro procura contribuir precisamente com essa discussão.

A segunda possível objeção consiste em alegar que as políticas e instituições recomendadas pelo EIPD aos países em desenvolvimento têm de ser adotadas porque é essa a vontade dos investidores internacionais. Pode-se acrescentar que é irrelevante que os países em desenvolvimento gostem ou não dessas "novas regras" ou mesmo que o EIPD esteja disposto a alterá-las, pois, na era da globalização, quem dá as cartas são os investidores internacionais. E os países que não adotarem as políticas e as instituições que eles querem serão marginalizados e amargarão as consequências.

Esse argumento, no entanto, tem muitos problemas. Em primeiro lugar, não é tão evidente assim que os investidores internacionais estão necessariamente preocupados com as políticas e as instituições preconizadas pelo EIPD. Por exemplo, a China tem conseguido atrair uma quantidade enorme de investimentos estrangeiros apesar da proliferação do que atualmente se considera "políticas ruins" e "instituições precárias". Ao que tudo indica, o que os investidores realmente querem costuma ser diferente do que eles dizem que querem ou do que o EIPD pretende que eles querem – sendo a democracia e o império da lei os melhores exemplos disso. Os estudos empíricos mostram que a maioria das variáveis institucionais é muito menos importante do que fatores como o tamanho do mercado e o crescimento para determinar as decisões de investimento internacional (Chang, 1998a).

Segundo, mesmo que a conformidade com os padrões internacionais de políticas e instituições gere o aumento dos investimentos estrangeiros, na maioria dos países, estes não são o elemento-chave do mecanismo de crescimento. Em outras palavras, para um país, o valor potencial de uma política ou de uma instituição deve ser determinado mais pelo que ela fará para promover o desenvolvimento interno do que pelo que acham os investidores internacionais. Este livro demonstra que muitas das instituições hoje promovidas pelos advogados do arcabouço da "boa governança" podem ser desnecessárias ao desenvolvimento. Algumas delas (por exemplo, a proteção a certos direitos de propriedade) chegam a ser prejudiciais. Principalmente se se tiver em conta seus custos de instalação e manutenção, o estabelecimento de tais instituições pode, facilmente, ter um impacto geral negativo, ainda que se destine a atrair mais investimentos externos.

Em terceiro lugar, especificamente no que se refere às instituições, eu argumentaria que, mesmo se forem implantadas por causa da pressão internacional, algumas instituições "boas" não produzirão o efeito esperado se não puderem ser efetivamente aplicadas. É possível alegar que se deve acolher de bom grado certo grau de pressão externa em situações, nas quais o governo de um país em desenvolvimento opõe resistência à implantação de certas instituições evidentemente "sustentáveis" e compatíveis com as normas políticas e culturais prevalecentes na sua sociedade. Sem embargo, também é preciso reconhecer que a introdução de instituições em países que não estão "preparados" para recebê-las significa que elas não funcionarão bem ou podem até mesmo ser totalmente minadas. Como exemplos, cabe citar as democracias solapadas por golpes militares, fraudes eleitorais e a compra de votos ou o imposto de renda sistemática e abertamente sonegado pelos ricos. Também haverá problemas com as mudanças institucionais impostas de fora para dentro sem "propriedade local", como diz o jargão em moda. Nesse caso, os investidores internacionais inteligentes hão de perceber que processar algumas instituições no papel não é a mesma coisa que tê-las de fato, o que significa que, na verdade, a introdução formal de instituições "padrão global" pouco fará para tornar o país mais atraente para os investidores estrangeiros.

Quarto, já que o *establishment* internacional da política de desenvolvimento é capaz de influenciar a maneira como as "boas políticas" e as "boas instituições" são definidas, interpretadas e promovidas, ainda é conveniente discutir que políticas e instituições se deve pedir a cada país em desenvolvimento. O argumento "acatar as normas globais ou perecer" pressupõe que o EIPD é uma biruta a girar às cegas ao sabor dos ventos dos sentimentos dos investidores internacionais. Mas esse *establishment* pode decidir ativamente – e geralmente decide – o vigor com que as políticas e instituições são impostas.

A terceira possível objeção à minha argumentação, que diz respeito particularmente à questão do desenvolvimento institucional, é que as instituições "padrão mundial" surgiram no século passado, de modo que os atuais países em desenvolvimento não devem tomar como modelo os PADs de cem ou 150 anos atrás.

Devo dizer que estou inteiramente de acordo com isso. De certo modo, seria absurdo afirmar o contrário. Em termos de renda *per capita*, pode ser que a Índia esteja num nível de desenvolvimento semelhante ao dos Estados Unidos em 1820, mas isso não quer dizer que ela deva restaurar a escravidão, abolir o sufrágio universal, "desprofissionalizar" a burocracia, suprimir a responsabilidade limitada generalizada, o Banco Central, o imposto de renda, a Lei de Concorrência etc.

De fato, em muitos aspectos, o alto nível do padrão institucional global é positivo para os países em desenvolvimento, ou pelo menos para os reformistas que neles há. Ao contrário dos seus equivalentes no passado recente dos PADs, os reformistas dos atuais países em desenvolvimentos não precisam lutar tão duramente com os que veem nada menos que o fim da civilização, tal como a conhecemos, na implantação de coisas como o voto feminino, o imposto de renda, a limitação da jornada de trabalho e as instituições de bem-estar social. Tampouco precisam reinventar instituições como o banco central ou a responsabilidade limitada, por trás das quais há uma lógica que os PADs de outrora achavam difícil compreender.

Os países em desenvolvimento devem, portanto, explorar ao máximo a vantagem de ser retardatários e tratar de chegar ao mais alto nível possível de desenvolvimento institucional. Ademais, como já assinalei no início deste capítulo (seção 4.2), é bem possível que os níveis mais elevados de desenvolvimento institucional sejam o motivo pelo qual os atuais países em desenvolvimento conseguiram, nas décadas de 1960 e 1970, quando ainda lhes era permitido implementar "políticas ruins", chegar a índices de crescimento muito mais altos do que conseguiram os PADs quando estavam em estágios comparáveis de desenvolvimento.

O que me preocupa, no entanto é a ideia de que as instituições são uma simples questão de escolha, e, portanto, todos os países devem procurar chegar, imediatamente ou após um brevíssimo período de transição, ao "padrão global mínimo" (que, aliás, é bastante elevado). Embora admitamos que os retardatários não precisam perder tanto tempo quanto os países pioneiros para desenvolver instituições novas, não convém esquecer que os PADs demoraram décadas ou até mesmo gerações para estabelecer certas instituições cuja necessidade já tinha sido detectada. Geralmente, eles tardaram outras tantas décadas para colocá-las em pleno funcionamento, aperfeiçoando a administração, fechando as várias brechas, reforçando a sua aplicação. Além disso, tampouco convém esquecer que, em comparação com os PADs de outrora, os países hoje em desenvolvimento já contam com altos padrões de progresso institucional, que, nos decênios de 1960 e 1970, se mostraram capazes de escorar altos índices de desenvolvimento econômico. Assim sendo, seria insensato exigir que eles elevassem extraordinariamente a qualidade de suas instituições a curto prazo.

4.5 Observações finais

Por que o *establishment* internacional da política de desenvolvimento e os PADs que o controlam não recomendam as políticas implementadas há séculos pelos países bem-sucedidos? Por que procuram impor aos atuais países em desenvolvimento certas instituições "da melhor prática" que não foram aplicadas pelos PADs quando se encontravam em estágios comparáveis de desenvolvimento?

Por que os países avançados são tão ignorantes do seu próprio desenvolvimento histórico? Será por causa da nossa tendência natural a interpretar a história do ponto de vista da atual agenda intelectual e política, que geralmente ensombreia a perspectiva histórica? Ou é porque, como já aconteceu tantas vezes, as nações têm interesses velados em impor políticas e instituições, das quais não se valeram em seu processo de desenvolvimento, mas que passaram a beneficiá-las quando elas chegaram à fronteira tecnológica? Em suma, os países desenvolvidos não estão tratando de "chutar a escada" quando insistem para que os países em desenvolvimento adotem políticas e instituições *diferentes* das que eles adotaram para se desenvolver?

A discussão deste livro sugere que sim, é exatamente isso que eles estão fazendo. Admito que essa atitude de "chutar a escada" pode ser motivada pela boa-fé (ainda que mal informada). É possível que, ao recomendar essas políticas, alguns estrategistas e acadêmicos dos PADs estejam genuinamente mal informados: acreditando que seus países se desenvolveram graças às políticas do livre-comércio e/ou *laissez-faire*, querem que os outros se beneficiem delas. Mas isso não prejudica menos os países em desenvolvimento. Pelo contrário, chega a ser até mais perigoso do que "chutar a escada" na franca defesa dos interesses nacionais, já que a certeza absoluta de estar com a razão costuma ser muito mais obstinada do que o interesse próprio.

Seja qual for a intenção por trás desse "chutar a escada", o fato é que as políticas e instituições supostamente "boas" não conseguiram gerar o prometido dinamismo do crescimento, nos países em desenvolvimento, nas últimas duas décadas em que foram tão vigorosamente promovidas pelo EIPD. Pelo contrário, em muitos desses países, o crescimento simplesmente desapareceu.

Que fazer então? Conquanto escape do alcance deste livro estabelecer um detalhado plano de ação, podem-se manifestar as seguintes ideias.

Para começar, deviam-se divulgar mais os fatos históricos ligados ao processo de desenvolvimento dos países desenvolvidos. Não se trata apenas de "entender bem a história", mas também de permitir aos países em desenvolvimento fazer escolhas informadas quanto às políticas e instituições que talvez lhes sejam mais convenientes. É necessário mais esforço intelectual para melhor compreender o papel das políticas e das instituições – sobretudo o destas últimas – no desenvolvimento econômico, removendo os mitos históricos e as teorias excessivamente abstratas que ofuscam muitos teóricos e estrategistas.

Mais especificamente, as políticas "ruins", que a maioria dos PADs aplicou com tanta eficiência quando estava se desenvolvendo, deviam ser permitidas e até mesmo estimuladas pelo países desenvolvidos e pelo EIPD que eles controlam. Embora seja verdade que as políticas ICT ativistas podem degenerar numa rede de burocratismo e corrupção, isso não significa que tais políticas jamais devam ser usadas. Afinal, não deixamos de viajar de avião porque sempre há uma possibilidade de ele cair, nem abandonamos todos os programas de vacinação porque algumas crianças podem ter uma reação alérgica e morrer.

A conclusão é que precisamos de uma abordagem da elaboração internacional de políticas de desenvolvimento muito diferente da adotada pelos países desenvolvidos e pelo *establishment* internacional da política de desenvolvimento.

Em termos de políticas, eu advogaria, antes de tudo, uma mudança radical nas condicionalidades vinculadas à ajuda financeira do FMI e do Banco Mundial ou dos governos dos países desenvolvidos. Tais condicionalidades deviam se apoiar no reconhecimento de que muitas políticas consideradas "ruins" não o são na verdade e de que não pode existir uma política da "melhor prática", à qual todos devem aderir. Em segundo lugar, é preciso reescrever as regras da OMC e de outros acordos multilaterais de comércio de modo a permitir um uso mais ativo dos instrumentos de promoção da indústria nascente (por exemplo, as tarifas e os subsídios).

Deve-se estimular o aprimoramento institucional, sobretudo diante do enorme potencial de crescimento que uma combinação de (verdadeiramente) boas políticas e boas instituições pode gerar. Todavia, isso não se deve confundir com a imposição de um conjunto fixo de instituições anglo-americanas a todos os países. Também são necessárias tentativas mais sérias, tanto no âmbito acadêmico quanto no prático, de investigar exatamente quais instituições são necessárias ou benéficas para que tipo de país, tendo em conta o estágio de desenvolvimento e as condições econômicas, políticas e até culturais específicos. Deve-se tomar um cuidado muito especial para não se exigir um *upgrading* excessivamente rápido das instituições dos países em desenvolvimento, principalmente porque eles já fizeram muito, em comparação com os PADs em estágios equivalentes de desenvolvimento, e porque a implantação de novas instituições é muito custosa.

Permitir que os países em desenvolvimento adotem políticas e instituições mais apropriadas ao seu estágio de desenvolvimento e a outras circunstâncias que eles estão vivendo permitir-lhes-á crescer mais rapidamente, como deveras aconteceu nas décadas de 1960 e 1970. Isso há de beneficiar não só os países em desenvolvimento, mas, a longo prazo, também os desenvolvidos, à medida que aumentará o comércio e as oportunidades de investimento.[15] A tragédia do nosso tempo está na incapacidade dos países desenvolvidos de perceberem isso. Citando um adágio chinês clássico, pode ser que eles estejam "deixando passar ganhos maiores e mais a longo prazo por buscar com excessiva ambição outros menores e mais imediatos". É hora de repensar que políticas e instituições ajudarão os atuais países em desenvolvimento a crescer mais depressa; isso também trará maiores benefícios para os países desenvolvidos.

---

15 É claro que isso não implica necessariamente que todos se beneficiarão com isso. Por exemplo, alguns trabalhadores dos países desenvolvidos podem sofrer em consequência de um aumento das oportunidades de investimento nos países em desenvolvimento, as quais, a menos que haja um mecanismo adequado de transferência interna de renda, resultam na transferência de certas atividades produtivas para essas nações em desenvolvimento.

Referências bibliográficas

ABRAMOVITZ, M. Catching Up, Forging Ahead, and Falling Behind. *Journal of Economic History*, v.46, n.2, 1986.

_____. Thinking about Growth. In: *Thinking About Growth*. Cambridge: Cambridge University Press, 1989.

AGARWALA, A. N., SINGH, S. P. *The Economics of Underdevelopment*. Delhi: Oxford University Press, 1958.

AKYUZ, Y., CHANG, H. J., KOZUL-WRIGHT, R. New Perspective on East Asian Development. *Journal of Development Studies*, v.34, n.6, 1998.

ALLEN, G. C. *A Short Economic History of Modern Japa*. 4.ed. London, Basingstoke: Macmillan, 1981.

AMSDEN, A. *Asia's Next Giant*. New York: Oxford University Press, 1989.

_____. Industrialisation under New WTO Law. In: X ENCONTRO DA UNCTAD, 12-19 de fevereiro de 2000. Bangkok, Tailândia, 2000.

_____. *The Rise of "The Rest" – Challenges to the West from Late-Industrialising Economies*. Oxford: Oxford University Press, 2001.

AMSDEN, A., SINGH, A. The Optimal Degree of Competition and Dynamic Efficiency in Japan and Korea. *European Economic Review*, v.38, n.3-4, 1994.

AMSLER, C., BARTLETT, R., BOLTON, C. Thoughts of Some British Economists on Early Limited Liability and Corporate Legislation. *History of Political Economy*, v.13, n.4, 1981.

ANDERSON, E., ANDERSON, P. Bureaucratic Institutionalisation in 19th Century Europe. In: HEIDENHEIMER, A. et al. (Ed.) *Political Corruption: A Handbook*. New Brunswick: Transaction Publishers, 1978.

ARMSTRONG, J. *The European Administrative Elite*. Princeton: Princeton University Press, 1973.

ARMSTRONG, P., GLYN, A., HARRISON, J. *Capitalism since 1945*. Oxford: Blakwell, 1991.

ARON, J. Growth and Institutions: A Review of the Evidence. *The World Bank Research Observer*, v.15, n.1, 2001.

ATACK, J., PASSELL, P. *A New Economic View of American History*. 2.ed. New York: Norton, 1994.

BAACK, B., RAY, E. Special Interests and the Adoption of the Income Tax in the United States. *Journal of Economic History*, v.45, n.3, 1985.

BAIROCH, P. *Economics and World History – Myths and Paradoxes*. Brighton: Wheatsheaf, 1993.

BALABKINS, N. *Not by Theory Alone...: The Economics of Gustav von Schmoller and Its Legacy to America*. Berlin: Duncker and Humblot, 1988.

BANNER, S. *Anglo-American Securities Regulation*: Cultural and Political Roots, 1690-1860. Cambridge: Cambridge University Press, 1988.

BARDHAN, P. Symposium on Democracy and Development. *Journal of Economic Perspectives*, v.7, n.3, 1993.

BASU, K. Child Labor: Cause, Consequence and Cure with Remarks on International Labor Standards. *Journal of Economic Literature*, v.37, n.3, 1999a.

———. Internacional Labor Standards na Child Labor. *Challenger*, v.42, n.5, Sept.-Nov. 1999b.

BAUDHUIN, F. *Histoire Economique de la Belgique, 1914-1939*. 2.ed. Bruxelles: Etablissements Emile Bruylant, 1946. v.1.

BAUMOL, W., WOLFF, E., BLACKMAN, S. *Productivity and American Leadership*. Cambridge: Massachusets, The Mit Press, 1989.

BENSON, G. *Political Corruption in America*. Lexington: Lexington Books, 1978.

BERG, M. *The Machinery Question and the Making of Political Economy, 1815-1848*. Cambridge: Cambridge University Press, 1980.

BHAGWATI, J. *Proctectionism*. Cambridge, Massachusetts: The Mit Press, 1985.

_____. The Global Age: From Skeptical South to a Fearful North. In: *A Stream of Windows – Unsettling Reflections on Trade, Immigration, and Democracy*. Cambridge, Massachusetts: The Mit Press, 1998.

BHAGWATI, J., HIRSCH, M. *The Uruguay Round and Beyond* – Essays in Honour of Arthur Dunkel. Ann Arbor: The University Michigan Press, 1998.

BILS, M. Tariff Protection and Prodution in the Early US Cotton Textile Industry. *Journal of Economic History*, v.44, n.4, 1984.

BIUCCHI, B. The Industrial Revolution in Switzerland. In: CIPOLLA, C. (Ed.) *The Fontana Economic History of Europe*: The Emergence of Industrial Societies – Part Two. Glasgow: Collin, 1973. v.4.

BLACKBOURN, D. *The Fontana History of Germany, 1780-1918*. London: Fontana Press, 1997.

BLANPAIN, R. *Labour Law in Belgium*. Rotterdam: Kluwer Law International Publishers, 1996.

BLAUG, M. The Classical Economists and the Factory Acts: A Reexamination. *Quarterly Journal of Economics*, v.72, n.2, 1958.

BOHLIN, J. Sweden: The Rise and Fall of the Swedish Model. In: FOREMAN-PECK, J., FEDERICO, G. (Ed.) *European Industrial Policy* – The Twentieth-Century Experience. Oxford: Oxford University Press, 1999.

BOLLEN, K. Measuring Democracy. In: *The Encyclopaedia of Democracy*. London: Routledge, 1995.

BONNEY, R. *Economic Systems and State Finance*. Oxford: Clarendon Press, 1995.

BORIT, G. Old Wine Into New Bottles: Abraham Lincoln and the Tariff Reconsidered. *The Historian*, v.28, n.2, 1966.

BOXER, C. *The Dutch Seaborne Empire, 1600-1800*. London: Hutchinson, 1965.

BRIGGS, R. *Early Modern France 1560-1715*. 2.ed. Oxford: Oxford University Press, 1998.

BRISCO, N. *The Economic Policy of Robert Walpole*. New York: The Columbia University Press, 1907.

BROGAN, H. *The Penguin History of the United States of America*. London: Penguin, 1985.

BRUCK, W. *Social and Economic History of Germany from William II to Hitler, 1888-1938*. New York: Russell and Russell, 1962.

BRULAND, K. (Ed.) *Technology Transfer and Scandinavian Industrialisation*. New York: Berg, 1991.

BURY, J. *Napoleon III and the Second Empire*. London: The English University Press Ltd., 1964.

CAIRNCROSS, F., CAIRNCROSS, A. The Crédit Mobilier and the Economic Development of Europe. *Journal of Political Economy*, v.61, n.6, 1953.

_____. (Ed.) *The Legacy of the Golden Age* – The 1960s and Their Economic Consequences. London: Routledge, 1992.

CAMERON, R. *A Concise Economic History of the World*. 2.ed. Oxford: Oxford University Press, 1993.

CARR, R. *Modern Spain, 1875-1980*. Oxford: Oxford University Press, 1980.

CARRUTHERS, B. Institutionalising Creative Destruction: Predictable and Transparent Bankruptcy Law in the Wake of the East Asian Financial Crisis. Trabalho apresentado na Unrisd (United Nations Research Institute for Social Development). Conferência "Neoliberalism and Instituional Reform in East Asia", 12 e 13 de maio de 2000, Bangkok, Tailândia.

CARRUTHERS, B., HALLIDAY, T. *Rescuing Business* – The Making of Corporate Bankruptcy Law in England and the United States. Oxford: Oxford University Press, 1998.

CARSON, C. Income Tax. In: FONER, E., GARRATY, J. (Ed.) *The Reader's Companion to American History*. Boston: Houghton Mifflin Company, 1991.

CHANG, H.-J. The Political Economy of Industrial Policy in Korea. *Cambridge Journal of Economics*, v.17, n.2, 1993.

_____. *The Political Economy of Industrial Policy*. London: Macmillan Press, 1994.

_____. Luxury Consumption and Economic Development. Relatório preparado para a UNCTDA, *Trade and Development Report*, 1997.

_____. Globalisation, Transnational Corporations, and Economic Development. In: BAKER, D., EPSTEIN, G., POLLIN, R.(Ed.)

Globalisation and Progressive Economic Policy. Cambridge: Cambridge University Press, 1998a.

CHANG, H.-J. Korea – The Misunderstood Crisis. *World Development*, v.26, n.8, 1998b.

_____. The Hazard of Moral Hazard – Untangling the Asian Crisis. *World Development*, v.28, n.4, 2000.

_____. Intellectual Property Rights and Economic Development – Historical Lessons and Emerging Issues. *Journal of Human Development*, v.2, n.2, 2001a.

_____. Rethinking East Asian Industrial Polic – Past Records and Future Prospects. In: WONG, P.-K., NG, C-Y. (Ed.) *Industrial Policy, Innovation and Economic Growth*: The Experience of Japan and the Asian NIEs. Singapore: Singapore University Press, 2001b.

_____. Breaking the Mould – An Institutionalist Political Economy Alternative to the Neo-Liberal Theory of the Market and the State. *Cambridge Journal of Economics*, v. 26, n.5, 2002.

CHANG, H.-J., CHEEMA, A. Economic, Politic and Institutional Conditions for Effective Thechnology Policy in Developing Countries. *Journal of Economic Innovation and New Technology*, 2002.

CHANG, H.-J., KOZUL-WRIGHT, R. Organising Development: Comparing the National Systems of Entrepreneurship in Sweden and South Korea. *Journal of Development Studies*, v.30, n.4, 1994.

CHANG, H.-J. et al. Interpreting the Korean Crisis: Financial Liberalisation, Industrial Policy, and Corporate.*Cambridge Journal of Economics*, v.22, n.6, 1998.

CHANG, H.-J., ROWTHORN, B. (Ed.) *The Role of the State in Economic Change*. Oxford: Oxford University Press, 1995.

CHANG, H.-J., SINGH, A. Public Enterprises in Developing Countries and Economic Efficiency – A Critical Examination of Analytical, Empirical, and Policy Issues. *UNCTAD Review*, n.4, 1993.

CLARK, M. *Modern Italy, 1871-1995*. 2.ed. London, New York: Longman, 1996.

CLARKE, P. Joseph Chamberlain: The First Modern Politician. In: *A Question of Leadership – From Gladstone to Blair*. London: Penguin Books, 1999.

COCHRAN, T., MILLER, W. *The Age of Enterprise*: A Social History of Industrial America. NewYork: The Macmillan Company, 1942.

COHEN, S. *Modern Capitalist Planning*: The French Model. 2.ed. Berkeley: University of California Press, 1977.

COLEMAN, P. *Debtors and Creditors in America*: Madison: State Historical Society of Wisconsin, 1974.

CONKIN, P. *Prophets of Prosperity*: America's First Political Economists. Bloomington: Indiana University Press, 1980.

CORDEN, M. *Trade Policy and Economic Welfare*. Oxford: Oxford University Press, 1974.

CORNISH, W., Legal Control over Cartels and Monopolisation, 1880-1914: A Comparison. In: HORN, N., KOCKA, J. (Ed.) *Law and the Formation of Big Enterprises and the 19th and the Early of 20th Centuries*. Göttingen: Vandenhoeck and Ruprecht, 1979.

COTTRELL, P. *Industrial Finance, 1830-1914*. London: Methuen, 1980.

COX, A. *State Finance, and Industry in Comparative Perspective*. Brighton: Wheatsheaf Books, 1986.

CRAFTS, N. Institutional Quality and European Development before and after the Industial Revolution. Trabalho elaborado para o Summer Research Workshop on Market Institutions, Banco Mundial, 17-19 de julho de 2000, Washington, D.C.

CROUZET, F. England and France in the 18th Century: A Comparative Analysis of Two Economic Growths. 1967. (Reeditado In: O'BRIEN, P. K. *The Industrial Revolution in Europe*. Oxford: Blackwells, 1994. v.2).

DAHL, B. Antitrust, Unfair Competition, Marketing Practices, and Consumer Law. In: GAMMELTOFT-HANSEN, H., GOMARD, B., PHILLIPS, A. (Ed.) *Danish Law: A General Survey*. Copenhagen: GEC Gads Publishing House, 1981.

DAUNTON, M. *Progress and Poverty*. Oxford: Oxford University Press, 1998.

DAVIDS, K. Openness or Secrecy? – Industrial Espionage in the Dutch Republic. *The Journal of European Economic History*, v.24, n.2, 1995.

DAVIES, N. *The Isles – A History*. London, Brasingstoke: Macmillan, 1999.

DAVIS, R. The Rise of Protection in England, 1689-1786. *Economic History Review*, v.19, n.2, 1966.

DE CLERCQ, W. The End of History for Free Trade? In: BHAGWATI, J., HIRSCH, M. (Ed.) *The Uruguay Round and Beyond* – Essays in

Honour of Arthur Dunkel. Ann Arbor: The University of Michigan Press, 1998.

DE SOTO, H. *The Mistery of Capital*. London: Bantam Books, 2000.

DE VRIES, J. The Decline and Rise of the Dutch Economy, 1675-1900. *Research in Economic History*, Suppl. 3, 1984.

DE VRIES, J., VAN DER WOUDE, A. *The First Modern Economy* – Success, Failure, and Perseverance of the Dutch Economy, 1500-1815. Cambridge: Cambridge University Press, 1997.

DEANE, P. *The First Industrial Revolution*. 2.ed. Cambridge: Cambridge University Press, 1979.

DECHESNE, L. *Histoire economique et sociale de la Belgique depuis les origines jusqu'en 1914*. Paris: Librairie du Recueil Sirey, 1932.

DEFOE, D. *A Plan of the English Commerce*. Publicado por C. Rivington, 1728. (Reeditado por Basil Blackwell, Oxford, 1928).

DHONDT, J. & BRUWIER, M. The Low Countries. In: CIPOLLA, C. (Ed.) *The Fontana Economic History of Europe*: The Emergence of Industrial Societies – Part One. Glasgow: Collins, 1973. v.4

DI JOHN. J., PUTZEL, J. State Capacity Building, Taxation, and Resource Mobilisation in Historical Perspective. Trabalho apresentado na conferência "New Institutional Economics, Institutional Reform, and Poverty Reduction", 7 e 8 de setembro de 2000, Development Studies Institute, London School of Economics and Political Science.

DOI, T. *The Intellectual Property Law of Japan*. The Netherlands: Stijthoff and Noordhoff, 1980.

DORE, R. *Flexible Rigidities: Industrial Policy and Structural Adjustment in the japanese Economy 1970-1980*. London: The Athlone Press, 1986.

———. *Stock Market Capitalism*: Welfare Capitalism – Japan and Germany *versus* the Anglo-Saxons. Oxford: Oxford University Press, 2000.

DORFMAN, J. The Role of the German Historical School in American Economic Thought. *American Economic Review*, v.45, n.1, 1955.

DORFMAN, J., TUGWELL, R. *Early American Policy – Six Columbia Contributors*. New York: Columbia University Press, 1960.

DORMOIS, J-P. France: The Idiosyncrasies of Volontarisme. In: FOREMAN-PECK, J., FREDERICO, G. (Ed.) *European Industrial Policy – The Twentieth-Century Experience*. Oxford: Oxford University Press, 1999.

DORWART, R. *The Administrative Reform of Frederick William I of Prussia*. Cambridge: MA Harvard University Press, 1953.

DUFFY, I. *Bankruptcy and Insolvency in London during the Industrial Revolution*. New York: Garland Publishing, 1985.

EDQUIST, C., LUNDVALL, B.-A. (Ed.) *National Innovation Systems*. New York: Oxford University Press, 1993.

EDWARDS, J. *Company Legislation and Changing Patterns of Disclosure in British Company Accounts, 1900-1940*. London: Institute of Chartered Accountants in England and Wales, 1981.

ELECTIONS SINCE. London: Longman, 1945.

ELKINS, S., MCKITRICK. E. *The Age of Federalism*. New York, Oxford: Oxford University Press, 1993.

ELTON, G. *England Under the Tudors*. London: The Folio Society, 1997.

ENGERMAN, S. The History and Political Economy of International Labour Standards. Department of Economics, University of Rochester, 2001. (Mimeogr.).

ENGERMAN, S., SOKOLOFF, K. Technology and Industrialisation, 1790-1914. In: S. ENGERMAN, S., GALLMAN, R. (Ed.) *The Cambridge Economic History of the United States*: The Long Nineteenth Century. Cambridge: Cambridge University Press, 2000. v.2.

EVANS, P. *Embedded Autonomy – States and Industrial Transformation*. Princeton: Princeton University Press, 1995.

FALKUS, M. (Ed.) *Readings in the History of Economic Growth* – A Study of Successful and Promising Beginnings, of Special Relevance for Students in Underdeveloped Countries. Nairobi: Oxford University Press, 1968.

FREI, J., RANIS, G. Economic Development in Historical Perspective. *American Economic Review*, v.59, n.2, 1969.

FEUCHTWANGER, E. *Prussia: Myth and Reality – The Role of Prussia in German History*. London: Oswald Wolff, 1970.

FIELDEN, K. The Rise and Fall of Free Trade. In: BARTLETT, C. (Ed.) *Britain Pre-eminent*: Studies in British World Influence in the Nineteenth Century. London: Macmillan, 1969.

FINER, S. Patronage and Public Service in Britain and America. In: HEIDENHEIMER, A. et. al. (Ed.) *Political Corruption*: A Handbook. New Brunswick: Transaction Publishers, 1989.

FOHLEN, C. France. In: CIPOLLA, C. (Ed.) *The Fontana Economic History of Europe*: The Emergence of Industrial Societies – Part One. Glasgow: Collins, 1973. v.4.

FONER, E. *The Story of American Freedom*. New York: W. W. Norton and Company, 1998.

FRANSMAN, M., KING, K. *Technological Capability in the Third World*. London, Basingstoke: Macmillan, 1984.

FRAYSSÉ, O. *Lincoln, Land, and Labour*. Trans. S. Neely. Urbana e Chicago: University of Illinois Press, 1994. (Edição francesa: Paris: Publications de la Sorbonne, 1988).

FREEMAN, C. New Technology and Catching-Up. *European Journal of Development Research*, v.1, n.1, 1989.

GALLAGHER, J., ROBINSON, R. The Imperialism of Free Trade. *Economic History Review*, v.6, n.1, 1953.

GARRATY, J., CARNES, M. *The American Nation – A History of the United States*. 10.ed. New York: Addison Wesley Longman, 2000.

GEISST, C. *Wall Street*: A History. Oxford: Oxford University Press, 1997.

GERBER, D. *Law and Competition in the 20th Century Europe*. Oxford: Clarendon Press, 1998.

GERSCHENKRON, A. *Economic Backwardness in Historical Perspective*. Cambridge, MA: Harvard University Press, 1962.

GILLMAN, M., EADE, T. The Development of the Corporation in England, with emphasis on Limited Liability. *International Journal of Social Economics*, v.22, n.4, 1995.

GLASGOW, G. The Election of County Coroners in England and Wales, *c.* 1800-1888. *Legal History*, v.20, n.3, 1999.

GOTHELF, R. Frederic William I and the Beginning of Prussian Absolutism, 1713-1740. In: DWYER, P. (Ed.) *The Rise of Prussia, 1700-1830*. Harlow: Longman, 2000. Chapter 2.

GRABEL, I. The Political Economy of "Policy Credibility": The New-classical Macroeconomics and the Remaking of Emerging Economies. *Cambridge Journal of Economics*, v.24, n.1, 2000.

GUNN, S. *Early Tudor Government, 1485-1558*. Basingstoke: Macmillan, 1995.

GUSTAVSON, C. *The Small Giant: Sweden Enters the Industrial Era*. Athens, OH: Ohio State University Press, 1986.

HADENIUS, S., NILSSON, T., ASELIUS, G. *Sveriges Historia*. Stockholm: Bonnier Alba, 1996.

HALL, P. *Governing the Economy – The Politics of State Intevention in Britain and France*. Cambridge: Polity Press, 1986.

HAMMOND, J., HAMMOND, B. *The Town Labourer*. Oxford: Alan Sutton Publishing, 1995.

HANNAH, L. Mergers, Cartels, and Cartelisation: Legal Factors in the US and European Experience. In: HORN, N., KOCKA, J. (Ed.) *Law and the Formation of Big Enterprises in the 19ᵗʰ and Early 20ᵗʰ Centuries*. Göttingen: Vandenhoeck and Ruprecht, 1979.

HARNETTY, P. *Imperialism and Free Trade: Lancashire and India in the Mid-Nineteenth Century*. Vancouver: University of British Columbia Press, 1972.

HECKSCHER, E. *An Economic History of Sweden*. Cambridge, MA: Harvard University Press, 1954.

HELLEINER, E. The South Side of Embedded Liberalism: The Politics of Poswar Monetary Policy in the Third World. Canada: Department of Political Science, Trent University, 2001. (Mimeogr.).

HENDERSON, W. *Studies in the Economic Policy of Frederick the Great*. London: Frank Cass and Co., Ltd, 1963.

————. *Britain and Industrial Europe, 1750-1870*. 3.ed. Leicester: Leicester University Press, 1972.

————. *Friedrich List – Economist and Visionary, 1789-1846*. London: Frank Cass, 1983.

HENS, L., SOLAR, P. Belgium: Liberalism by Default in Model. In: J. FOREMAN-PECK, J., FEDERICO, G. (Ed.) *European Industry Policy – The Twentieth-Century Experience*. Oxford: Oxford University Press, 1999.

HIRSCHMAN, A. *The Strategy of Economic Development*. New Haven: Yale University Press, 1958.

HOBSBAWM, E. *Industry and Empire*. London: Penguin Books, 1999.

HODGSON, G. *How Economics Forgot History*: The Problem of Historical Specificity in Social Science. London: Routledge, 2001.

HODNE, F. *Norge Økonomiske Historie, 1815-1970*. Oslo: J. W. Cappelen Forlag, 1981.

HOOD, C. Emerging Issues in Public Administration. *Public Admininstration*, v.73, Spring 1995.

HOOD, C. *The Art of the State*: Culture, Rhetoric and Public Management. Oxford: Clarendon Press, 1998.

HOPPIT, J. *Risk and Failure in English Business, 1700-1800*. Cambridge: Cambridge University Press, 1987.

HOU, C-M., GEE, S. National Systems Supporting Technical Advance in Industry: The Case of Taiwan. In: NELSON, R. (Ed.) *National Innovation Systems*. New York: Oxford University Press, 1993.

HOWE, J. Corruption in British Elections in the Early 20th Century. *Midland History*, v.V, 1979-1980.

HUGHES, O. *Public Management and Administration*. New York: St. Martin's Press, 1994.

HUTCHISON, T. Gustav Schmoller and the Problem of Today. *Journal of Institutional and Theoretical Economics*, v.144, n.3, 1988.

HUTTON, W. *The State We're In*. London: Jonathan Cape Ltd, 1995.

IRWING, D. Free Trade and Protection in Nineteenth-Century Britain and France Revisited: A Comment on Nye. *Journal of Economic History*, v.53, n.1, 1993.

IRWING, D., TEMIN, P. The Antebellum Tariff on Cotton Textiles Revisited. Cambridge, MA: National Bureau of Economic Research, 2000. (Mimeogr.).

JOHNSON, C. *The MITI and the Japanese Miracle*. Stanford: Stanford University Press, 1982.

_____. (Ed.) *The Industrial Policy Debate*. San Francisco: Institute for Contemporary Studies, 1984.

JONKER, J. The Alternative Road to Modernity: Banking and Currency, 1814-1914. In: HART, M. T., JONKER, J., VAN ZANDEN, J. (Ed.) *A Financial History of The Netherlands*. Cambridge: Cambridge University Press, 1997.

KAPLAN, A. *Henry Charles Carey* – A Study in American Economic Thought. Baltimorie: The Johns Hopkins Press, 1931.

KAPUR, D., WEBBER, R. Governance-related Conditionalities of the IFIs. G-24 Discussion Paper Series, n.6, Genebra, Unctad, 2000.

KAUFMANN, D, KRAAY, A., ZOIDO-LOBATON, P. Governance Matters. Policy Research Working Paper, n. 2196, Washington, D.C., World Bank, 1999.

KENNEDY, W. *Industrial Structure, Capital Markets, and the Origins of British Economic Decline*. Cambridge: Cambridge University Press, 1987.

KENT, S. *Electoral Procedure under Louis Philippe*. New Haven: Yale University Press, 1939.

KIM, L. National System of Industrial Innovation: Dynamics of Capability Building in Korea. In: NELSON, R. (Ed.) *National Innovation Systems*. New York: Oxford University Press, 1993.

KINDLEBERGER, C. *Economic Development*. New York: McGraw-Hill, 1958.

_____. *Economic Growth in France and Britain, 1851-1950*. Cambridge, MA: Harvard University Press, 1964.

_____. The Rise of Free Trade in Western Europe, 1820-1875. *Journal of Economic History*, v.35, n.1, 1975.

_____. Germany's Overtaking of England, 1806 to 1914. In: *Economic Respons: Comparative Studies in Trade, Finance, and Growth*. Cambridge, MA: Harvard University Press, 1978.

_____. *A Financial History of Western Europe*. Oxford: Oxford University Press, 1984.

_____. Commercial Policy between the Wars. In: *Historical Economics*. Hemel Hempstead: Harvester Wheatsheaf, 1990a.

_____. America in Decline? – Possible Parallels and Consequences. In: *Historical Economics*. Hemel Hempstead: Harvester Wheatsheaf, 1990b.

_____. *World Economic Primacy*: 1500 to 1990. New York: Oxford University Press, 1996.

KORPI, W. *The Democratic Class Struggle*. London: Routledge and Kegan Paul, 1983.

KOSSMANN, E. *The Low Countries, 1780-1940*. Oxford: Clarendon Press, 1978.

KOZUL-WRIGHT, R. The Myth of Anglo-Saxon Capitalism: Reconstructing the History of the American State. In: CHANG, H-J., ROWTHORN, R. (Ed.) *Role of the State in Economic Change*. Oxford: Oxford University Press, 1995.

KRAVIS, I. Trade as a Handmaiden of Growth: Similarities between the Nineteenth and Twentieth Centuries. *Economic Journal*, v.80, n.6, 1970.

KRUEZER, M. Democratisation and Changing Methods of Electoral Corruption in France from 1815 to 1914. In: LITTLE, W., POSADA-

CARBO, E. (Ed.) *Political Corruption in Europe and Latin America*. London, Basingstoke: Macmillan, 1996.

KRUMAN, M. Suffrage. In: FONER, E., GARRATY, J. (Ed.) *The Reader's Companion to American History*. Boston: Houghton Mifflin Company, 1991.

KUISEL, R. *Capitalism and the State in Modern France*. Cambridge: Cambridge University Press, 1981.

KUZNETS, S. *Economic Growth and Structure*. London: Heinemann Educational Books, 1965.

_____. *Population, Capital, and Growth* – Selected Essays. London: Heinemann Educational Books, 1973.

LALL, S. Technological Capabilities and Industralisation. *World Development*, v.20, n.2, 1992.

_____. Does the Bell Toll for Industrial Policy? *World Development*, v.22, n.4, 1994.

LALL, S., TEUBAL, M. Market stimulating Technology Policies in Developing Countries: A Framework with Examples from East Asia. *World Development*, v.26, n.8, 1998.

LAMOREAUX, N. *Insider Lending*. Cambridge: Cambridge University Press, 1996.

LANDES, D. Japan and Europe: Contracts in Industrialisation. In: LOCKWOOD, W. (Ed.) *The State and Economic Enterprise in Japan*. Princeton: Princeton University Press, 1965.

_____. *The Unbound Prometheus – Technological Change and Industrial Development in Western Europe from 1750 to the Presen*. Cambridge: Cambridge University Press, 1969.

_____. *The Wealth and Poverty of Nations*. New York: W.W. Norton and Company, 1998.

LARSSON, M. *En Svensk Ekonomisk Historia, 1850-1985*. 2.ed. Stockholm: SNS Fölag, 1993.

LEE, J. Labour in German Industrialisation. In: MATHIAS, P., POSTAN, M. (Ed.) *Cambridge Economic History of Europe*. Cambridge: Cambridge University Press, 1978. v.II.

LEWIS, W. A. *Theory of Economic Growth*. London: George Allen and Unwin Ltd, 1955.

_____. The Slowing Down of the Engine of Growth. *American Economic Rewiew*, v. 70, n.4, 1980.

LINZ, J. Spain. In: *The Encyclopaedia of Democracy*. London: Routledge, 1995

LIPSEY, R. US Foreign Trade and the Balance of Payments. In: ENGERMAN, S., GALLMAN, R. (Ed.) *The Cambridge Economic History of the United States*: The Long Nineteenth Century. Cambridge: Cambridge University Press, 2000. v.2.

LIST, F. *The National System of Political Economy*. London: Longmans, Green, and Company, 1885. (Tradução da edição original alemã publicada em 1841 por Sampson Lloyd).

LITTLE, I., SCITOVSKY, T., SCOTT, M. *Industry in Trade in Some Developing Countries* – A Comparative Study. London: Oxford University Press, 1970.

LO (LANDSORGANISATIONEN I SVERIGE). *Economic Expansion and Structural Change*. Ed. and trans. T. Johnston. London: George Allen and Unwin, 1963.

LUEDDE-NEURATH, R. *Import Controls and Exoport-Oriented Development; A Reassessment of the South Korean Case*. Boulder, London: Westview Press, 1986.

LUTHIN, R. Abraham Lincoln and the Tariff. *The American Historical Review*, v.49, n.4, 1944.

MACHLUP, F., PENROSE, E. The Patent Controversy in the Nineteenth Century. *Journal of Economic History*, v.10, n.1, 1950.

MADDISON, A. *The World Economy in the 20th Century*. Paris: OECD, 1989.
_____. *Monitoring the World Economy*. Paris: OECD, 1995.

MAGONE, J. *European Portugal*: The Difficult Road to Sustainable Democracy. London: Mcmillan Press, 1997.

MARGLIN, S., SCHOR, J. (Ed.) *The Golden Age of Capitalism*. Oxford: Oxford University Press, 1990.

MARRINER, S. English Bankruptcy Records and Statistics before 1850. *Economic History Review*, v.33, n.3, 1980.

MARX, K. *Capital*. London: Penguin Books, 1976 v.1.

MATA, E. *Pobreza y asistencia social en España, siglos XVI al XX*: aproximación histórica. Valladolid: Secretariado de Publicaciones Universidad de Valladolid, 1987.

MATA, E., VALÉRIO, N. *História económica de Portugal*: uma perspectiva global. Lisboa: Presença, 1994.

MATHIAS, P. *The First Industrial Nation*. London: Methuen and Co, 1969.

MCCUSKER, J. British Mercantilist Policies and the American Colonies. In: ENGERMAN, S., GALLMAN, R. (Ed.)*The Cambridge Economic History of the United States*: The Colonial Era. Cambridge: Cambridge University Press, 1996. v.1

MCLEOD, C. *Inventing the Industrial Revolucion*: the English Patent System, 1660-1800. Cambridge: Cambridge University Press, 1988.

MCPHERSON, W. J. *The Economic Development of Japan, 1868-1941*. London, Basingstoke: Macmillan Press, 1987. (Edição Cambridge University Press, 1995).

MERCER, H. *Constructing a Competitive Order*: The Hidden History of British Antitrust Policy. Cambridge: Cambridge University Press, 1995.

MILWARD, A., SAUL, S. *The Development of the Economies of Continental Europe, 1850-1914*. London: George Allen and Unwin, 1977.

_____. *The Economic Development of Continental Europe, 1780-1870*. 2.ed. London: George Allen and Unwin, 1979.

MONTGOMERY, G. *The Rise of Modern Industry in Sweden*. London: P. S. King and Son Ltd, 1939.

MØRCH, S. *Den Ny Danmarkshistorie*: 1880-1960. Copenhagen: Gyldendal, 1982.

MORISHIMA, M. *Why Has Japan Succeded?* Cambridge: Cambridge University Press, 1982.

MOWERY, D., ROSENBERG, N. The US National Innovation System. In: NELSON, R. (Ed.) *National Innovation, Systems* – A Comparative Analysis. Oxford: Oxford University Press, 1993.

MUNN, C. Scottish Provincial Banking Companies: an Assessment. *Business History*, v.23, 1981.

MUSSON, A. *The Growth of British Industry*. London: BT Batsford Ltd., 1978.

NATIONAL LAW CENTER FOR INTER-AMERICAN FREE TRADE. Strong Intellectual Property Protection Benefits the Developing Countries. Disponível em: <http://www.natlaw.com/pubs/spm-xip11.htm.>

NERBØRVIK, J. *Norsk Historie, 1870-1905: Frå jordbrukssamfunn mot organisasjonssamfunn*. Oslo: Det Norske Samlaget, 1986.

NEWTON, M., DONAGHY, P. *Institutions of Modern Spain*: A Political and Economic Guide. Cambridge: Cambridge University Press, 1977.

NORTH, D. Industrialisation in the United States. In: HABAKKUK, H., POSTAN, M. (Ed.) *The Cambridge Economic History of Europe. The Industrial Revolutions and After*: Incomes, Population and Technological Change (II). Cambridge: Cambridge University Press, 1965. v.VI.

NYE, J. The Myth of Free-Trade Britain and Fortress France: Tariffs and Trade in the Nineteenth Century. *Journal of Economic History*, v.51, n.1, 1991.

———. Reply to Irwing on Free Trade. *Journal of Economic History*, v.53, n.1, 1993.

O'LEARY, C. *The Elimination of Corrupt Practices in British Elections, 1868-1911*. Oxford: Clarendon Press, 1962.

O'ROURKE, K. Tariffs and Growth in the Late 19th Century. *Economic Journal*, v.110, n.4, 2000.

O'ROURKE, K., WILLIAMSON, J. *Globalisation and History*: The Evolution of Nineteenth-Century Atlantic Economy. Cambridge, MA: The MIT Press, 1999.

OCAMPO, J. Rethinking the Development Agenda. *Paper* apresentado no encontro anual da American Economic Association, 5-7 de janeiro de 2001, New Orleans, USA, 2001.

OHNESORGE, J. Asia's Legal Systems in the Wake of the Financial Crisis: Can the Rule of Law Carry any of the Weight?. Trabalho apresentado em conferência da UNRISD (United Nations Research Institute for Social Development), "Neoliberalism and Institutional Reform in East Asia", 12-14 de maio de 2000, Bangkok.

OWEN, G. *Industriy in the USA*. London: Penguin Books, 1966.

PALACIO, V. *Manual de historia de España 4*: Edad Contemporánea I (1808-1898). 2.ed. Madrid: Espasa Calpe, 1988.

PATEL, S. Intellectual Property Rights in the Uruguay Round – A Disaster for the South? *Economic and Political Weekly*, 6 May 1989.

PEKKARINEN, J., POHJOLA, M., ROWTHORN, B. (Ed.) *Learning from Corporatist Experiences*. Oxford: Clarendon Press, 1992.

PENNINGTON, R. *The Law of the Investment Markets*. Oxford: Basil Blackwell, 1990.

PENROSE, E. *The Economics of the International Patent System*. Baltimore: The Johns Hopkins Press, 1951.

PERELMAN, M. *The Invention of Capitalism* – Classical Political Economy and the Secret History of Primitive Accumalation. Durham, NC: Duke University Press, 2000.

PÉREZ, S. *Banking on Privilege*: The Politics of Spanish Financial Reform, Ithaca, NY: Cornell University Press, 1997.

PIERSON, C. *Beyond the Welfare State* – The New Political Economy of Welfare. 2.ed. Cambridge: Polity Press, 1998.

PLESSIS, A. The History of Banks in France. In: POHL, M. (Ed.) *Handbook of the History of European Banks*. Aldershot: Edward Elgar, 1994.

POLANYI, K. *The Great Transformation*. Boston: Beacon Press, 1957.

POMERANZ, K. *The Great Divergence* – China, Europe and the Making Of the Modern Western Europe. Princeton: Princeton University Press, 2000.

PONTUSSON, J. *The Limits of Social Democracy* – *Investment Politics in Sweden*. Ithaca, NY: Cornell University Press, 1992.

PRYSER, T. *Norsk Historie, 1800-1870*: Frå standssamfunn mot dlassesamfunn. Oslo: Det Norske Samlaget, 1985.

PRZEWORKSKI, A., LIMONGI, F. Political Regimes and Economic Growth. *Journal of Economic Perspectives*, v.7, n.3, 1993.

RAMSAY, G. D. *The English Woollen Industry, 1500-1750*. London, Basingstoke: Macmillan, 1982.

RAUCH, J., EVANS, P. Bureaucratic Structure and Bureacratic Performance in Less Development Countries. *Journal of Public Economics*, v.75, n.1, 2000.

REINERT, E. Competitiveness and Its Predecessors – a 500-year Crossnational Perspective. *Structural Change and Economic Dynamics*, v.6, n.1, 1995.

_____. Diminishing Returns and Economic Sustainability: The Dilemma of Resource-based Economies under a Free Trade Regime. In: STEIN, H. et al. (Ed.) *International Trade Regulation, National Development Strategies and The Environment* – *Towards Sustainable Development?* Centre for Development and the Environment, Univesity of Oslo, 1996.

_____. Raw Materials in the History of Economic Policy – Or why List (the protectionist) and Cobden (the free trader) both agree on free trade in corn. In: COOK, G. (Ed.) *The Economics and Politics of International Trade – Freedom and Trade*. London: Routledge, 1998. v.2.

RODRIK, D. Institutions for High-Quality Growth: What They Are and How to Acquire Them. Trabalho elaborado para a conferência do FMI sobre a Reforma de Segunda Geração, Washington, D. C., 8 e 9 de novembro de 1999.

ROSENBERG, N., BIRDZELL, L. *How the West Grew Rich*. London: IB Tauris and Co. Ltd., 1986.

ROSENSTEIN-RODAN, P. Problems of Industrialisation of Eastern and South-Eastern Europe. *Economic Journal*, v.53, n.3, 1943.

ROSTOW, W. W. *The Stages of Economic Growth*. Cambridge: Cambridge University Press, 1960.

RUESCHEMEYER, D., STEPHENS, E., STEPHENS, J. *Capitalist Development and Democracy*. Cambridge: Polity Press, 1992.

RUGGIERO, R. Whither the Trade System Next? In: BHAGWATI, J., HIRSCH, M. (Ed.) *The Uruguay Round and Beyond* – Essays in Honour of Arthur Dunkel. Ann Arbor: The University of Michigan Press, 1998.

SACHS, J., WARNER, A. Economic Reform and the Process of Global Integration. *Brookings Papers on Economic Activity*, n.1, 1995.

SAMUELSSON, K. *From Great Power to Welfare State*. London: Allen and Unwin, 1968.

SCHIFF, E. *Industrialisation without National Patents – the Netherlands, 1869-1912 and Switzerland, 1850-1907*. Princeton: Princeton University Press, 1971.

SEARLE, G. *Corruption in British Politics, 1895-1930*. Oxford: Clarendon Press, 1987.

SEMMEL, B. *The Rise of Free Trade Imperialism*: Classical Political Economy, the Empire of Free Trade, and Imperialism, 1750-1850. Cambridge: Cambridge University Press, 1970.

SENGHAAS, D. *The European Experience – A Historical Critique of Development Theory*. Trans. K. H. K. Kimming. Leamington Spa: Berg Publishers, 1985.

SERRÃO, J. *História de Portugal*. Lisboa:Verbo, 1979. v.9.

SHAFAEDDIN, M. What did Frederick List Actually Say? – Some Clarifications on the Infant Industry Argument. Discussion Paper, n.149, Geneva, Unctad, 2000.

SHAPIRO, H., TAYLOR, L. The State and Industrial Strategy. *World Development*, v.18, n.6, 1990.

SHIN, K. *An Internacional Comparison of Competition Policy*: USA, Japan, and Germany. Seoul: Korea Development Institute, 1994.

SHONFIELD, A. *Modern Capitalism*. Oxford: Oxford University Press, 1965.

SILBEY, J. United States of America. In: *The Encyclopaedia of Democracy*. London: Routledge, 1995.

SINGH, A. Openness' and the "Market-friendly" Approach to Development: Learning the Right Lessons from Development Experience. *World Development*, v.22, n.12, 1994.

_____. Financial Liberalisation, the Stockmarket and Economic Development. *Economic Journal*, v.107, n.442, 1997.

SINGH, A., DHUMALE, R. Competition Policy, Development, and Development Countries, T.R.A.D.E. Working Paper, n.7, Geneva, South Centre, 1999.

SMITH, A. *An Inquiry into the Nature and Causes of the Wealth of Nations*. New York: Random House,1937. (Edição com introdução, notas, resumo marginal e índice remissivo ampliado de Edwin Cannan e com introdução de Max Lerner, originalmente publicado em 1776).

SMITH, T. *Political Change and Industrial Development in Japan*: Government Enterprise, 1868-1880. Stanford: Stanford University Press, 1955.

SOKOLOFF, K., KAHN, B. Z. Intellectual Property Institutions in the United States: Early Development and Comparative Perspective. Trabalho elaborado para o World Bank Summer Research Workshop on Market Institutions, 17-19 de julho de 2000, Washington, D.C., 2000.

SOTO, A. *El trabajo industrial en la España contemporánea, 1874-1936*. Barcelona: Editorial Anthropos, 1989.

SPIEGEL, H. *The Growth of Economic Thought*. Englewood Cliffs, NJ: Prentice Hall, 1971.

STIGLITZ, J. Some Lessons from the East Asian Miracle. *World Bank Research Observer*, Aug. 1996.

_____. More Instruments and Broader Goals: Moving Toward the Post--Washington Consensus. In: CHANG, H.-J. (Ed.) *The Rebel Within*: Joseph Stiglitiz at the World Bank. London: Anthem Press, 2001a.

STIGLITZ, J. Whither Reform? – Ten Years of the Transition. In: CHANG, H.-J. (Ed.) *The Rebel Within*: Joseph Stiglitiz at the World Bank. London: Anthem Press, 2001b.

SUPPLE, B. (Ed.) *The Experience of Economic Growth*. New York: Random House, 1963.

'T HART, M. The Merits of a Financial Revolution: Public Finance, 1550-1700. In: 'T HART, M., JONKER, J., VAN ZANDEN, J. (Ed.) *A Financial History of the Netherlands*. Cambridge: Cambridge University Press, 1997.

'T HART, M., JONKER, J.,VAN ZANDEN, J. Introduction. In: 'T HART, M., JONKER, J., VAN ZANDEN, J. (Ed.) *A Financial History of the Netherlands*. Cambridge: Cambridge University Press, 1997.

TAUSSING, F. *The Tariff History of the United States*. New York: G. Putnam, 1892.

TAYLOR, A. J. P. *Bismarck – The Man and the Statesman*. London: Penguin Books, 1955.

THERBORN, G. The Rule of Capital and the Rise of Democracy. *New Left Review*, n.103, May-June 1977.

THOMPSON, G. (Ed.) *Industrial Policy*: US and UK Debates. London: Routledge, 1989.

TILLY, R. Germany In: SYLLA, R., TONIOLO, G. (Ed.) *Patterns of European Industrialisation* – The Nineteenth Century. London: Routledge, 1991.

――――. A Short History of the German Banking System. In: POHL, M. (Ed.) *Handbook of the History of European Banks*, Aldershot, Edward Elgar, 1994.

――――. German Industrialisation. In: TEICH, M., PORTER, R. (Ed.) *The Industrial Revolution in National Context* – Europe and the USA. Cambridge: Cambridge University Press, 1996.

TOYE, J. Fiscal Crisis and Fiscal Reform in Developing Countries. *Cambridge Journal of Economics*, v.24, n.1, 2000.

TREBILCOCK, C. *The Industrialisation of the Continental Powers, 1780-1914*. London, New York: Longman, 1981.

TRIBE, K. *Strategies of Economic Order*: German Economic Discourse, 1750-1959. Cambridge: Cambridge University Press, 1995.

UPHAM, F. Neoliberalism and the Rule of Law in Developing Societies. Trabalho apresentado em conferência, da Unrisd (United Nation

Research Institute for Social Development), "Neoliberalism and Institutional Reform in East Asia", 12-14 de maio de 2000, Bangkok.

VAN DER WEE, H. The Economic Challenge Facing Belgium in the 19th and 20th Centuries. In: VAN DER WEE, H. et al. (Ed.) *The Economic Development of Modern Europe since 1870*. Cheltenham: Edward Elgar, 1987. v.8.

_____. The Industrial Revolucion in Belgium. In: TEICH, M., PORTER, R. (Ed.) *The Industrial Revolucion in National Context – Europe and the USA*. Cambridge: Cambridge University Press, 1996.

VAN ZANDEN, J. Industrialisation in the Netherlands. In: TEICH, M., PORTER, R. (Ed.) *The Industrial Revolucion in National Context – Europe and the USA*. Cambridge: Cambridge University Press, 1996.

_____. The Netherlands: The History of an Empty Box. In: FOREMAN-PECK, J., FEDERICO, G. (Ed.) *European Industrial Policy*: The Twentieth Century Experience. Oxford: Oxford University Press, 1999.

VOLTES, P. *Historia de la empresarial española, la evolución empresarial dentro de la economía española*. Barcelona: Editorial Hispano Europea, 1979.

WADE, R. *Governing the Market*. Princeton: Princeton University Press, 1990.

_____. Japan, the World Bank, and the Art of Paradigm Maintenance: The East Asian Miracle in Political Perspective. *New Left Review*, n.217, May-June 1996.

WEBER, M. Economy *and Society. Edited by* Gηnter Roth and Claus Wittich. New York: Bedminster Press, 1968. (Original 1904-1911).

WEISBROT, M., NAIMAN, R., KIM, J. The Emperor Has No Growth: Declining Economic Growth Rates in the Era of Globalisation. Briefing *paper*, September 2000, Washington, D.C., Center for Economic and Policy Research.

WEISS, L., HOBSON, J. *States and Economic Development – A Comparative Historical Analysis*. Cambridge: Polity Press, 1995.

WESTNEY, E. *Imitation and innovation*: The Transfer of Western Organizational Patterns to Meiji Japan. Cambridge, Massachusetts: Harvard University Press, 1987.

WESTPHAL, L. The Republic of Korea's Experience with Export-Led Industrial Development. *World Development*, v.6, n.3, 1978.

WESTPHAL, L. Industrial Policy in an Export-Propelled Economy: Lessons from South Korea's Experience. *Journal of Economic Perspectives*, v.4, n.3, 1990.

WIARDA, H. *Corporatism and Development*: The Portuguese Experience. Amherst: University of Massachusetts Press, 1977.

WILLIAMS, E. *Made in Germany*. London: William Heinemann, 1896. (Edição de 1973, com introdução de Austen Albu, Brighton, The Harvester Press).

WILLIAMSON, J. What Washington Means by Policy Reform. In: _____. (Ed.) *Latin American Adjustment*: How Much Has Happened? Washington, D. C.: Institute for International Economics, 1990.

WILSON, C. *England's Apprenticeship, 1603-1763*. 2.ed. London, New York: Longman, 1984.

WORLD BANK. *World Development Report, 1991* – The Development Challenge. New York: Oxford University Press, 1991.

_____. *The East Asian Miracle*. New York: Oxford University Press, 1993.

_____. *World Development Report, 1997* – The State in a Changing World. New York: Oxford University Press, 1997.

_____. *World Development Report, 2000/2001* – Attacking Poverty. New York: Oxford University Press, 2001.

_____. *World Development Report, 2001/2002* – Institutions for Markets. New York: Oxford University Press, 2002.

WRIGHT, H. *Free Trade and Protectionism in the Netherlands, 1816-1830*: A Study of the First Benelux. Cambridge: Cambridge University Press, 1955.

YOU, J., CHANG, H.-J. The Myth of Free Labour Market in Korea. *Contributions to Political Economy*, v.12, 1993.

ZYSMAN, J. *Governments, Markts, and Growth*. Oxford: Martin Robertson, 1983.

Índice remissivo

As referências às tabelas são indicadas pela letra "t" junto do número da página.

África, 213, 129t, 221t
  ver também os países individual-
    mente
agricultura, 95
  Alemanha, 46n.29, 65
  Dinamarca, 185n.63, 190
  Estados Unidos, 17, 52, 58
  França, 73
  Reino Unido, 16, 30, 45, 109
  Suécia, 74-80
ajuste estrutural, 125
Alemanha, 15, 31, 48, 63-9, 76, 116, 208
  bancos, 165, 167t, 193
  bem-estar social, instituições de, 178, 177t, 199t

burocracia, 140-3, 193
Judiciário, 141
legislação trabalhista, 185
Lei de Concorrência, 159n.35, 193
propriedade intelectual, direitos de, 103-6, 145, 147, 189
renda *per capita*, 84, 135t, 204-5t, 217-8t
responsabilidade limitada, 151
subsídios, 65, 68, 112
sufrágio, 135t, 192, 197t
tarifas, 36t, 90, 111-2, 117n.107
trabalho infantil, 181, 184t
Württemberg, 145, 151

Zollverein (união alfandegária), 16, 64
ver também Prússia; Saxônia; Württemberg
América Latina, 32, 34, 98, 213-4, 219t, 221t
ver também os países individualmente
antitruste, legislação, 27, 157-60, 191
Argentina, 135t
auditoria, 154-7, 191, 193, 198-9t
Austrália
bem-estar social, instituições de, 117t, 194, 199t
renda *per capita*, 135t, 201, 204-5t, 216, 218t
sufrágio, 132, 137t, 192
Áustria, 35, 91, 147
bem-estar social, instituições de, 177t
propriedade intelectual, direitos de, 104, 145, 189
protecionismo, 75n.70, 104
renda *per capita*, 135t, 201, 204-5t, 217, 218t
sufrágio, 130t
tarifas, 36t
trabalho infantil, 181, 148t, 199t

banco, 34, 160-70, 191, 193, 198-9t
ver também banco central
banco central, 12, 14, 25, 34, 163-7, 193, 198t

Estados Unidos, 193, 198t
Itália, 191, 202
Monopólio da emissão monetária, 191, 193
Reino Unido, 193, 198t, 202
Suécia, 198t
Banco Mundial, 214, 174, 219t, 221t, 224, 231
tarifas, 36t, 97-8, 117
Bangladesh, 135t, 204t
Bélgica, 38-42, 45, 80-1, 84, 101
bem-estar social, instituições de, 177t
burocracia, 139
propriedade intelectual, direitos de, 145
renda, imposto de, 173
renda *per capita*, 135t, 204-5t, 218t
responsabilidade limitada, 150, 191
sistema bancário, 89, 163, 165, 167t
sufrágio, 130t
tarifas, 36t, 107
trabalho infantil, 183, 184t, 192
bem-estar social, instituições de, 125, 174-8, 191, 194, 199t, 228
Bhagwati, 12, 33, 57
Brasil, 33, 120, 135t, 171, 192, 201, 205t
Bulgária, 135t
Burma, 135t, 204t
burocracia, 12, 124, 136-41, 190, 193, 195, 197t

Estados Unidos, 138, 172, 190
Reino Unido, 137, 202

Canadá
bem-estar social, instituições de, 177t, 194, 199t
propriedade intelectual, direitos de, 197t
renda *per capita*, 135t, 204-5t, 217n.9, 218t
sufrágio, 130t
cartéis, 115, 158-9, 193
Alemanha, 31, 68, 193
Leste Asiático, 92
Suécia, 77
Chile, 135t, 175
China, 214, 225
renda *per capita*, 201, 205t
tratados desiguais, 34, 98
Clay, Henry, 55, 63
Cobden, Richard, 46, 95, 109
Cobden-Chevalier – tratado (1860), 47, 72
Colbert, Jean-Baptiste, 69, 111
Colômbia, 120, 135t, 192, 201, 205t
colonialismo, 34, 42, 44, 49, 95-7, 224
Companhia das Índias Orientais
britânica, 81, 149, 195
holandesa, 81
comunismo, 33, 125, 152, 167, 214
Consenso de Washington, 11, 29
Coreia, 35, 93-4, 109, 115, 135t, 144

tarifas, 44, 75, 98
Corn Laws
Bélgica, 81
Reino Unido, 30, 33, 45, 58, 81, 95, 109
Costa do Marfim, 201, 204t
cotas, 58
crescimento econômico, 13, 21, 24, 212-3, 215-24, 230-2
bem-estar social, e instituições de, 174
e direitos de propriedade, 145-9

Defoe, Daniel, 39-41
democracia, 12, 124, 127-36, 143, 197t, 202, 226
desregulamentação, 11
Dinamarca, 101, 160
bem-estar social, instituições de, 177t, 194
imposto de renda, 173, 192
legislação trabalhista, 187, 190
renda *per capita*, 135t, 204-5t, 218t
sufrágio, 128-9, 130t, 176, 188, 190, 192, 197t
tarifas, 36t, 117n.107
trabalho infantil, 182, 184t
direito autoral, 146, 148, 197-8t
direitos de propriedade, 12, 103, 146-8, 191, 197t
ver também propriedade intelectual, direitos de
dirigismo, 16, 32, 111
DPI. *Ver* propriedade intelectual, direitos de

economia clássica, 63
economia neoclássica, 19, 21
Eduardo III, 39, 109, 208
educação, 37, 175
  Alemanha, 67
  Estados Unidos, 60-1
  França, 72
  Holanda, 84
  Japão, 88, 113
  Leste Asiático, 93
  Suécia, 78
Egito, 135t, 201, 204t
EIPD (*establishment* internacional da política de desenvolvimento), 123, 211, 215, 225, 227, 230-2
  bancos, 160
  democracia, 127, 226
Elizabeth I, 39-40
empresas estatais, 74, 77, 87
  ver também nacionalização
Escola Histórica Alemã, 18, 178
escravidão, 54-5, 227
Espanha
  auditoria, 157
  bancos, 165, 167t
  bem-estar social, instituições de, 177t, 194
  burocracia, 138, 193
  imposto de renda, 174
  legislação trabalhista, 187
  propriedade intelectual, direitos de, 145, 197t
  renda *per capita*, 204-5t
  responsabilidade limitada, 151
  sufrágio, 130t, 131

tarifas, 36t, 117
trabalho infantil, 182n.60, 184t
espionagem industrial, 37, 66, 69, 78, 101, 114
establishment internacional da política de desenvolvimento. *Ver* EIPD
Estados Unidos, 12, 15, 48-63, 172, 190-2, 197-9t
  bancos, 162, 166, 167t
  bem-estar social, instituições de, 176, 177t
  burocracia, 138, 141, 193
  disclosure, 156
  Guerra de Secessão, 13, 49, 53-7
  imposto de renda, 172
  industrialização, 95
  Judiciário, 14
  legislação trabalhista, 186-7
  Lei de Concorrência, 158
  Lei de Falência, 152
  livre-comércio, 21, 114
  propriedade intelectual, direitos de, 103, 191
  proteção à indústria nascente, 18, 109-10, 116, 211
  renda *per capita*, 120, 135t, 201, 204-5t, 218t, 227
  responsabilidade limitada, 151
  subsídios, 51, 57, 61
  sufrágio, 130t, 131-2
  tarifas, 34, 36t, 86, 116
  títulos, 167-70
  trabalho infantil, 179, 183, 184t

Chutando a escada

estruturalismo, 32
Etiópia, 119, 135t, 204t
exportação, 13, 37, 115
  Estados Unidos, 63
  França, 73
  Leste Asiático, 92
  Prússia, 65
  Reino Unido, 38-45, 95, 100, 109
  Suécia, 75

Filipinas, 135t, 201, 205t
Finlândia, 76n.71
  bem-estar social, instituições de, 177t, 194
  renda *per capita*, 119, 135t, 201, 204-5t, 218t
  sufrágio, 130t, 132
FMI, 174, 224, 231
França, 23, 25, 35, 46, 69-74, 101
  bancos, 161, 164, 167t
  bem-estar social, instituições de, 177t, 195, 199t
  burocracia, 137-8
  imposto, 137
  intervencionismo,12-3, 30
  Judiciário, 142
  legislação trabalhista, 187
  Lei de Concorrência, 158
  Lei de Falência, 152
  livre-comércio, 64, 110
  nacionalização, 145, 217
  propriedade intelectual, direitos de, 103, 145, 191
  renda *per capita*, 135t, 201, 204-5t, 218t

responsabilidade limitada, 151, 191
subsídios, 73
sufrágio, 129, 130t, 131, 133, 190, 193, 195, 197t
tarifas, 36t
trabalho infantil, 181, 184
Frederico Guilherme I, 65, 138-40
Frederico, o Grande, 65-6, 101, 140, 208
Fundo Monetário Internacional. *Ver* FMI

Gana, 135, 201, 204
Gatt (General Agreement on Trade and Tariffs), 32
Gladstone, William, 48, 173
globalização, 33, 167, 225
Grã-Bretanha. *Ver* Reino Unido
Grande Depressão, 12, 31, 57, 90, 159, 166
Grécia, 204t
guerras, 172-3
  norte-americanas
  Guerra de Independência, 52
  Guerra de Secessão, 13, 49, 53-7
  Guerras Napoleônicas, 22, 74, 107, 173, 190
  Primeira Guerra Mundial, 31, 56-7
  Segunda Guerra Mundial, 23, 32, 35, 91
Guerras Napoleônicas, 22, 74, 107, 173, 190

Hamilton, Alexander, 49, 51, 110, 165, 208
Henrique VII, 40-3, 109
Holanda, 182, 184t
  bancos, 163, 167
  bem-estar social, instituições de, 177, 194
  burocracia, 138
  impostos, 138
  propriedade intelectual, direitos de, 24, 104-5, 145-7, 197t
  proteção à indústria nascente, 35
  renda *per capita*, 119, 135t, 204-5t
  subsídios, 84
  sufrágio, 130t
  tarifas, 36t
  tecnologia, 101
  ver também Países Baixos
Hong Kong, 81, 92
Hungria, 135t, 214

Império Otomano, 34, 98
  ver também Turquia
importação
  Estados Unidos, 51, 53, 57
  França, 70
  Reino Unido, 38-9, 42, 70, 95, 109
  Suécia, 75
imposto, 34, 56, 82, 137, 171, 174, 194, 198t, 228
Índia, 33, 45, 97, 221, 227
  renda *per capita*, 120, 135t, 201, 204t

tarifas, 120
Indonésia, 135t, 201, 205t
indústria nascente, 209
  Alemanha, 63, 111
  Estados Unidos, 17, 48-9, 51, 53, 111
  França, 111
  Japão, 89-90
  proteção à, 13-4, 26, 32, 35, 109, 118, 210
  Reino Unido, 15, 40-1, 115
  Suécia, 76, 108
  Suíça, 85
industrialização, 20, 99, 176, 188-94
  Estados Unidos, 96
  França, 70, 72, 75
  Holanda, 81-4
  Japão, 88, 109
  Reino Unido, 42
  Suécia, 85
  Suíça, 84
inflação, 26
infraestrutura, 37
  Bélgica, 81
  Estados Unidos, 61, 111
  França, 72
  Holanda, 84
  Japão, 88
  Suécia, 76, 113
Inglaterra. *Ver* Reino Unido
intervencionismo, 14, 32, 34-7, 210-2
  Alemanha, 67-8, 112
  França, 12-3, 30, 69, 111
  Holanda, 84

Japão, 113
Reino Unido, 38
ver também tarifas; protecionismo; indústria nascente
investimento estrangeiro, 86, 94, 168, 225-7
Irã. *Ver* Pérsia
Irlanda, 177t, 194, 204-5t
Itália, 15, 91, 202
bancos, 162, 165, 167, 189-92
bem-estar social, instituições de, 177t
burocracia, 138
direitos de, 197t
Judiciário, 142
legislação trabalhista, 187
propriedade intelectual,
renda *per capita*, 135t, 204-5t, 216-7, 218t
sufrágio, 128, 130t
tarifas, 36t
trabalho infantil, 183, 184t, 192

Japão, 23, 31, 44, 86-94, 168
bancos, 35
cartéis, 31, 90-3
direitos de propriedade, 146
Judiciário, 141
políticas ICT, 109
propriedade intelectual, direitos de, 146
renda *per capita*, 119, 135t, 204t, 217
subsídios, 88, 113
sufrágio, 130t, 197t

tarifas, 36t, 83, 98, 116
Judiciário, 12, 126, 141-2, 197

Keynes, John Maynard, 168, 217

laissez-faire, 29-33, 115-6
Alemanha, 65, 112
França, 69, 72
Holanda, 83-4
Reino Unido, 12, 31, 38, 47, 109
Suíça, 85
legislação trabalhista, 124, 184-7, 196, 199t
Lei de Concorrência. *Ver* antitruste, legislação
Lei de Falência, 152-4, 191, 198-9t, 202
Leste Asiático, 32, 51, 78, 86-94, 109, 113
ver também os países individualmente
liberalismo, 15, 30-1, 33, 57, 72
liberalização do comércio, 11, 32-4, 47, 121
Lincoln, Abraham, 54-5, 63
List, Friedrich, 14-8, 50, 63, 82, 94, 110, 208
livre-comércio, 12, 21, 97, 114-5, 211, 230
Alemanha, 65
Bélgica, 80
Estados Unidos, 12, 54-5, 58, 63, 111
França, 69-72
Holanda, 83

Reino Unido, 14-6, 30-1, 34, 45-7, 109
Suécia, 74
Suíça, 85

Malaui, 119
manufatura, 37
  Alemanha, 65
  Estados Unidos, 49, 52, 57, 95, 110, 151
  França, 73
  Japão, 89
  Reino Unido, 39-48, 52, 95, 109
  Suécia, 75
marca registrada, 105, 114, 143, 146, 148, 197t
Marrocos, 201, 205t
marxismo, 33
McCulloch, John, 149, 173
mercado de capitais. *Ver* títulos
mercantilismo, 30, 46, 65, 82
México, 33, 135t, 192, 202, 205t
monopólios, 115, 145, 157, 159-60
  Alemanha, 65
  de emissão monetária, 162, 165-6, 190-1
  Estados Unidos, 61
  Holanda, 83
  Leste Asiático, 93
  Reino Unido, 145
mulheres, 185-7, 192, 194, 202

nacionalização, 35, 88, 145, 217
  ver também empresas estatais
Nafta (Acordo de Livre-Comércio da América do Norte), 33

neoliberalismo, 32, 106, 212-3
Nicarágua, 120
Nigéria, 135t, 201, 204t
Noruega, 35, 101, 156, 160
  bem-estar social, instituições de, 177t, 194
  legislação trabalhista, 185
  renda *per capita*, 135t, 204-5t, 218t
  sufrágio, 103t, 131-2
  trabalho infantil, 182, 184t, 192
Nova Zelândia
  bem-estar social, instituições de, 176, 177t, 194
  renda *per capita*, 135t, 201, 205t
  sufrágio, 130t, 131, 192, 197t

OMC (Organização Mundial do Comércio), 14, 33, 120, 179, 211, 231
  propriedade intelectual, direitos de, 103, 147
  tarifas, 118-20, 231
  Württemberg, 145, 151, *ver também* Alemanha

padrão-ouro, 31
Países Baixos, 38-9
  ver também Bélgica; Holanda
Paquistão, 135t, 202, 204t
patentes, 12, 37, 103-4, 114, 145-8, 189, 197-8t
  Holanda, 24, 84
  Suíça, 24, 85

ver também propriedade intelectual, direitos de

P&D. *Ver* pesquisa e desenvolvimento

pensões, 177t, 178, 194, 196, 199t

Pérsia, 34, 98

Peru, 135t, 201, 205t

pesquisa e desenvolvimento, 37, 102, 117
  Estados Unidos, 58-61, 110
  França, 72
  Leste Asiático, 93
  Suécia, 76, 78, 112

PIB (Produto Interno Bruto), 59, 77, 213-4, 221t, 230

planejamento de investimentos, 34

políticas ICT (industrial, comercial e tecnológica), 24, 106-8, 211
  Bélgica, 81
  Estados Unidos, 35
  Japão, 109, 116
  Leste Asiático, 92-3
  Reino Unido, 35, 109

Polônia, 17, 214

Portugal
  bancos, 161, 165, 167t
  bem-estar social, instituições de, 177t
  imposto de renda, 173
  propriedade intelectual, direitos de, 145, 191
  renda *per capita*, 135t, 204t
  responsabilidade limitada, 151, 191

sufrágio, 130t

tarifas, 117

trabalho infantil, 183, 184t, 199t

PPA (Paridade de Poder Aquisitivo), 119-20

Primeira Guerra Mundial, 31, 56-7

Produto Interno Bruto. *Ver* PIB

propriedade intelectual, direitos de, 12, 103, 142-3, 147-8, 189, 223, 230
  ver também patentes; marca registrada

protecionismo, 32, 34, 107, 117, 179, 211
  Bélgica, 82
  Estados Unidos, 12, 18, 48-9, 53-62, 110
  França, 71, 73
  Holanda, 107
  Japão, 86, 89-90
  Reino Unido, 17, 30, 48
  Suécia, 75
  Suíça, 107
  ver também indústria nascente

Prússia, 22, 36t, 64-9, 87, 101, 111
  bancos, 161
  burocracia, 137-40, 189, 191, 197t
  propriedade intelectual, direitos de, 145
  sufrágio, 133, 137
  tarifas, 64
  trabalho infantil, 181, 184t, 192, 199t
  ver também Alemanha

Quênia, 135t, 201, 204t

raça, 129-32, 202
Raymond, Daniel, 50, 62, 110
recursos, 27
Reino Unido, 12, 38, 47, 94-104,
   197-9t, 216
   antitruste, legislação, 158
   auditoria, 156, 193
   bancos, 160-4, 167t, 189, 193,
      198t
   bem-estar social, instituições
      de, 177t
   burocracia, 137, 140
   direito de propriedade,
      145
   e a Bélgica, 38-42, 45, 80
   e a França, 47, 69, 71t, 73-4,
      99, 101
   e a Holanda, 81, 83
   e a Índia, 45, 97
   e a Irlanda, 44, 96
   e a Suíça, 85-6
   e o Leste Asiático, 45, 92
   eleições, 129, 130t, 132
   imposto, 137, 171
   instituições trabalhistas, 184
   Judiciário, 141
   Lei de Falência, 152-3, 191
   livre-comércio, 15-8, 21, 30,
      34, 107, 109
   propriedade intelectual,
      direitos de, 145, 191, 197t
   proteção à indústria nascente,
      115
   renda, 173, 190, 198t

renda *per capita*, 118-20, 135t,
   201, 204-5t, 218t
responsabilidade limitada,
   149, 189, 191
tarifas, 36t, 75
tecnologia, 35, 40, 45, 99-100
títulos, 168-9, 194
trabalho infantil, 180, 184t,
   192, 199t
renda *per capita*, 118-20, 135t,
   201, 204-5t, 216-9
responsabilidade limitada, 14,
   25, 149-51, 189, 191, 195,
   199-200t
   França, 72
   Reino Unido, 153, 195
Revolução Industrial, 22, 108
   Bélgica, 80
   Reino Unido, 42, 44
   Suíça, 84
Ricardo, David, 30, 63
Roosevelt, Theodore, 134, 158
Rússia, 36t, 56, 75, 101, 117,
   145

sanções comerciais, 57, 179
saúde. *Ver* bem-estar social,
   instituições de
Saxônia, 129, 145-6, 151, 181,
   184t
   ver também Alemanha
Schmoller, Gustav, 178
Segunda Guerra Mundial, 23, 74,
   109, 173, 190
seguro social, 176, 178, 186,
   192, 194, 199t

Alemanha, 176, 192
Estados Unidos, 186
sindicatos
"sistema americano", 55, 63
Smith, Adam, 17, 30, 149
Smoot-Hawley – Tarifa, 12, 31, 57
sociedade anônima por ações.
Ver responsabilidade limitada
suborno, 100
subsídios, 13, 35, 112-3, 115, 231
Alemanha, 65, 68, 112
Estados Unidos, 52, 58, 61
França, 73
Holanda, 83-4
Japão, 87, 113
Leste Asiático, 92-3, 109
Reino Unido, 43, 95, 109
Suécia, 76
Suécia, 74-80, 101, 108, 116
bancos, 161, 165, 167t, 198t
bem-estar social, instituições de, 177t, 194
impostos de renda, 174
legislação trabalhista, 185, 187
propriedade intelectual, direitos de, 145
renda *per capita*, 135t, 204-5t, 218t
responsabilidade limitada, 150, 191, 198t
sufrágio, 130t
tarifas, 36t, 75, 112
trabalho infantil, 181-2, 184t, 192
Suíça, 26, 35, 45, 85-6, 107, 211

bancos, 165, 167t, 191
bem-estar social, instituições de, 177t, 194, 198t
patentes, 13, 24, 105, 148
propriedade intelectual, direitos de, 13, 24, 105, 147-8, 197t
renda *per capita*, 119, 135t, 205t
sufrágio, 130t, 132, 195, 197t
tarifas, 36t
trabalho infantil, 184t

Tailândia, 34, 98, 192, 201, 205t
Taiwan, 35, 44, 91, 93, 109, 135t, 144
Tanzânia, 119, 135t
tarifas, 14, 23, 36t, 97-8, 116-21
Alemanha, 65, 69, 111
Bélgica, 81
Estados Unidos, 12, 31, 34, 49-53, 110
França, 73
Holanda, 83
Japão, 86-7, 90, 93
Leste Asiático, 103
protecionismo, 14, 106, 211
Reino Unido, 44-7
Suécia, 74, 76, 112
tecnologia, 18, 35, 101-3, 106, 116
Alemanha, 67
Bélgica, 80
Estados Unidos, 61

França, 69, 74
Japão, 88, 93
Reino Unido, 41, 44-5, 99-100
Suécia, 77-8
Suíça, 85-6
teoria do *big push*, 32
títulos, 167-70
trabalhadores, migração de, 100, 103
trabalho infantil, 178-84, 190, 192, 194, 199t, 203
transparência (*disclosure*) da informação empresarial, 154-6, 191, 198-9t
Trips (Direitos de Propriedade Intelectual Relacionados com o Comércio), 103, 147-8

Turquia, 34, 98, 135t, 192, 205t
  ver também Império Otomano

União Soviética, 214, 225

Venezuela, 135t
Vietnã, 214

Walpole, Robert, 42, 51, 95, 109, 208
Weber, Max, 19, 136, 140
Württemberg, 145, 151
  ver também Alemanha

Zaire, 135t
Zimbábue, 120
Zollverein (união aduaneira alemã), 16, 64

SOBRE O LIVRO

Formato: 14 x 21 cm
Mancha: 18,8 x 42,5 paicas
Tipografia: Iowan 10/14
Papel: Off-white 80 g/m² (miolo)
Cartão Supremo 250 g/m² (capa)
1ª edição: 2004

EQUIPE DE REALIZAÇÃO

Coordenação Geral
Sidnei Simonelli

Produção Gráfica
Anderson Nobara

Edição de Texto
Nelson Luís Barbosa (Assistente Editorial)
Carlos Villarruel (Preparação de Original)
Carlos Villarruel (Revisão)

Editoração Eletrônica
Lourdes Guacira da Silva Simonelli (Supervisão)
AND Studio (Diagramação)

Rua Xavier Curado, 388 • Ipiranga - SP • 04210 100
Tel.: (11) 2063 7000
rettec@rettec.com.br • www.rettec.com.br